심리검사의
이론과 실제

임영진(林永津)

서울대학교 심리학과 학사, 석사 및 박사(임상심리학 전공)
삼성서울병원 정신과 임상심리레지던트 과정 수료
대구대학교 심리학과 교수(2011~현재)
대구대학교 정신건강상담센터 소장 역임
대구대학교 학생생활상담센터 소장(2013~현재)
임상심리전문가(한국심리학회)
정신보건임상심리사 1급(보건복지부)
중독심리전문가(한국심리학회)

〈저서〉
『성격강점검사(CST) – 대학생 및 청년용』(공저)

〈역서〉
『인생을 향유하기』(공역)
『인간의 번영 추구하기』(공역)
『이상심리학』(공역)

심리검사의 이론과 실제

1판1쇄 | 2016년 2월 19일
1판2쇄 | 2019년 3월 22일
1판3쇄 | 2023년 3월 20일
지은이 | 임영진
펴낸이 | 박순진
펴낸곳 | 대구대학교출판부
경북 경산시 진량읍 대구대로 201
전화 053) 850-5662/팩스 053) 850-5669
http://press.daegu.ac.kr/
찍은곳 | 다운미디어
ISBN 978-89-7794-646-0-93180
정 가 | 20,000원

심리검사의
이론과 실제

서문

이 책은 심리검사를 배우는 학생과 현장에서 심리검사를 활용하는 전문가를 위해서 마련되었습니다. 심리검사 관련 강좌를 수강하며 심리검사를 실시하고 해석하는 방법을 익히고자 노력하는 학생과 수검자의 성격, 인지능력, 동기, 정서 등을 파악하고 상담 및 심리치료 사례를 폭넓고 정확히 이해하고자 시도하는 전문가에게 이 책이 도움이 될 것이라 기대합니다. 저자는 심리검사가 어렵다고 호소하는 푸념과 심리검사는 무익하다는 목소리에 귀 기울이고자 노력하였으며, 학생이 심리검사에 쉽게 접근하고 현장 전문가가 심리검사를 유익하게 사용할 수 있도록 구성하였습니다.

이 책은 현재 국내에서 널리 사용되고 있는 심리검사와 비록 보편적으로 사용되고 있지는 않으나 주요 심리검사의 개발과 발전에 동력이 된 심리검사, 그리고 다양한 장면에서 사용되고 있으나 신뢰할 만한 지침서가 부족한 심리검사를 다루었습니다. 이 책을 활용하는 독자가 심리검사를 손쉽게 다루고, 심리검사에 대한 종합적 해석방법을 익히며, 심리검사의 결과를 다양한 성격이론과 이상심리의 지식과 결부시키는 지혜를 얻기 바랍니다.

목차

제1장 심리검사의 기초

1. 심리검사의 정의

심리검사는 심리적 구성개념(psychological construct)을 측정하는 도구이다. 성격, 동기, 정서, 지능 등이 심리적 구성개념의 주요한 예이다. 심리적 구성개념은 물리적으로 존재하는 개념이 아니기 때문에 심리적 구성개념의 물리적 속성(깊이, 크기, 넓이 등)을 측정할 수는 없다. 심리적 구성개념은 물리적으로 존재하지는 않지만 경험적으로 존재한다고 가정되는 개념이다. 예를 들어, 우리 모두는 사람에게 지능이라는 것이 존재한다고 경험적으로 알고 있지만, 어느 누구도 지능을 물리적으로 접한 사람은 없다.

(1) 성격

많은 심리검사는 성격(personality)을 측정한다. 심리적 구성개념 중 성격이란 한 개인의 독특한 행동과 사고 및 감정의 양상을 창조해내는 심리·신체적 체계의 역동적인 조직을 의미한다(Carver & Scheier, 2008). 이 정의에는 성격의 다양한 속성이 담겨져 있다.

첫째, 성격은 하나의 양태로 표현되는 것이 아니라 행동, 사고, 정서 등을 아우르는 다양한 양식으로 표출된다. 예를 들어, 외향성의 성격은 많은 사람과 교류하는 '행동'으로 표현되기도 하고, 원대한 꿈과 희망과 관련된 '사고'의 양식을 따르기도 하며, 긍정적인 사건에 접했을 때 갖게 되는 긍정 정서(즐거움, 신남, 행복함)의 모습을 띠기도 한다.

둘째, 성격은 일관성과 안정성을 지닌다. 성격은 다양한 상황에 영향을 미치며 과거 · 현재 · 미래에 걸쳐 힘을 발휘할 수 있다. 예를 들어, 성실성의 성격을 지니고 있는 직장인은 직장에서 자신에게 주어진 업무에도 열심히 임하고, 배우자와의 관계에서도 책임감 있는 행동을 취하며, 자녀를 교육하고 훈육할 때에도 자신의 성실성을 발휘한다. 또한 신경성의 성격을 지니고 있는 대학생은 중 · 고등학교 시절에도 시험불안에 시달렸고, 취업을 앞두고 있는 지금 현재에도 취업스트레스를 경험하고 있으며, 미래 직장생활에서도 직무와 관련된 압박감으로 심적 부담을 느낄 것으로 예상할 수 있다.

셋째, 성격은 개인으로 하여금 세상과 관계를 맺는 양상에 영향을 준다. 예를 들어, 친화성의 수준이 높은 사람과 외향성의 수준이 높은 사람은 세상과 다른 양상으로 관계를 맺는다. 친화성의 수준이 높은 사람에게 대인관계란 서로 호혜적인 감정을 주고받는 과정인 반면, 외향성의 수준이 높은 사람에게 대인관계란 타인에게 자신의 영향력을 전달하는 과정이다. 업무 중심적이고 성취지향적인 Type A 성향의 사람에게 대인관계는 업무를 수행하고 목표에 도달하기 위해 이용해야 할 도구인 반면, 관계 중심적(sociotropy) 성격특성을 지닌 사람에게 대인관계는 그 자체로 의미 있는 행복의 원천이다(Sato, 2003).

(2) 동기

심리적 구성개념 중 동기(motives)란 욕구(need)와 압력(pressure)에 의해서 형성되는 내적인 상태이며, 원하는 대상과 목표를 둘러싸고 있고 감정적인 색채가 농후한 인지들의 군집을 뜻한다. 어떤 동기를 지니고 있다는 표현을 달리 어떤 대상과 목표에 몰두하여있다(preoccupied)고 표현하기도 한다.

욕구는 일차욕구(primary needs)와 이차욕구(secondary needs)로 구분된다. 일차욕구는 음식, 성, 고통 등에 대한 생물학적 욕구를 의미하며, 이차욕구는 일차욕구로부터 파생된 권력욕구, 성취욕구, 친화욕구 등을 뜻한다. 욕구가 어느 순간 발생하게 되면 그 욕구를 해소하기위한 행동도 시작되며, 욕구의 강렬함이 커지면 커질수록 욕구 해소를 위한 행동의 강도도 점차 커진다. 압력은 동기를 유발하는 외부적 사건을 의미한다. 가정불화라는 압력을 경험하면 안전에 대한 동기가 발생하고, 또래의 부족이라는 압력을 경험하면 친교에 대한 동기가 유발되며, 위해의 압력에 접하게 되면 앙갚음에 대한 동기가 생긴다.

(3) 스트레스

심리적 구성개념 중 스트레스(stress)란 두 가지 의미로 사용된다. 한 가지 의미는 심리적 고통을 유발하는 사건이며 이때의 스트레스를 스트레스 원(原) 혹은 생활사건(life events)이라고 부른다. 생활사건은 다시 두 가지로 구분되어 이혼, 심각한 질병, 교통사고 등과 같이 자주 일어나지 않으면서 그 결과가 파괴적인 생활사건을 주요 생활사건(major life events)이라 일컫고, 친구와의 다툼, 교통체증, 상사와의 갈등 등과 같이 자주 일어나면서 그 결과가 덜 파괴적인 생활사건을 경미한 생활사건(minor life events, daily hassles)이라고 칭한다.

스트레스의 또 다른 의미는 지각된 스트레스(perceived stress)이다. 생활사건이나 스트레스 원(原)을 경험한 개인이 그 사건에 대처할만한 자원과 능력을 충분히 보유하지 않아서 감당할 수 없다고 느끼는 것을 지각된 스트레스라고 하며 우리가 일상생활에서 '스트레스가 많다'라고 표현할 때에 스트레스란 지각된 스트레스를 의미한다.

(4) 정서

심리적 구성개념 중 정서(emotion)란 생리적 각성, 사고, 감정, 표현적 행동 등이 포함된 결합체이다. 생리적 각성이란 감정을 경험할 때 동반되는 생리적 경험을 일컫고, 사고란 특정 감정에 결합된 특정한 내적 언어를 의미하며, 표현적 행동이란 특정 감정이 겉으로 드러나서 타인이 관찰할 수 있는 표현 방식을 뜻한다. 예를 들어, 불안이라는 감정을 경험한다면 동시에 우리는 심장이 뛰고 호흡이 가쁘며 입에 침이 마르는 생리적 현상을 체험하고, '앞으로 어떤 나쁜 일이 일어날

까?', '내가 그 일을 잘 해낼 수 있을까?' 등과 같이 불안감과 어울리는 여러 부정적 생각들을 갖게 되며, 안절부절못하며 돌아다니거나 초콜릿과 같은 단 음식에 자꾸 손이 가는, 불안의 감정과 관련된 행동을 보인다. 정서는 감정만을 의미하는 것이 아니라 감정을 경험할 때 수반되는 사고, 행동, 생리적 변화 등을 아우르는 심리적 구성개념이다.

정서를 구분하는 방식은 다양하지만 가장 널리 통용되는 방법은 생리적 각성과 유인가(valence)의 두 축을 통해 분류하는 방식이다(Russell, 1980). 이 두 축을 사용한다면 대부분의 정서는 4개의 분면에 위치할 수 있다. 예를 들어, 분노와 공포와 같은 정서는 높은 생리적 각성을 지닌 부정정서로 분류될 수 있고, 흥미와 즐거움의 정서는 높은 생리적 각성을 동반한 긍정정서로 구분될 수 있다. 또한 슬픔과 지루함의 정서는 낮은 생리적 각성의 부정정서라고 구분되며, 편안함과 안도감의 정서는 낮은 생리적 각성의 긍정정서로 분류된다.

2. 심리검사의 종류

심리검사를 분류하는 고전적인 방식은 능력검사와 성향검사로 구분하는 것이다. 능력검사란 수검자에게 정답이 존재하는 과제를 제공한 뒤 수검자의 반응에 따라 수검자의 능력을 측정하는 검사를 의미하며, 지능검사와 신경심리검사가 대표적인 능력검사이다. 성향검사란 정답이 존재하지 않은 과제를 제공한 뒤 수검자의 반응에 따라 수검자의 정서, 성격, 동기, 갈등 등을 측정하는 검사를 의미하며 성향검사는 다시 투사법 검사와 자기보고형 검사로 구분된다.

투사법 검사는 성향검사의 한 종류로서 수검자의 무의식적인 정서, 성격, 동기, 갈등 등을 측정하는 검사를 의미하며, Rorschach 검사, 문장완성검사, HTP 검사, KFD 검사 등이 이에 해당한다. 자기보고형 검사는 수검자의 의식적인 정서, 성격, 동기, 갈등 등을 측정하는 도구를 뜻하며, MMPI, PAI, NEO-PI-R, MBTI 등이 이에 속한다.

3. 심리검사의 신뢰도

신뢰도는 심리검사가 지녀야 할 기본적 속성 중 하나이다. 신뢰도는 '이 심리검사가 정확한가?'에 대한 응답이며 심리검사가 얼마나 오차 없이 측정하는지를 보여주는 수치이다. 검사 재검사 신뢰도, 동형검사 신뢰도, 문항내적 합치도, 채점자 간 신뢰도 등이 신뢰도의 예이다.

검사 재검사 신뢰도는 동일 수검자 집단에게 한 검사를 2회 시행해서 얻은 두 검사점수의 상관계수를 의미한다. 〈표 1-1〉는 8명으로 구성된 한 집단에게 두 번에 걸쳐 심리검사를 실시한 결과이다.

〈그림 1-1〉은 상관계수 r을 산출하는 공식이다. 이 공식에서 x는 1차 검사의 값이며, y는 2차 검사의 수치이다. $\overline{x}$는 8명의 1차 검사의 평균이며 $\overline{y}$는 8명의 2차 검사의 평균이다. 따라서 $\overline{x}$는 3[(5+2+4+1+1+4+2+5)/8]이며, $\overline{y}$는 3[(5+4+2+1+1+2+4+5)/8]이다.

<표 1-1> 검사 재검사 신뢰도의 사례

시기	A	B	C	D	E	F	G	H
1차	5	2	4	1	1	4	2	5
2차	5	4	2	1	1	2	4	5

$$r = \frac{\sum_{i=1}^{n}(x_i - \overline{x})(y_i - \overline{y})}{\sqrt{\sum_{i=1}^{n}(x_i - \overline{x})^2} \cdot \sqrt{\sum_{i=1}^{n}(y_i - \overline{y})^2}}$$

<그림 1-1> 상관계수 산출 공식

〈표 1-1〉의 자료를 〈그림 1-1〉의 분자에 투입하여 그 값을 아래와 같이 구한다.

평균 (3, 3)
A (5, 5) → (5−3)(5−3) = 4
B (2, 4) → (2−3)(4−3) = −1
C (4, 2) → (4−3)(2−3) = −1
D (1, 1) → (1−3)(1−3) = 4
E (1, 1) → (1−3)(1−3) = 4
F (4, 2) → (4−3)(2−3) = −1
G (2, 4) → (2−3)(4−3) = −1
H (5, 5) → (5−3)(5−3) = 4
합: 12

〈표 1-1〉의 자료를 〈그림 1-1〉의 분모에 투입하여 그 값을 아래와 같이 구한다.

평균 (3, 3)
A (5, 5) → (5−3)(5−3) = 4 (5−3)(5−3) = 4
B (2, 4) → (2−3)(2−3) = 1 (4−3)(4−3) = 1
C (4, 2) → (4−3)(4−3) = 1 (2−3)(2−3) = 1
D (1, 1) → (1−3)(1−3) = 4 (1−3)(1−3) = 4
E (1, 1) → (1−3)(1−3) = 4 (1−3)(1−3) = 4
F (4, 2) → (4−3)(4−3) = 1 (2−3)(2−3) = 1
G (2, 4) → (2−3)(2−3) = 1 (4−3)(4−3) = 1
H (5, 5) → (5−3)(5−3) = 4 (5−3)(5−3) = 4
합: $\sqrt{20} \cdot \sqrt{20} = 20$

$r = 12/20 = .60$

위와 같이 〈표 1-1〉의 자료를 〈그림 1-1〉의 공식에 투입하면 검사 재검사 신뢰도인 .60이 산출된다.

동형검사 신뢰도(equivalent-form reliability)는 동일한 내용을 측정하고 검사의 난이도, 문항 유형과 문항 수가 동일한 두 개의 동형검사를 동일한 수검자 집단에게 시행해서 얻은 검사점수 사이의 상관계수를 의미한다. 신뢰도를 산출하는 방법과 절차는 검사 재검사 신뢰도와 동일하며 검사 재검사 신뢰도가 지니고 있는 단점을 극복하기 위해 개발되었다. 검사 재검사 신뢰도가 지닌 약점 중 하나는 학습효과이다. 지능검사와 같은 능력검사를 실시할 때 빈번히 나타나는 학습효과는 1차 검사를 실시할 때에는 과제에 익숙하지 않아 실패한 문항일지라도 1차 검사를 실시하는 과정에서 그 과제에 익숙해져 2차 검사에서는 그 문항에서 성공하는 경우이다. 학습효과는 모든 개인에게 일괄적으로 일어나지 않으므로 학습효과는 검사 재검사 신뢰도를 떨어뜨릴 수 있다. 검사 재검사 신뢰도가 지닌 약점 중 또 하나는 검사가 동일한 사람에게 반복적으로 노출되는 과정에서 그 속성이 변화하는 점이다. 이 경우에는 측정된 검사 재검사 신뢰도는 실제 검사 재검사 신뢰도보다 낮을 수 있다.

문항내적 합치도 혹은 내적 합치도는 수검자가 한 척도를 구성하고 있는 여러 문항들에 얼마나 일관적으로 반응하고 있는지를 나타낸 신뢰도 계수이다. 〈표 1-2〉는 10명으로 구성된 한 집단에게 5문항으로 이루어진 심리검사를 실시한 결과이다.

〈그림 1-2〉은 내적 합치도 α를 산출하는 공식이다. 이 공식에서 k는 문항의 수이고, σ_y^2은 총분산이며, σ_i^2은 각 문항의 분산이다.

<표 1-2> 내적 합치도의 사례

	문항1	문항2	문항3	문항4	문항5	합
A	1	1	1	1	0	4
B	0	0	0	0	0	0
C	1	1	1	1	1	5
D	1	1	0	1	1	4
E	1	0	0	1	1	3
F	1	0	0	0	0	1
G	0	0	0	0	0	0
H	1	1	1	1	0	4
I	1	1	1	1	1	5
J	1	1	0	1	1	4
평균	.8	.6	.4	.7	.5	3
분산	.16	.24	.24	.21	.25	3.4

$$\alpha = \frac{k}{k-1}\left(1 - \frac{\sum_{i=1}^{k}\sigma_i^2}{\sigma_y^2}\right)$$

<그림 1-2> 내적 합치도 산출 공식

〈그림 1-3〉은 문항 1에 대해서 내적 합치도 α를 산출하는 공식에 포함되어 있는 분산을 구하는 과정을 보여준 것이다. 문항 1의 평균값은 .8[(1+0+1+1+1+1+0+1+1+1)/10]이다. 집단 구성원 각각의 문항 1의 값과 문항 1의 평균값의 차이를 구한 뒤 이를 제곱한다. 이 값을 합한 뒤 전체 구성원의 수로 나누어주면 문항 1의 분산을 산출할 수 있다.

$$s^2 = \frac{\sum_{i=1}^{10}(x_i - \bar{x})^2}{10}$$

$$= \frac{(1-.8)^2+(0-.8)^2+(1-.8)^2+(1-.8)^2+(1-.8)^2+(1-.8)^2+(0-.8)^2+(1-.8)^2+(1-.8)^2+(1-.8)^2}{10}$$

$$= \frac{(.04+.64+.04+.04+.04+.04+.64+.04+.04+.04)}{10}$$

$$= \frac{1.6}{10} = .16$$

<그림 1-3> 문항 1에 대한 분산

〈그림 1-3〉과 같은 방식으로 문항 1부터 문항 5까지의 개별 분산 값을 산출하고 구성원별 문항 평균을 통해 전체 분산 값을 산출한 뒤 이 두 값을 〈그림 1-4〉에 투입하여 내적 합치도를 계산한다.

$$\alpha = \frac{k}{k-1}[1 - \frac{\sum_{i=1}^{k} s_i^2}{s_t^2}]$$

$$= \frac{5}{5-1}[1 - \frac{(.16+.24+.24+.21+.25)}{3.4}]$$

$$= \frac{5}{4}[1 - \frac{1.1}{3.4}]$$

$$= .846$$

<그림 1-4> 사례에 대한 내적 합치도

내적 합치도의 크기에 대한 지침은 다음과 같다(Kline, 2000).

.90 ≤ α: 훌륭한 내적 합치도(Excellent)
.70 ≤ α 〈 .90: 좋은 내적 합치도(Good)
.60 ≤ α 〈 .70: 수용할 만한 내적 합치도(Acceptable)
.50 ≤ α 〈 .60: 부족한 내적 합치도(Poor)
α 〈 .50: 수용 불가능한 내적 합치도(Unacceptable)

채점자간 신뢰도(inter-rater reliability)는 한 수검자의 수행을 두 채점자가 각기 평가하여 얻은 점수 간의 상관관계이다. 평가치가 연속변인인 경우에는 상관계수를 통해 채점자간 신뢰도를 산출할 수 있지만 범주변인인 경우에는 kappa 계수(Cohen's kappa coefficient)를 이용한다. Kappa 계수를 산출하는 방법은 아래와 같다.

<표 1-3> 채점자간 신뢰도의 사례

		평정자 B	
		주요우울장애 진단 有	주요우울장애 진단 無
평정자 A	주요우울장애 진단 有	40	10
	주요우울장애 진단 無	20	30

〈표 1-3〉에 의하면, 두 명의 평정자 모두 주요우울장애로 진단을 내린 수검자는 40명이며, 두 명의 평정자 모두 주요우울장애로 진단내리지 않은 수검자는 30명이다. 이것이 관찰된 일치율이며 이를 백분율로 표현하면 아래와 같다.

$$Po = \frac{(40+30)}{100} = .7$$

평정자 A는 총 수검자 100명 중에서 50명을 주요우울장애로 진단하였다. 이 경우 주요우울장애로 진단할 확률은 .5이며 진단하지 않을 확률은 .5이다. 평정자 B는 총 수검자 100명 중에서 60명을 주요우울장애로 진단하였다. 이 경우 주요우울장애로 진단할 확률은 .6이며 진단하지 않을 확률은 .4이다. 두 평정자가 우연히 모두 주요우울장애로 진단할 확률은 .30(.5 × .6 = .30)이며, 두 평정자가 우연히 모두 주요우울장애로 진단하지 않을 확률은 .20(.5 × .4 = .20)이다. 이 두 값을 합한 값인 .50이 우연히 두 평정자의 진단이 일치할 확률이다. 관찰된 일치율과 두 평정자의 진단이 우연히 일치할 확률(P_e)을 아래 공식에 투입하여 kappa 계수를 산출한다.

$$k = \frac{P_o - P_e}{1 - P_e} = \frac{.7 - .5}{1 - .5} = .40$$

Kappa 계수의 크기에 대한 지침은 다음과 같다(Landis & Koch, 1977). 이 지침에 의하면 주요우울장애에 대한 두 평정자의 kappa 계수는 '약간 일치'에 해당한다.

$.81 \le k \le 1.00$: 거의 완전한 일치(almost perfect agreement)
$.61 \le k \le .80$: 상당한 일치 (substantial agreement)
$.41 \le k \le .60$: 중간 수준의 일치 (moderate agreement)
$.21 \le k \le .40$: 약간 일치 (fair agreement)
$.00 \le k \le .20$: 아주 약간 일치 (slight agreement)

4. 심리검사의 타당도

타당도란 어떤 측정도구가 척도 제작 시 의도했던 바를 어느 정도 충실히 측정하고 있는지에 대한 검사의 능력을 의미한다. 내용 타당도, 준거 타당도, 구성 타당도 등이 타당도의 범주에 속한다.

내용 타당도는 검사가 측정하려는 영역에 대한 지식을 공유하는 전문가 집단이 그 검사가 측정하려는 속성을 충실히 반영하였는지를 평가하는 타당도이다. 내용 타당도는 객관적인 자료를 사용하지 않고 계량화된 정보를 제공하지 않으며 검사 내용 전문가의 주관적 판단에 의존한다. 예를 들어, 우울증상을 측정하는 척도를 제작한 뒤, 정신건강 전문가에게 의뢰하여 그 척도의 문항이 일반적인 우울증상을 대표할만한지를 검증받아 내용 타당도를 확인한다.

준거 타당도는 검사점수가 준거 변수와 얼마나 높은 관련성을 지니는지를 평가하는 타당도이다. 준거 변수는 검사 사용자 혹은 검사 의뢰자가 실제로 관심을 갖는 변수이다. 준거 타당도는 다시 예언 타당도와 공인 타당도의 두 범주로 나누어진다. 예언 타당도는 검사가 어떤 결과(혹은, 기준)를 성공적으로 예측할 수 있는지를 말해준다. 예를 들어, 고등학생들이 대학 입학을 위해서 치르는 검사인 수학능력 시험의 가치는 그 검사가 학생들의 대학 학점을 부분적으로 예측해 준다는 데 있다. 따라서 수학능력 시험이라는 검사의 점수와 학점 사이에 높은 상관관계가 있다면 이는 예언 타당도가 높음을 나타낸다. 공인 타당도(concurrent validity, 共因 妥當度)는 새로운 검사 도구를 제작하였을 때 제작한 도구의 타당성을 검증하기 위하여 이미 타당성을 보장받고 있는 검사와의 유사성 혹은 연관성 등을 비교하는 지표이다. 연구자가 새로운 성격검사를 제작하였을 때, 그 성격검사의 타당도를 검증하기 위하여 5요인 성격검사(NEO-PI-R)와의 관계를 살펴보아 새로 제작한 검사의 타당성을 판정하는 것은 공인 타당도 검증의 한 예이다.

구성 타당도(construct validity)란 특정 검사가 조작적으로 정의된 구성개념(construct)을 어느 정도 측정하고 있느냐 하는 것으로, 구인 타당도라고도 한다. 여기에서 구인 혹은 구성개념(construct)이란 실제 관찰할 수 없는 개념적 특성이지만 경험적으로 증명할 수 있는 심리적 변수로서, 측정할 수 없는 인간의 특성이나 현상을 이론적으로 개념화한 것을 의미한다.

구성 타당도는 수렴 타당도, 변별 타당도, 요인 타당도 등으로 구분된다. 수렴 타당도는 동일한 특성을 측정하는 다른 검사의 점수나 이론적으로 관련된 점수와 상관이 높은 정도, 즉 같은 구인을 다른 방법으로 측정한 자료 사이의 상관계수를 의미한다. 변별 타당도는 이론적으로 관련이 적은 변수와 상관이 낮은 정도, 즉 다른 구인을 같은 방법으로 측정한 자료 사이의 상관계수를 뜻한다. 마지막으로 요인 타당도는 한 구인이 어떠한 하위 요인으로 이루어져 있는지를 확인한 지표를 의미한다.

제2장 지능검사

지능검사는 지능(intelligence)을 측정하기 위한 검사이다. 현재 전 세계적으로 가장 보편적으로 사용하고 있는 지능검사인 웩슬러 지능검사의 제작자인 David Wechsler(1896~1981)는 지능을 "합목적적으로 행동하고 합리적으로 생각하며 효율적으로 환경에 대처하는 총체적이고 전반적인 능력"이라고 정의하였다(Edwards, 1994; Wechsler, 1940). 지능에 대한 이 정의는 부분적이고 제한적인 인지기능에 머무르지 않고 전체적이고 통합적인 지능의 특성을 잘 나타내는 동시에, 인간이 생활하는 환경과 사회에 효과적으로 적응하는 능력으로서의 지능의 모습을 보여준다.

1. 지능의 이론

(1) 일반요인 g factor

지능검사가 개발된 이후 지능에 대한 연구는 과학적 면모를 갖추게 되었다. 지능에 대한 경험적 연구 결과, 일반요인이 존재한다는 사실이 밝혀졌다. 상관분석을 사용하였을 때 지능검사를 구성하는 하위 소검사는 서로 관련성을 맺고 있을 뿐 아니라 상관의 방향이 정적(positive)이었다. 하나의 소검사에서 높은 성취를 보인 한 개인은 다른 소검사에서도 높은 성취를 보일 가능성이 크다는 이 연구결과는 지능검사의 모든 소검사가 상위의 어떤 한 요인에 의해 영향을 받고 있다는 추론을 이끌었다. 일반요인(general factor)은 모든 소검사의 점수에 영향을 줄 수 있는 상위의 인지개념을 뜻한다. Charles Spearman(1863~1945)이 제안한 지능의 2요인 이론에 의하면 지능을 측정하는 모든 과제는 일반요인(general factor)과 그 과제 수행에 필요하고 과제 특정적인 특수요인(specific factor)에 의해 영향을 받는다. 예를 들면, A가 B보다 지능검사의 하위 소검사인 어휘 소검사에서 높은 수행을 보였다면, A가 B보다 일반요인 점수가 높거나 아니면 A가 B보다 어휘 소검사를 수행하는 데 필요한 '어휘 검사 특정적인' 특수요인이 뛰어나기 때문이다.

(2) 일차적 정신능력(primary mental abilities: PMAs)

지능검사를 통해 산출된 지능에 대한 후속연구들에 의해 일차적 정신능력이 도출되었다(Lewis Thurstone, 1887~1955). 일차적 정신능력은 단어 유창성(word fluency), 언어 이해(verbal comprehension), 숫자(number facility), 공간(spatial visualization), 기억(associative memory), 지각적 속도(perceptual speed), 추리(reasoning) 등 7가지 기본적인 인지능력으로 이루어져있다. Thurstone에 의하면, 지능을 측정하는 모든 과제는 일반요인, 과제특정적 기술, 그리고 하나 이상의 일차적 정신능력에 의해 영향을 받는다. 예를 들면, A가 B보다 지능검사의 하위요인인 산수 검사에서 높은 점수를 얻는다면, A가 B보다 일반요인 점수가 높거나 A가 B보다 산수 소검사를 수행하는 데 필요한 산수 검사 특정적인 기술이 뛰어나거나, 아니면 숫자(number facility)의 일차적 정신능력이 높기 때문이다.

(3) 유동지능과 결정지능

Raymond Bernard Cattell(1905~1998)에 의하면 일반지능은 두 가지로 구성된다. 일반지능의 하나는 유동지능(fluid intelligence: Gf)이고 나머지 하나는 결정지능(crystallized intelligenece: Gc)이다. 유동지능이란 출생과 동시에 지닌 채 태어나는 인지기능으로서 환경적인 학습에 의해서 쉽게 증진되지 않는 지능을 의미한다. 이에 반해, 결정지능은 출생이후 환경적인 학습과 경험에 의해 습득하는 지식과 경험의 총화를 뜻한다. 지능검사를 통해 측정하는 지능은 모두 유동지능과 결정지능이 합쳐진 개념이고, 전체 지능점수와 소검사의 점수는 결정지능에 의해 영향 받는 부분과 유동지능에 의해 영향 받는 부분으로 구분될 수 있다. 유동지능과 결정지능은 시간이 지남에 따라 다른 궤적을 그리며 변화한다. 결정지능은 비록 순간 기울기가 점차 감소하기는 하지만 대체로 시간에 따라 증가하는 양상을 보이는 데 비해 유동지능은 초기 성인기까지는 대체로 증가하는 추세를 보이다가 그 이후로는 감소하는 모습을 나타낸다.

(4) CHC 이론(Cattell-Horn-Carroll theory)

CHC 이론은 Gf-Gc 이론과 Carroll의 삼층이론(the three-stratum theory)을 결합한 것이다. CHC 이론에서 지능은 3개의 층으로 이루어진 다층구조를 지닌다. 80여 개의 인지능력으로 구성된 1층위 협범위 능력(narrow abilities), 10개의 인지능력으로 구성된 2층위 광범위 능력(broad abilities), 1개의 인지능력으로 구성된 일반능력(general ability) 등이 CHC 이론의 요소들이다.

광범위능력은 유동지능(Gf: Fluid Intelligence), 결정지능(Gc: Crystallized Intelligence), 시각처리(Gv: Visual Processing), 청각능력(Ga: Auditory Ability), 단기기억(Gs: Short-Term Memory), 장기저장·인출능력(Glr: Long-Term Memory & Retrieval), 처리속도(Gs: Processing Speed), 읽기·쓰기능력(Grw: Reading & Writing), 양적추론(Gq: Quantitative Reasoning), 결정/반응 시간/속도(Gt: Decision/Reaction Time/Speed) 등으로 구성된다.

유동지능(Gf : Fluid Intelligence): 익숙하지 않은 정보와 새로운 절차를 사용하여 추론하고 개념을 형성하며 문제를 해결하는 능력

결정지능(Gc : Crystallized Intelligence): 습득한 지식의 폭과 깊이, 지식을 소통하는 능력, 학습한 경험과 절차를 사용하여 추론하는 능력

시각처리능력(Gv : Visual Processing): 시각표상을 저장하고 회상하는

능력과 시각패턴을 지각, 분석, 종합, 사고하는 능력.

청각처리능력(Ga : Auditory Processing): 복잡한 자극이 주어지는 상황에서 청각자극을 구분하는 능력과 청각자극을 분석하고 종합하는 능력

단기기억(Gs : Short-Term Memory): 정보를 이해하고 보유하며 몇 초 이내에 그 정보를 사용하는 능력

장기저장·인출능력(Glr : Long-Term Memory & Retrieval): 정보를 저장하고 나중에 쉽게 인출하는 능력

처리속도(Gs : Processing Speed): 압력 상황에서 주의를 유지한 채 자동적인 인지과제를 수행할 수 있는 능력

읽기·쓰기능력(Grw : Reading & Writing): 기본적인 읽기와 쓰기 능력

양적추론(Gq : Quantitative Reasoning): 양적개념과 양적관계를 이해하고 수 상징을 조작하는 능력

결정/반응 시간/속도(Gt : Decision/Reaction Time/Speed): 즉각적으로 과제와 자극에 반응할 수 있는 능력

(5) 삼원이론(the triarchic theory of intelligence)

Sternberg(1985)는 분석지능(analytical intelligence), 창조지능(creative intelligence), 실용지능(practical intelligence) 등 3요소가 지능을 구성한다고 주장했다. 삼원이론에 의하면, 표준화된 형태로 전 세계적으로 사용되고 있는 다양한 종류의 지능검사는 대부분 3요소 중 오직 분석지능만을 측정하고 있고 창조지능과 실용지능을 아우르는 지능평가 방식은 드물다. 분석지능은 분명한 정답이 존재하는 질문에 대해 응답하는 인지능력을 측정하고, 창조지능은 기존에 지니고 있는 지식과 기술을 전혀 새로운 상황과 다른 맥락에 적용하는 능력을 의미하며, 실용지능은 이미 갖고 있는 지식과 기술을 실제 상황과 일상생활에 적용하는 능력을 뜻한다.

(6) 다중지능이론(the theory of multiple intelligences)

Gardner(1983)의 다중지능이론은 고전적인 지능검사를 통해서 정신지체 수준의 평가를 받지만 어떤 특정 영역에서는 놀라운 수행을 보이는 서번트 증후군(savant syndrome)을 지닌 사람들에 대한 관찰에 근거한다. 서번트 증후군을 보이는 사람은 지능검사의 하위 소검사에 담겨져 있지 않는 능력을 보유하고 있다. 다중지능이론에서는 인간의 지능이 언어지능, 수리과학지능, 운동지능, 음악지능, 공간지능, 자연지능, 대인이해지능, 자기이해지능 등 최소한 8개의 범주로 구분될 수 있다고 주장하였다.

· 음악지능 Musical-rhythmic and harmonic

음악지능은 소리, 리듬, 음조, 음악에 대한 예민성과 관련된다. 음악지능이 높은 사람은 음감이 뛰어나고 음악을 작곡·연주하거나 노래를 부르는 능력이 우수하다.

· 공간지능 Visual-spatial

공간지능은 공간적 판단력과 대상의 시각화 능력과 관련된다. 공간지능은 일반지능의 중요한 요소이다.

· 언어지능 Verbal-linguistic

언어지능이 높은 수검자는 언어와 어휘를 잘 다루는 사람이다. 그들은 읽기와 쓰기에 능숙하고 이야기를 잘하며 낱말을 잘 기억한다. 언어지능은 일반지능의 주요 요인이다.

· 수리과학지능 Logical-mathematical

수리과학지능은 논리, 추상화, 추론, 수(數), 비판적 사고 등과 관련된다. 아울러 수리과학지능은 인과관계를 지닌 현상의 원리를 이해하는 능력과 연관된다. 수리과학지능은 유동지능, 일반지능의 주요 요인이다.

· 운동지능 Bodily-kinesthetic

운동지능은 신체운동을 조절하는 능력을 의미한다. 운동지능은 신체적 행동의 목표를 정확히 인식하고 최적의 타이밍을 선택하며 훈련을 통해 신체를 단련하는 능력을 포함한다. 운동지능이 높은 수검자는 운동선수, 댄서, 연주가, 건축가, 배우, 경찰관, 군인 등이다.

· 대인이해지능 Interpersonal

대인이해지능은 대인관계 상호작용과 관련된다. 대인이해지능이 높은 사람은 타인의 감정, 동기, 기분을 잘 이해하며 집단을 이루어 다른 사람과 팀으로서 일을 하는데 능숙하다. 대인이해지능은 외향성 성향과 구분된다. 외향성인 사람과는 달리 대인이해지능이 높은 사람은 리더로서의 역할을 하는 것을 좋아하기도 하지만 반대로 리더를 따르는 사람으로서의 역할도 즐겨한다. 판매인, 정치인, 교사, 강사, 상담사 등은 대인이해지능과 관련된 직업이다.

· 자기이해지능 Intrapersonal

자기이해지능은 자기성찰능력 및 내성능력과 관련되어 자기에 대한 깊은 이해를 반영한다. 자신의 강점과 약점을 정확히 인식하고 자신에게 농기를 부여하는 방법을 잘 알고 있으며 자신의 독특성을 이해하는 사람이 자기이해지능을 지닌 사람이다.

· 자연지능 Naturalistic

자연지능은 사냥과 채집 그리고 농업에 종사했던 진화적 역할과 관련된다. 자연지능이 높은 사람은 동물과 식물의 종류 혹은 바위와 산의 형태에 대한 지식과 관심을 지닌 사람이다. 자연지능은 전체 지구의 일부분으로서 자연과 공생하려는 인간의 태도와 깊은 관련을 맺는다.

2. 지능검사의 역사

(1) 지능검사의 시작

지능검사가 개발된 것은 최근의 일이다. 지능검사의 개발은 의무교육제도의 실시에 의해 이루어졌다. 21세기에 들어서자 의무교육제도가 시행되어 일정 연령에 도달한 아동은 초등학교에 입학하여 수년간의 의무교육을 이수하여야 했다. 그런데 한 교실에서 다양한 인지능력을 지닌 아동을 동일한 교재를 통해 교육하는 것의 난점이 드러났다. 이에 일반교육을 받을 학생과 특수교육을 받을 학생을 구분해야 할 필요성이 생겼다. 1905년 최초의 지능검사인 비네 시몽(Binet-Simon) 검사는 특수교육을 받을 초등학생을 선별하기 위해 Alfred Binet(1857~1911)과 Théodore Simon(1872~1961)에 의해 개발되었다.

(2) 스탠포드 비네 검사

프랑스에서 개발된 비네 시몽 검사는 1916년 미국의 스탠포드 대학에서 Lewis Terman(1877~1956)에 의해 스탠포드 비네 검사(The Stanford-Binet Intelligence scale)라는 이름으로 개작되었다. 현재까지 5번째 판이 만들어진 스탠포드 비네 검사는 주로 발달지연의 아동을 대상으로 시행되며 지식(knowledge), 양적추론(quantitative reasoning), 시공간 처리(visual-spatial processing), 작업기억(working memory), 유동추론(fluid reasoning) 등의 5개 요인으로 구성된다.

(3) Army Alpha, Army Beta 검사

1차 세계대전이 발발하자 군인들을 대상으로 한 지능검사의 개발이 필요해졌다. 일정수준의 지능을 지닌 병사를 선발하여 전선에 투입해야 했고, 개별 군인에게 적합한 보직을 부여하기 위해 지능 정보를 얻는 것이 중요했기 때문이다. 이에 이전까지 아동을 대상으로, 그리고 개인적으로 시행되던 지능검사가 '성인'을 대상으로 '집단적'으로 시행되는 지능검사로 변모되게 되었다. 1917년에 Robert Yerkes(1876~1956)에 의해 개발된 Army Alpha는 언어능력, 수리능력, 지시수행력, 지식정보 등을 측정하였고, Army Beta는 비언어적 지능검사로서 문맹의 병사를 위해 개발되었다.

(4) 비율 IQ

지능검사는 모두 양적인 점수를 산출하며, 점수를 산출하는 두 가지 방법이 존재한다. 첫 번째 방식은 비율 IQ(ratio IQ)이다. 비율 IQ는 정신연령(Mental Age)을 신체연령(Chronological Age)으로 나누고 100을 곱한 통계치를 뜻한다. 예를 들어, 10세 아동의 정신연령이 13세라면, 13을 10으로 나눈 값 1.3에 100을 곱하면 IQ는 130점이 산출된다. 이러한 방식이 지닌 여러 가지 문제점 중 하나는 정신연령이 삶 전체를 걸쳐 증가하지 않는 반면 신체연령은 지속적으로 증가한다는 점이다. 초기 성인기 이후 지능은 증가하지 않으므로 성인의 지능을 측정하기에 비율 IQ는 적당하지 않다. 비율 IQ가 지닌 이러한 약점을 보완하기 위해 편차 IQ 방식이 도입되었다.

(5) 편차 IQ

현재 사용되는 대부분의 지능검사는 편차 IQ(deviation IQ)의 방식을 택하고 있다. 편차 IQ는 〈표 2-1〉의 기준에 의해 점수를 산출한다. 편차 IQ는 한 사람의 수행이 그 사람이 속한 연령 집단의 평균 수행보다 1 표준편차 높은 값을 보일 때 115점을, 1 표준편차 낮은 값을 나타낼 때 85점을, 평균과 동일한 값을 보일 때 100점을 부여하는 방식이다. 현재 사용되고 있는 대부분의 지능검사에서 이 방식을 채택하고 있다. 〈표 2-1〉에 의하면 전체 수검자의 절반이 지능 90과 110 사이에 있고, 85점 이하에 수검자의 16%, 115점 이상에 수검자의 16%가 위치한다.

<표 2-1> IQ, 표준편차 거리, 백분율의 관계

IQ	표준편차 거리	백분율	IQ	표준편차 거리	백분율
145	+3	99.9	100	0	50
140	+2 2/3	99.6	95	-1/3	37
135	+2 1/3	99	90	-2/3	25
130	+2	98	85	-1	16
125	+1 2/3	95	80	-1 1/3	9
120	+1 1/3	91	75	-1 2/3	5
115	+1	84	70	-2	2
110	+2/3	75	65	-2 1/3	1
105	+1/3	63	60	-2 2/3	0.4
			55	-3	0.1

3. K-WAIS-IV

K-WAIS-IV는 총 15개 소검사로 이루어져 있고 그 중 5개의 소검사는 보충 소검사이며 나머지 10개의 소검사는 핵심 소검사이다. 핵심 소검사는 지능지수를 사용하기 위해 기본적으로 사용되는 소검사이며, 보충 소검사는 핵심 소검사의 사용이 여의치 않을 경우 핵심 소검사를 대체하기 위한 검사이다. 공통성, 어휘, 상식, 토막짜기, 행렬추론, 퍼즐, 숫자, 산수, 동형찾기, 기호쓰기 등이 핵심 소검사로 분류되며, 이해, 무게비교, 빠진곳찾기, 순서화, 지우기 등이 보충 소검사에 속한다.

15개 소검사를 통해 언어이해지수, 지각추론지수, 처리속도지수, 작업기억지수, 일반능력지수, 인지효능지수, 전체지능지수 등 총 7개의 지수가 산출된다. 공통성, 어휘, 상식 등 3개의 핵심 소검사와 이해의 보충 소검사는 언어이해지수를 산출하기 위해서 사용되고, 토막짜기, 행렬추론, 퍼즐 등 3개의 핵심 소검사와 무게비교와 빠진곳찾기 등의 보충 소검사를 통해서 지각추론지수가 산출된다. 숫자와 산수의 핵심 소검사와 순서화의 보충 소검사는 작업기억지수를 산출하는 데 필요하며, 동형찾기와 기호쓰기의 핵심 소검사와 지우기의 보충 소검사는 처리속도지수를 구하는 데 요구되는 소검사이다.

언어이해지수와 지각추론지수는 다시 합쳐져서 일반능력지수를 구성하며, 처리속도지수와 작업기억지수는 함께 인지효능지수를 산출한다. 즉, 공통성, 어휘, 상식, 토막짜기, 행렬추론, 퍼즐 등의 핵심 소검사와 이해, 무게비교, 빠진곳찾기 등의 보충 소검사는 일반능력지수를 산출하며, 숫자, 산수, 동형찾기, 기호쓰기 등의 핵심 소검사와 순서화, 지우기 등의 보충 소검사는 인지효능지수를 산출한다.

언어이해지수는 언어적 이해능력, 언어적 표현능력, 언어적 개념화 능력, 언어적 추론 능력 등에 의해 주로 영향을 받는 지수이고, 지각추론지수는 시공간적 지각 능력, 시공간적 개념화 능력, 시공간적 추론 능력 등과 관련된다. 처리속도지수는 단순하고 반복적인 과제를 오류 없이 신속하게 처리하는 능력을 반영하며, 작업기억지수는 주의력과 집중력 및 정신적 조작능력 등에 의해 영향을 받는 지수이다.

(1) 소검사

언어이해 소검사

· 공통성(Similarity: SI)

공통성 소검사에서 수검자는 두 개의 낱말을 제시받고 이 두 낱말의 유사점과 공통점에 대해 설명한다. 수검자에 따라 유사점과 공통점을 기술하는 방식은 각기 다르다. 두 낱말의 상위개념을 보고하기도 하고, 두 낱말의 외양의 유사점을 설명하기도 하며, 두 개념이 지닌 기능의 유사성을 언급하기도 한다. 공통성 소검사는 결정지능, 추상적 추론능력, 언어적 이해능력, 기억력, 연합적·범주적 사고능력, 언어적 표현력 등을 측정하고 사물의 핵심적인 측면과 지엽적인 측면을 구별하는 능력에 의해 영향을 받는다.

· 어휘(Vocabulary: VC)

어휘 소검사의 수검자는 시각적으로 제시되는 그림자극의 이름을 이야기하거나 낱말의 의미를 설명하여야 한다. 어휘 소검사는 결정지능, 습득지식의 양, 학습능력, 장기기억, 언어발달수준, 청각적 이해력, 언어적 표현력 등을 측정하고 학업과 관련된 환경의 영향과 수검자의 학업적 동기 수준에 의해 영향을 받는다. 성장과정에서 수검자의 학업적 발달에 관심을 많이 가진 보호자가 존재하거나 학습과정에서 남다른 성취욕구를 보였던 수검자일수록 어휘 소검사에서 나은 수행을 보일 가능성이 크다.

· 상식(Information: IN)

상식 소검사의 질문내용은 주로 다양한 영역의 사실적인 일반지식에 대한 것이다. 이 소검사에서 높은 수행을 보이는 수검자는 일반지식에 대한 학습과 기억, 그리고 파지(把持)와 재인능력이 높은 것으로 간주되며, 결정지능, 장기기억, 언어적 이해력, 언어적 표현력이 이 과제의 수행에 영향을 미친다. 어휘 소검사와 마찬가지로 부모의 교육에 대한 열의와 수검자의 학습에 대한 동기 수준이 이 과제의 수행과 관련이 깊다.

· 이해(Comprehension: CO)

일반적인 사회적 규칙과 사회적 상황에 대한 이해 정도를 물어보는 질문으로 이해 소검사는 구성되어 있다. 이해 소검사는 대부분의 언어이해지수에 속한 소검사와 마찬가지로 언어적 추론능력, 언어적 개념화 능력, 언어적 이해력, 언어적 표현력, 결정지능, 장기기억력 등과 깊은 관련을 맺고, 관습적인 행동기준에 대한 인지정도, 과거경험을 활용하고 평가하는 능력, 사회적 판단력 등에 의해 이 검사의 수행이 영향을 받는다.

이해 소검사는 수검자가 성장한 문화적 배경에 대한 정보를 알려준다. 이해 소검사를 구성하는 문항은 실제로 수검자가 맞닥뜨린 사회적 상황에서 습득한 경험과 지식을 물어본다. 사회적 규칙과 관습적 행동규준은 개인의 행동에 따른 사회적 피드백에 의해 형성되므로 개인이 소속되었던 사회의 특성에 의해 영향을 받는다.

이해 소검사의 수행은 수검자의 윤리의식과 도덕적 판단력을 가늠하게 해준다. 수검자의 윤리의식과 도덕적 판단력은 수검자의 도덕발달 수준과 관련된다. 이해 소검사에 대한 수검자의 응답내용을 살펴보면 수검자의 도덕발달이 인지발달 수준에 상응하는지, 아니면 이에 미치지 못하는지에 대한 정보를 얻을 수 있다.

지각추론 소검사

· 토막짜기(Block Design: BD)

수검자는 토막짜기 소검사에서 모형(model) 혹은 그림(picture)을 제시받고 빨간색과 흰색으로 구성된 토막(block)을 사용하여 이와 동일한 모양(design)을 만들어내어 추상적인 시각적 자극을 분석하고 통합하는 능력을 보여준다. 시각적 자극의 사용에 있어 운동 능력을 함께 사용하는 시각-운동 협응능력과 시각적 자극 사이의 관계를 도출해내는 비언어적 추론 능력이 이 소검사의 수행에 영향을 미친다.

· 행렬추론(Matrix Reasoning: MR)

행렬추론에서 수검자는 일부가 빠져있는 미완성의 행렬과 여러 개의 선택지를 제시받고 행렬을 완성한다. 이 소검사는 새로운 시각 자극을 사용하여 추론을 통해 문제를 해결해 나가는 유동 추론능력을 측정하는 대표적인 과제이며 대상을 구성하는 세부 요소에 의미를 부여하는 시각적 조직화 능력과 행렬을 구성하는 부분과 행렬 전체의 관계를 파악하는 능력이 본 과제의 수행에 영향을 미친다. 행렬추론 소검사는 교육과 문화의 영향을 상대적으로 적게 받는 검사로 알려져 있다.

· 퍼즐(Visual Puzzles: VP)

수검자는 완성된 퍼즐을 제시받고 세 개의 선택지를 선택하여 퍼즐과 같은 모양을 만든다. 이 소검사는 추상적인 시각자극을 분석하고 통합하는 능력과 시각적 자극을 사용한 추론능력을 측정하기 위해서 개발되었으며, 퍼즐의 모양을 지각하고 기억하며 인출하는 제반 시각처리 능력이 본 과제의 수행에 영향을 미친다.

· 무게비교(Figure Weights: FW)

무게비교 과제에서 수검자는 좌우 균형이 맞지 않은 저울을 보고, 균형을 맞추기 위해 필요한 선택지를 고른다. 본 소검사는 모양과 색깔의 물리적 속성을 수학적으로 전환할 수 있는 양적 추론능력을 측정하기 위해 개발되었다. 무게라는 양적인 속성으로 전환하기 위해 모양과 색깔이 다른 두 대상을 지속적으로 관찰할 수 있는 주의 지속능력(sustained attention)과 이전 항목에서 통용되었던 속성 사이의 규칙을 새로운 항목에 적용하지 않고 유연하게 변경할 수 있는 장전환 능력(set-shifting ability)이 과제 수행에 영향을 미친다.

· 빠진곳찾기(Picture Completion: PC)

빠진곳찾기 소검사는 중요한 요소가 빠져있는 그림에서 누락된 부분을 찾아내는 검사이다. 빠진곳찾기 소검사는 중요한 부분과 중요하지 않은 부분을 구분하고 대상의 세부를 시각적으로 탐지해내는 능력을 측정하며, 과거에 시각적으로 경험한 바 있는 대상을 인출할 수 있는 시각적 재인능력과 개별요소를 의미 있는 하나의 대상으로 구성할 수 있는 시각적 조직화 능력 등에 의해 영향을 받는다.

작업기억 소검사

· 숫자(Digit Span: DS)

숫자 소검사는 '바로 따라하기', '거꾸로 따라하기', '숫자 순서대로 따라하기' 등의 세 가지 과제로 구성되어 있다. 바로 따라하기에서 수검자는 검사자가 읽어준 숫자를 순서대로 반복하고, 거꾸로 따라하기에서 수검자는 검사자가 읽어준 숫자를 역순으로 반복하며, 숫자 순서대로 따라하기 과제에서는 검사자가 읽어준 숫자를 작은 숫자부터 차례로 반복한다.

숫자 소검사를 구성하는 세 가지 과제는 각기 다른 인지능력과 관련된다. 바로 따라하기 과제는 주의력과 집중력 그리고 단기기억과 관련 있으나 거꾸로 따라하기 과제와 숫자 순서대로 따라하기 과제는 이에 더해 정신적 조작능력과 작업 기억능력을 함께 측정한다.

하나의 과제가 그 성격을 달리하는 여러 과제로 구성된 다른 과제와 마찬가지로 숫자 소검사 또한 인지적 융통성(cognitive flexibility)과 관련 깊다. 한 과제에서 다른 과제로 전환할 때에는 기존의 인지과정을 다른 과정으로 유연하게 변화시키는 능력이 필요하다. 숫자 소검사 시행 시 수검자는 먼저 숫자를 순서대로 따라하도록 하는 과제를 한 뒤에 역순으로 숫자를 따라하는 과제를 수행하며, 바로 따라하기에 필요한 인지전략을 거꾸로 따라하기에 필요한 인지전략으로 순발력 있게 수정하는 능력을 보유한 수검자가 숫자 소검사에서 높은 수행 점수를 얻을 수 있다.

· 산수(Arithmetic: AR)

산수 소검사 과제에 임하는 수검자는 여러 가지 산수문제를 암산으로 해결한다. 산수 소검사에서의 수행은 주의력, 집중력, 정신적 조작 능력 등 작업기억과 관련된 능력이 영향을 미칠 뿐 아니라 수리적 추론능력과 같이 산수 소검사에 특정적인 능력과도 관련 깊다.

산수 소검사의 수행은 평가불안과 상태불안에 의해 저하되기도 한다. 산수 소검사에서의 저조한 수행이 실제의 인지능력에 의한 것이 아니라 수검자의 불안수준에 의해 야기된 것이라고 의심이 든다면, 시간의 제한을 두지 않고 필기도구를 지닌 채 다시금 수행하도록 하여 불안수준이 수행에 미친 영향정도를 가늠해볼 필요가 있다.

· 순서화(Letter-Number Sequencing: LN)

수검자는 일련의 숫자와 요일을 듣고, 숫자는 작은 순서 순으로 요일은 월-화-수-목-금-토-일 순으로 응답한다. 이 과제의 수행에는 주의력, 집중력, 정신적 조작능력, 청각처리능력, 순차적 처리능력, 기억폭(memory span)[1] 등의 능력이 관

---

[1] 일련의 숫자나 문자를 제시한 뒤 즉각적으로 따라 말하도록 하였을 때, 제시되는 숫자나 문

여한다. 수검자가 수행하는 양상을 보고 순서화 과제에 수검자의 청각처리능력이 영향을 미쳤을 가능성을 살펴볼 수 있다. 예를 들어, 수검자가 제시되지 않은 문자나 숫자를 응답할 경우에는 기억폭의 문제가 아니라 청각처리능력의 문제일 수 있다. 순서화 능력은 일상생활에서 접하기 어려운 새로운 과제이기 때문에 유동지능과 밀접한 관련을 맺고 있고 이에 유동지능의 대표적 검사라고 할 수 있는 행렬추론 소검사와 관련성을 지닌다.

처리속도 소검사

· 동형찾기(Symbol Search: SS)

동형찾기는 5개의 탐색기호와 2개의 표적기호를 제시하고 5개의 탐색기호 중에서 2개의 표적기호가 존재하는 지의 여부를 판단하는 과제이다. 동형찾기 소검사의 수행은 시각처리능력, 주의지속능력, 정신운동속도가 영향을 미치며 충동성과 동기수준과 같은 성격적인 특성이 수행과 관련된다.

신중히 고려하지 않고 충동적으로 표적을 선택하는 수검자는 많은 반응 수에도 불구하고 낮은 정답률로 인해 수행 점수가 저조할 수 있는 반면, 신중한 수검자는 적은 반응 수에도 불구하고 높은 정답률을 보여 수행 점수가 높을 수 있다. 검사에 대한 동기수준이 높은 수검자는 검사 전반부와 후반부의 수행 양상에 있어 큰 변화를 관찰하기 어려우나, 동기가 부족한 수검자는 검사 후반부로 갈수록 정답률이 현저히 저하될 수 있다.

· 기호쓰기(Coding: CD)

기호쓰기는 제시된 기호표를 보고 숫자와 짝지어진 기호를 옮겨 적는 과제이다. 처리속도지표에 속하는 여타 과제와 마찬가지로 인지적인 과제를 처리하는 속도, 즉 정신적 운동속도(mental processing speed)가 기호쓰기 수행에 상당한 영향을 미친다. 기호와 숫자를 정확히 변별해 낼 수 있는 시각적 지각능력, 짧은 시간에

자 중 50% 이상 응답이 가능한 숫자나 문자의 개수.

되도록 넓은 범위의 많은 대상을 정확히 검색해낼 수 있는 시각적 탐색능력, 입력한 숫자와 기호 정보에 대한 기억을 짧은 시간 동안 유지할 수 있는 단기기억능력, 120초 동안 지루한 과제를 유지해나갈 수 있도록 돕는 주의력, 동기수준 및 피로도가 본 과제의 수행에 영향을 미칠 수 있다.

· 지우기(Cancellation: CA)

수검자는 지우기 소검사에서 표적 모형과 모양과 색깔이 동일한 모형을 찾는다. 정해진 시간 내에 실수 없이, 배열되어 있는 모형 중에서 표적 모형을 찾아 표시하는 정신적 운동속도가 본 과제의 수행에 영향을 미친다. 표적과 유사한 자극 중에서 한 자극을 선택하여야 하는 과정에서 선택적 주의력(selective attention)[1)]이 본 과제의 수검자에게 요구된다.

(2) 지표 점수

언어이해지표(Verbal Comprehension Index: VCI)

핵심 소검사 중 공통성, 어휘, 상식, 그리고 보충 소검사 중 이해 소검사가 언어이해지표를 구성한다. 언어적 자극의 의미를 이해하는 언어이해력, 전달하려는 의미를 언어로 표현하는 언어적 표현력, 개별 언어자극을 경험한 뒤 그 언어자극을 보다 폭 넓은 일반적 규칙이나 집합체로 분류하는 언어적 개념화(concept formation) 능력, 언어적 자극을 사용하여 추론하는 언어적 추론능력, 학습을 통해 습득한 지식수준 등이 언어이해지표 점수에 영향을 미친다.

지각추론지표(Perceptual Reasoning Index: PRI)

핵심 소검사 중 토막짜기, 행렬추론, 퍼즐, 보충 소검사 중 무게비교, 빠진곳찾

---

1) 방해자극의 교란에도 불구하고 선택자극에 주의를 집중하는 능력

기 등이 지각추론지표를 이룬다. 마음속에 시공간적인 표상을 구성하고 이를 사용하여 추론하는 시공간적 추론능력, 시공간적 자극에 대한 지각 능력, 시공간적 자극을 경험한 뒤 그 자극을 보다 폭 넓은 일반적 규칙이나 집합체로 분류하는 시공간적 개념화 능력 등이 지각추론지표 점수에 영향을 미친다.

작업기억지표(Working Memory Index: WMI)

핵심 소검사 중 산수, 숫자, 보충 소검사 중 순서화 소검사가 작업기억지표를 구성한다. 오랜 시간 하나의 과제에 집중하고 방해 자극이 제시되더라도 주의가 흐트러지지 않으며 동시에 여러 가지 과제를 해낼 수 있는 능력이 작업기억지표에 영향을 미친다. 입력된 정보를 일시적으로 저장하고, 저장된 정보를 사용하여 조작하고 변환하며, 조작되고 변환된 정보를 일정 상황에서 쉽게 인출하는 전반적인 능력이 작업기억지표와 관련을 맺는다.

처리속도지표(Processing Speed Index: PSI)

핵심 소검사 중 동형찾기와 기호쓰기, 보충 소검사 중 지우기 소검사가 처리속도지표를 구성한다. 단순한 과제를 신속하고 오류 없이 처리해내는 능력이 이 지표에 영향을 미친다. 일상적이고 익숙한 과제를 처리할 때 가동되는 이 능력이 부족하면 새롭고 복잡한 과제를 해결할 때 필요한 인지적 에너지를 조달할 수 없게 된다.

(3) **전체지능지수**(Full Scale IQ: FSIQ)

전체지능지수는 현재 수검자가 지니고 있는 인지기능의 전반적이고 총체적인 점수이며 일반요인(g factor)과 가장 관련 깊은 지수이다. 언어이해지수, 지각추론지수, 작업기억지수, 처리속도지수의 네 지수를 구성하는 10개 핵심 소검사의 합으로 계산한다.

(4) 일반능력지수(General Ability Index: GAI)

일반능력지수는 언어이해지수를 구성하는 세 개의 소검사와 지각추론지수를 구성하는 세 개의 소검사의 환산점수를 합한 값이다. 일반능력지수는 처리속도지수와 작업기억지수에 의해 영향을 덜 받는 점수가 필요할 때 사용된다.

(5) 인지효능지수(Cognitive Proficiency Index: CPI)

인지효능지수는 작업기억지수를 구성하는 두 개의 소검사와 처리속도지수를 구성하는 두 개의 소검사의 환산점수를 합한 값이다. 인지효능지수는 언어이해지수와 지각추론지수에 의해 영향을 덜 받는 점수가 필요할 때 사용된다.

4. K-WAIS-IV 심리검사 보고서 작성

(1) 전체지능지수

심리검사 보고서에서 인지기능에 대한 가장 기본적인 값은 전체지능지수(Full Scale IQ: FSIQ)이다. 전체지능지수는 언어이해지수, 지각추론지수, 작업기억지수, 처리속도지수의 합이자, 10개의 핵심소검사의 합이다. 전체지능지수를 보고할 때에는 〈표 2-2〉과 〈표 2-3〉과 같이 기술적 분류를 함께 제시한다. 기술적 분류를 제시하는 방식은 크게 두 가지이다. 한 가지 방식은 WAIS-IV에서 제안한 것으로서 지능지수를 7단계로 나누어서 구분하는 것이며, 다른 방식은 Lichtenberger와 Kaufman(2009)이 제안한 5단계 분류법이다. 전자는 전체지능지수를 10점 단위로 분류한 것이며, 후자는 전체지능지수를 표준편차 단위로 분류한 것이다.

<표 2-2> K-WAIS-IV가 제안한 지능지수의 7단계

FSIQ	기술적 분류
130 이상	최우수 very superior
120-129	우수 superior
110-119	평균상 high average
90-109	평균 average
80-89	평균하 low average
70-79	경계선 borderline
69 이하	최하 extremely low

<표 2-3> Lichtenberger와 Kaufman(2009)이 제안한 지능지수의 5단계

FSIQ	기술적 분류
131 이상	최상 upper extreme
116-130	평균상 above average
85-115	평균 average
70-84	평균하 low average
69 이하	최하 lower extreme

전반적 지능지수(global ability)를 보고하고자 할 때 전체지능지수를 사용하지 못하는 경우는 4개의 지수 간 변산이 너무 큰 경우이다. 이를 판단하기 위해서 4개의 지수 중 가장 높은 점수를 얻은 지수와 가장 낮은 점수를 얻은 지수의 차를 구한다. 만약 이 차이가 1.5 표준편차(Standard Deviation: SD)에 해당하는 점수인 23점[1] 미만이라면 전체지능지수를 전반적 지능지수로서 보고할 수 있다. 그렇지만 이 차이가 23점 이상에 해당한다면 전체지능지수가 아닌 다른 지수를 사용하여야 한다.

[1] 이 점수는 미국의 규준을 통해 얻어진 값이므로 국내 자료를 적용할 때에는 달라질 수 있다.

<표 2-4> 전반적 지능지수와 전체지능지수 사례 (1)

전체지능지수	지수	지수점수	소검사	소검사 환산점수
102	언어이해	100	공통성	10
			어휘	11
			상식	9
	지각추론	100	토막짜기	10
			행렬추론	11
			퍼즐	9
	작업기억	109	숫자	12
			산수	11
	처리속도	98	동형찾기	10
			기호쓰기	9

〈표 2-4〉의 경우, 4개의 지수 중 가장 높은 점수에 해당하는 작업기억지수는 109점이고, 가장 낮은 점수에 해당하는 처리속도지수는 98점이다. 이 두 지수의 차이는 11점(109점-98점)이며 이 점수는 1.5 표준편차에 해당하는 23점에 비해 낮으므로 전반적 지능지수로서 전체지능지수를 보고할 수 있다.

<표 2-5> 전반적 지능지수와 전체지능지수 사례 (2)

전체지능 지수	지수	지수점수	지수	지수점수	소검사	소검사 환산점수
97	일반능력	100	언어이해	100	공통성	10
					어휘	11
					상식	9
			지각추론	100	토막짜기	10
					행렬추론	11
					퍼즐	9
	인지효능	93	작업기억	109	숫자	12
					산수	11
			처리속도	84	동형찾기	7
					기호쓰기	6

〈표 2-5〉의 경우, 4개의 지수 중 가장 높은 점수에 해당하는 작업기억지수는 109점이고, 가장 낮은 점수에 해당하는 처리속도지수는 84점이다. 이 두 지수의 차이는 25점(109점-84점)이며 이 점수는 1.5 표준편차에 해당하는 23점에 비해 높으므로 전반적 지능지수로서 전체지능지수를 보고할 수 없다. 이 경우에는 전체지능지수 대신 일반능력지수를 사용하여 전반적 지능지수를 산출한다. 일반능력지수를 산출하기 위해서는 일반능력지수를 구성하는 언어이해지수와 지각추론지수 간 유의미한 점수 차이가 없어야 한다. 〈표 2-5〉의 경우 두 지수의 차이는 0점이므로 유의미한 점수 차이인 23점에 비해 낮으므로 두 지수 사이에 유의미한 점수 차이는 관찰되지 않고 일반능력지수가 타당한 점수라고 평가할 수 있다. 일반능력지수는 언어이해지수와 지각추론지수의 수치만으로 산출한 것이며 〈표 2-5〉에서 일반능력지수는 100점이다. 따라서 전반적 지능지수는 전체지능지수인 97점을 보고하는 것보다 일반능력지수인 100점을 보고하는 것이 바람직하다.

(2) 언어이해지수, 지각추론지수, 작업기억지수, 처리속도지수

전체지능지수를 보고하는 것과 마찬가지로 각 지수별로 합산점수와 백분위, 그리고 기술적 분류를 제시한다. 이를 통해 수검자의 규준적 강점과 규준적 약점을 파악할 수 있다. 규준적 강점과 약점은 지수를 산출할 때 규준이 되었던 집단의 평균점수와의 비교를 통해 도출되는 값이다. 지수를 도출하기 전에 각 지수를 구성하는 소검사 간 편차를 살펴보아 각 지수의 타당도를 확인하는 것이 선행되어야 한다.

<표 2-6> 언어이해지수, 지각추론지수, 작업기억지수, 처리속도지수

전체지능 지수	지수	지수점수	지수	지수점수	소검사	소검사 환산점수
90	일반능력	95	언어이해	100	공통성	10
					어휘	11
					상식	9
			지각추론	92	토막짜기	13
					행렬추론	4
					퍼즐	9
	인지효능	81	작업기억	93	숫자	12
					산수	5
			처리속도	84	동형찾기	7
					기호쓰기	6

〈표 2-6〉에 의하면, 언어이해지수를 구성하는 3개의 소검사 중 가장 높은 환산점수를 지닌 소검사인 어휘 소검사와 가장 낮은 환산점수에 해당하는 상식 소검사 간 환산점수의 차이가 2점에 불과하여 환산점수 간 차이점수의 임계치인 5점보다 낮으므로 언어이해지수는 타당한 지수로서 보고할 수 있다. 반면 지각추론지수를 구성하는 3개의 소검사 중 가장 높은 환산점수를 지닌 소검사인 토막짜기의 경우 환산점수가 13인데 반해 가장 낮은 환산점수를 보인 소검사인 행렬추론은 환산점

수가 4점이어서 두 점수 간 차이가 임계치를 상회하는 9점에 해당하여 지각추론지수의 타당도는 의심스럽다.

(3) 개인적 강점과 개인적 약점

규준적(normative) 강점과 약점이 수검자가 속한 집단의 평균값과 수검자의 지수를 비교한 것이라면 개인적(personal) 강점과 약점은 한 수검자의 여러 지수의 평균값과 그 수검자의 한 지수를 비교하여 산출된 것이다. 개인적 강점과 약점을 알아보기 위한 첫 번째 단계는 4가지 지수의 평균값을 구하는 것이다.

<표 2-7> 특정지수와 4개 지수 평균 간 통계적으로 유의한 차이값 (Lichtenberger & Kaufman, 2009; Naglieri & Paolitto, 2005)

지능검사종류	유의수준	언어이해지수	지각추론지수	작업기억지수	처리속도지수
WAIS-IV	.05	5.5	5.9	6.3	7.5
	.01	7.3	7.8	8.3	9.9
WISC-IV	.05	8.6	9.1	9.3	10.7
	.01	10.5	11.1	11.3	13.0

<표 2-8> 개인적 강점의 보고 사례

<table>
<tr><th>전체지능 지수</th><th>지수</th><th>지수점수</th><th>지수</th><th>지수점수</th><th>소검사</th><th>소검사 환산점수</th></tr>
<tr><td rowspan="10">98</td><td rowspan="6">일반능력</td><td rowspan="6">106</td><td rowspan="3">언어이해</td><td rowspan="3">100</td><td>공통성</td><td>10</td></tr>
<tr><td>어휘</td><td>11</td></tr>
<tr><td>상식</td><td>9</td></tr>
<tr><td rowspan="3">지각추론</td><td rowspan="3">111</td><td>토막짜기</td><td>13</td></tr>
<tr><td>행렬추론</td><td>10</td></tr>
<tr><td>퍼즐</td><td>12</td></tr>
<tr><td rowspan="4">인지효능</td><td rowspan="4">91</td><td rowspan="2">작업기억</td><td rowspan="2">98</td><td>숫자</td><td>10</td></tr>
<tr><td>산수</td><td>9</td></tr>
<tr><td rowspan="2">처리속도</td><td rowspan="2">84</td><td>동형찾기</td><td>7</td></tr>
<tr><td>기호쓰기</td><td>6</td></tr>
</table>

〈표 2-7〉에 의하면, 수검자의 지각추론지수와 지수 평균의 값의 차이가 5.9점 이상이면 .05의 유의수준에서 두 점수 간 차이가 통계적으로 유의하다고 간주하고, 두 값의 차가 7.8점 이상이면 .01의 유의수준에서 두 점수 간 차이가 통계적으로 유의하다고 정한다. 〈표 2-8〉에서 4개 지수의 평균값은 98.3점이고 지각추론지수의 값은 111점이며 이 두 값의 차이는 12.7점이다. 차이점수 12.7점은 7.8점을 상회하여 .01 수준에서 통계적으로 유의한 차이를 보인다. 따라서 지각추론지수는 개인적 강점에 해당한다.

〈표 2-7〉의 기준에 의하면, 처리속도지수와 지수 평균값의 차이가 7.5점 이상이면 .05의 유의수준에서 두 점수 간 차이가 통계적으로 유의하고, 두 값의 차가 9.9점 이상이면 .01의 유의수준에서 두 점수 간 차이가 통계적으로 유의하다. 〈표 2-8〉에서 처리속도지수의 값은 84점이고 이 값과 4개 지수의 평균값 간의 차이는 14.3점이다. 차이점수 14.3점은 9.9점보다 크므로 .01 수준에서 통계적으로 유의하여 처리속도지수는 개인적 약점에 해당한다.

(4) 군집 별 차이 비교

군집(group)은 15개 소검사 중 2~4개 소검사로 이루어져 있으며 어떤 특정 인지능력이 그 군집을 대표한다고 여긴다. 선행이론에서 제안한 대표적인 군집은 다음과 같다(Lichtenberger & Kaufman, 2009).

· 시각운동속도: 토막짜기, 기호쓰기, 동형찾기의 세 개 소검사가 이 군집을 구성하고, 시각운동 협응능력과 함께 처리속도가 필요한 과제이다. 지각추론지수 중 유일하게 토막짜기가 이 군집에 포함되어 있다.

· 시각운동속도가 배제된 문제해결능력: 행렬추론, 퍼즐, 빠진곳찾기, 무게비교의 네 개 소검사가 이 군집을 구성한다. 행렬추론과 퍼즐은 핵심소검사이지만 빠진곳찾기와 무게비교는 보충소검사이기 때문에 10개의 핵심소검사만 시행하였을 경우에는 이 군집은 도출되지 못한다. 이 군집은 지각추론지수 중에서 토막짜기 소검사를 제외한 것으로서 시각운동속도를 제외한 시각적 문제해결능력을 측정한다.

· 정신적 조작: 순서화와 숫자의 두 개 소검사가 이 군집을 구성한다. 입력된 정보를 일정시간동안 유지하면서 어떤 정신적인 조작을 해낼 수 있는 능력을 이 군집은 측정한다.

· 유동추론: 행렬추론과 무게비교의 두 소검사가 이 군집을 구성한다. 이전에 경험해보지 못한 새로운 자극을 접했을 때 개념을 형성하고 관계를 인식하며 추론을 통해 문제를 해결해나가는 일련의 과정을 이 군집은 측정한다.

· 시각처리: 토막짜기와 퍼즐의 두 소검사가 이 군집을 구성한다. 이 군집은 시각적 자극을 지각, 저장, 인출, 조작하는 전 과정을 담고 있다.

· 언어적 유동추론: 공통성과 이해의 두 소검사가 이 군집을 구성한다. 유동추

론 군집이 시각적인 자극에 대한 추론능력을 측정한다면 이 군집은 언어적 자극에 대한 추론능력을 측정한다.

· 어휘지식: 어휘와 공통성의 두 소검사가 이 군집을 구성한다. 이 군집은 정확한 의미를 이해하는 단어의 폭을 측정한다.

· 일반지식: 이해와 상식의 두 소검사가 이 군집을 구성한다. 이 군집은 문화에 대해 축적된 지식의 양을 측정한다.

· 장기기억: 어휘와 상식의 두 소검사가 이 군집을 구성한다. 어휘와 상식은 장기기억에 저장되어 있는 지식이라는 공통점을 지니고 있기에 이 군집은 장기기억 군집으로 명명된다.

· 단기기억: 순서화와 숫자의 두 소검사가 이 군집을 구성한다. 이 군집은 정보를 짧은 순간 유지하여 이를 사용하는 것을 의미한다.

한 군집의 값과 다른 군집의 값의 차이가 통계적으로 유의하다고 간주할 수 있는 차이 크기에 대한 정보가 〈표 2-9〉에 제시되어 있다(Lichtenberger & Kaufman, 2009).

<표 2-9> 군집 간 차이의 크기 (10% 이하로 발생하는 차이 크기)

군집 비교	차이 크기
시각운동속도, 시각운동속도가 배제된 문제해결능력	20
시각운동속도, 정신적 조작	24
정신적 조작, 시각운동속도가 배제된 문제해결능력	22
유동추론, 시각적 처리	20
언어적 유동추론, 유동추론	22
어휘지식, 일반지식	15
장기기억, 단기기억	24
언어적 유동추론, 장기기억	16

<표 2-10> 유동추론, 시각처리, 언어적 유동추론 군집 간 차이비교

수검자	군집	군집점수	소검사	소검사 환산점수
A	유동추론	119	행렬추론	13
			무게비교	12
	시각처리	85	토막짜기	8
			퍼즐	8
	언어적 유동추론	89	공통성	9
			이해	8
B	유동추론	89	행렬추론	8
			무게비교	9
	시각처리	111	토막짜기	12
			퍼즐	11
	언어적 유동추론	111	공통성	11
			이해	12

〈표 2-10〉의 사례에서 볼 때, 수검자 A의 유동추론 군집 점수와 시각처리 군집 점수 간 34점의 차이가 있고, 이는 임계치에 해당하는 20점을 상회하는 점수이므로 유동추론 군집과 시각처리 군집 간 유의미한 차이가 있는 것으로 간주한다. 시각적 자극을 처리하는 수검자 A의 전반적 능력에 비해 시각적 자극에 대해 추론

하는 수검자 A의 능력이 우수한 것으로 여겨진다. 이러한 결과는 주어진 시각적 자극의 일부 특징에 초점을 맞추거나 시각적 자극을 언어적으로 변환하여 추론을 해나가는 수검자 A의 능력에 기인한 것으로 보인다.

수검자 A의 유동추론 군집 점수와 언어적 유동추론 군집 점수 간 30점의 차이가 있고, 이는 임계치(22점) 이상에 해당하므로 유동추론 군집과 언어적 유동추론 군집 간 유의미한 차이가 있는 것으로 여겨진다. 자극에 대한 수검자 A의 추론능력보다 시각적 자극에 대한 수검자 A의 추론능력이 더 우수한 것으로 보인다.

수검자 B의 유동추론 군집 점수와 시각처리 군집 점수 간 22점의 차이는 임계치에 해당하는 20점을 상회한다. 따라서 유동추론 군집과 시각처리 군집 간 유의미한 차이가 시사된다. 이는 시각적 자극에 대한 수검자 B의 추론능력은 시각적 자극을 전반적으로 처리하는 수검자 B의 능력에 미치지 못함을 보여준다. 따라서 입력된 시각적 자극에 대한 심상(image)의 양에 비해 그 심상을 기반으로 생성하는 추론의 결과물이 상대적으로 빈곤할 것이 예상된다.

수검자 B의 유동추론 군집 점수와 언어적 유동추론 군집 점수 간 22점의 차이는 임계치(20점) 이상에 해당하므로 유동추론 군집과 언어적 유동추론 군집 간 유의미한 차이가 있는 것으로 보인다. 시각적 자극에 대한 수검자 B의 추론능력은 언어적 자극에 대한 수검자 B의 추론능력에 미치지 못하는 것으로 여겨진다.

<표 2-11> 일반지식과 어휘지식 군집 간 차이비교

수검자	군집	군집점수	소검사	소검사 환산점수
A	일반지식	111	이해	12
			상식	11
	어휘지식	85	어휘	8
			공통성	8
B	일반지식	81	이해	7
			상식	8
	어휘지식	107	어휘	11
			공통성	11

〈표 2-11〉의 사례에서, 수검자 A의 일반지식 군집 점수와 어휘지식 군집 점수

간 차이(26점)는 임계치(15점)를 상회하므로 일반지식 군집과 어휘지식 군집 간 유의미한 차이가 있다. 이는 수검자가 일반적이고 상식적인 정보와 지식을 충분히 갖고 있으나, 그에 비해 단어의 의미를 이해하는 폭이 좁은 경우이다. 수검자는 자신의 생각과 의도를 타인에게 말이나 글로 표현하여 전달하거나 타인의 말과 글을 이해하는 능력이 상대적으로 부족할 것으로 사료된다.

〈표 2-11〉의 수검자 B의 경우, 일반지식 군집 점수와 어휘지식 군집 점수 간 차이(26점)는 임계치(15점)을 상회하여, 수검자 B의 어휘지식 군집 점수와 일반지식 군집 점수 사이에 통계적으로 유의미한 차이가 관찰된다. 수검자 B가 지닌 상식의 폭은 어휘 능력에 비하여 협소하여, 언어에 담겨진 실제 의미를 파악하거나 유추하는 데 상대적으로 어려움을 겪을 가능성이 있다.

<표 2-12> 단기기억, 장기기억, 언어적 유동추론 군집 간 차이비교

수검자	군집	군집점수	소검사	소검사 환산점수
A	단기기억	115	순서화	12
			숫자	12
	장기기억	85	어휘	7
			상식	9
	언어적 유동추론	107	공통성	12
			이해	10
B	장기기억	107	어휘	10
			상식	12
	단기기억	81	순서화	7
			숫자	8
	언어적 유동추론	81	공통성	8
			이해	7

〈표 2-12〉에서, 수검자 A의 단기기억 군집 점수와 장기기억 군집 점수 간 차이(30점)는 임계치(24점)를 상회한다. 따라서 단기기억 군집과 장기기억 군집 간 유의미한 차이가 있다. 이 프로파일을 보이는 수검자 A는 정보를 입력하는 능력에

비해 정보를 인출하는 능력이 저조하여 입력한 정보를 충분히 인출하지 못하는 인지적 비효율성을 보일 가능성이 크다.

수검자 A의 장기기억 군집 점수와 언어적 유동추론 군집 점수 간 차이(22점)는 임계치(16점)를 상회한다. 따라서 장기기억 군집과 언어적 유동추론 군집 간 유의미한 차이가 있는 것으로 보인다. 이러한 프로파일을 보이는 수검자 A는 상당한 추론능력을 지니고 있으나 추론에 필요한 지식기반이 충분히 마련되어 있지 못할 가능성이 크다.

〈표 2-12〉에서 수검자 B의 경우, 장기기억 군집 점수와 단기기억 군집 점수 사이 차이(26점)는 임계치(24점)를 상회하므로, 이 두 군집 간 유의미한 차이가 있는 것으로 여겨진다. 수검자 B는 정보를 인출하는 능력에 비해 정보를 입력하는 능력이 저조하여 짧은 시간에 많은 양의 정보를 입력해야 하는 상황에서 어려움을 경험할 가능성이 크다.

수검자 B의 장기기억 군집 점수와 언어적 유동추론 군집 점수 간 차이(26점)는 임계치(16점)를 상회하여 장기기억 군집과 언어적 유동추론 군집 간 유의미한 차이가 있다. 이는 수검자 B가 충분한 지적 기반을 갖추고 있으나 이에 상응하는 추론능력이 상대적으로 부족하여 지식과 정보를 추론과정에 적절히 활용하고 있지 못한 경우이다.

<표 2-13> 시각운동속도, 시각운동속도가 배제된 문제해결능력, 정신적 조작 군집 간 차이비교

수검자	군집	군집점수	소검사	소검사 환산점수
A	시각운동속도	118	토막짜기	13
			기호쓰기	12
			동형찾기	12
	시각운동속도가 배제된 문제해결능력	96	행렬추론	10
			퍼즐	9
			빠진곳찾기	9
			무게비교	10
	정신적 조작	71	순서화	6
			숫자	6
B	정신적 조작	115	순서화	12
			숫자	12
	시각운동속도가 배제된 문제해결능력	91	퍼즐	8
			행렬추론	8
			빠진곳찾기	9
			무게비교	10
	시각운동속도	69	토막짜기	6
			기호쓰기	6
			동형찾기	5

〈표 2-13〉에서, 수검자 A의 시각운동속도 군집 점수와 시각운동속도가 배제된 문제해결 군집 점수 간 차이(22점)는 임계치(20점)보다 크므로 시각운동속도 군집과 시각운동속도가 배제된 문제해결 군집 간 유의미한 차이가 있는 것으로 간주한다. 이 프로파일을 지닌 수검자 A가 시각적으로 제시된 자극을 처리할 때, 처리속도만이 중요한 경우의 수행수준이 처리속도 뿐 아니라 그 자극에 대한 추론능력도 필요한 경우의 수행수준보다 나은 수행을 보일 것으로 예상된다.

수검자 A의 시각운동속도가 배제된 문제해결 군집 점수와 정신적 조작 군집 점수 간 차이(25점)는 임계치(22점)보다 크므로 시각운동속도가 배제된 문제해결 군집과 정신적 조작 군집 간 유의미한 차이가 있는 것으로 간주된다. 아울러, 수검자 A의 시각운동속도 점수와 정신적 조작 군집 점수 간 차이(47점)는 임계치(24점)보다 크므로 시각운동속도 군집과 정신적 조작 군집 간 유의미한 차이가 있는 것으로 여겨진다. 이 두 쌍의 차이는 청각적인 자극을 처리하는 수검자 A의 능력과 시각적인 자극을 처리하는 수검자 A의 능력 간 차이와 관련된다.

〈표 2-13〉에서, 수검자 B의 시각운동속도가 배제된 문제해결 군집 점수와 시각운동속도 군집 점수 간 차이(22점)는 임계치(20점)보다 크므로 시각운동속도가 배제된 문제해결 군집과 시각운동속도 군집 간 유의미한 차이가 있는 것으로 간주된다. 이 프로파일을 지닌 수검자는 반응속도가 중요하지 않은 상황에서는 자신의 능력을 충분히 발휘할 수 있으나 반응속도가 핵심적으로 강조되는 조건에서는 잠재적인 문제해결능력이 발휘되기 어려울 것이다.

수검자 B의 정신적 조작 군집 점수와 시각운동속도가 배제된 문제해결 군집 점수 간 24점의 차이를 보인다. 차이점수는 임계치(22점)보다 크므로 시각운동속도가 배제된 문제해결 군집과 정신적 조작 군집 간 유의미한 차이가 존재한다. 아울러, 수검자 B의 정신적 조작 군집 점수와 시각운동속도 군집 점수 간 차이(46점)가 임계치(24점)보다 크므로 정신적 조작 군집과 시각운동속도 군집 간 유의미한 차이가 있는 것으로 여겨진다. 이러한 차이는 청각적 자극을 처리하는 수검자 B의 능력과 시각적 자극을 처리하는 수검자 B의 능력 간에 존재하는 차이에서 기인한다.

(5) 소검사 환산점수

각 소검사의 환산점수를 살펴봄으로써 전체 규준에 비추어보아 높은 수준의 소검사와 낮은 수준의 소검사를 확인한다. 소검사의 환산점수는 1점부터 19점까지의 범위를 지닌다. 〈표 2-14〉에서 볼 수 있듯이, 환산점수 8점에서 11점 사이의 범위가 평균(average)에 속하고, 12점과 13점은 평균상(high average), 6점과 7점은 평균하(low average)에 해당한다. 아울러, 환산점수 14점과 15점은 우수(superior), 16점에서 19점 사이의 범위는 최우수(very superior)에 속하며, 환산점수 4점과 5점은 경계선(borderline), 1점에서 3점 사이의 범위는 최하(extremely low)에 해당한다.

각 소검사가 규준적 강점 혹은 약점인지를 판단하기 전에 그 소검사가 속한 지표가 규준적 강점 혹은 약점인지의 여부를 확인한다. 만약 어떤 소검사가 환산점수 12점의 규준적 강점에 해당한다고 하더라도 그 소검사가 포함된 지표 역시 평균상에 해당한다면 그 소검사를 규준적 강점이라고 보고하지 않는다. 마찬가지로 어떤 소검사가 환산점수 7점의 규준적 약점에 해당하더라도 그 소검사가 포함된 지표가 평균하에 속한다면 그 소검사를 규준적 약점이라고 보고하지는 않는다.

<표 2-14> 소검사 환산점수의 백분위와 그에 따른 기술적 분류

환산점수	백분위	기술적 분류
19	99.9	최우수
18	99.6	최우수
17	99	최우수
16	98	최우수
15	95	우수
14	91	우수
13	84	평균상
12	75	평균상
11	63	평균
10	50	평균
9	37	평균
8	25	평균
7	16	평균하
6	9	평균하
5	5	경계선
4	2	경계선
3	1	최하
2	0.4	최하
1	0.1	최하

(6) 개인적 강점과 약점: 소검사

수검자가 수행한 10개의 소검사 중에서 수검자의 강점과 약점이 잘 드러난 소검사를 찾는 과정에서는 각 소검사의 환산점수와 평균 환산점수를 비교한다. 평균 환산점수는 전체 소검사의 환산점수를 10으로 나누어서 구한다.

<표 2-15> 개인적 강점과 약점: 소검사 (1)

소검사	소검사 환산점수	평균 환산점수	평균과의 차이	임계치(.05)
토막짜기	10	10.2	-.2	3.29
공통성	11	10.2	.8	3.38
숫자	9	10.2	-1.2	2.54
행렬추론	10	10.2	-.2	2.76
어휘	11	10.2	.8	2.73
산수	9	10.2	-1.2	2.87
동형찾기	12	10.2	1.8	3.83
퍼즐	11	10.2	.8	2.87
상식	10	10.2	-.2	2.08
기호쓰기	9	10.2	-1.2	3.32

〈표 2-15〉의 다섯 번째 세로줄은 통계적 유의성에 도달하는데 필요한 최소 차이값인 임계치를 의미하며, 이 값과 '평균과의 차이'를 비교한다. 〈표 2-15〉를 살펴보면, 10개의 소검사 중 .05의 유의수준에서 모든 소검사의 임계값이 차이의 절댓값보다 컸다. 이는 소검사 중에서 장점 혹은 단점으로 지목할 소검사가 존재하지 않는다는 점을 보여준다. 반면, 〈표 2-16〉을 살펴보면, 10개의 소검사 중 토막짜기 소검사에서 .05의 유의수준의 임계값이 차이값보다 작았다. 또한 10개의 소검사 중 상식 소검사에서 .05의 유의수준의 임계값이 차이의 절댓값보다 작았다. 이는 소검사 중에서 토막짜기 소검사는 장점으로, 상식 소검사는 단점으로 지목할 수 있음을 보여준다.

어떤 소검사가 개인적 강점 혹은 약점인지를 평가하기 전에 그 소검사가 속한 지표가 개인적 강점 혹은 약점인지의 여부를 확인한다. 만약 어떤 소검사가 개인적 강점이더라도 그 소검사가 포함된 지표가 개인적 강점이라면 그 소검사를 개인적 강점이라고 보고하지 않는다. 마찬가지로 어떤 소검사가 개인적 약점에 해당하더라도 그 소검사가 속한 지표가 개인적 약점이라면 그 소검사를 개인적 약점이라고 보고하지는 않는다.

<표 2-16> 개인적 강점과 약점: 소검사 (2)

소검사	소검사 환산점수	평균 환산점수	평균과의 차이	임계치(.05)
토막짜기	14	10.2	3.8	3.29
공통성	11	10.2	.8	3.38
숫자	9	10.2	-1.2	2.54
행렬추론	10	10.2	-.2	2.76
어휘	11	10.2	.8	2.73
산수	9	10.2	-1.2	2.87
동형찾기	12	10.2	1.8	3.83
퍼즐	11	10.2	.8	2.87
상식	6	10.2	-4.2	2.08
기호쓰기	9	10.2	-1.2	3.32

5. K-WAIS-IV 지능검사 보고서의 사례

<표 2-17> K-WAIS-IV의 사례 (1)

전체지능지수	지수	지수점수	소검사	소검사 환산점수
105	언어이해	100	공통성	10
			어휘	12
			상식	8
			이해	10
	지각추론	109	토막짜기	12
			행렬추론	10
			퍼즐	12
			무게비교	8
			빠진곳찾기	8
	작업기억	115	숫자	13
			산수	12
			순서화	14
	처리속도	97	동형찾기	10
			기호쓰기	8
			지우기	7

4개의 지수 중 가장 높은 점수를 보인 것은 작업기억지수(115점)이고, 가장 낮은 점수에 해당하는 것은 처리속도지수(97점)이다. 이 두 지수의 차이는 18점(115점-97점)이며 이 점수는 1.5 표준편차에 해당하는 23점에 비해 낮으므로 전반적 지능지수로서 전체지능지수를 보고할 수 있다. 수검자의 전반적 지능지수는 105(평균, average)이다.

언어이해지수의 경우 언어이해지수를 구성하는 3개의 소검사 중 가장 높은 환산점수(12점)를 지닌 소검사인 어휘 소검사와 가장 낮은 환산점수(8점)에 해당하는 상식 소검사 간 환산점수의 차이(4점)는 차이점수의 임계치(5점)보다 낮으므로 언어이해지수는 타당한 지수로서 보고할 수 있다. 수검자의 언어이해지수는 100(평균, average)이다. 지각추론지수의 경우 지각추론지수를 구성하는 3개의 소검사 중 가장 높은 환산점수(12점)를 지닌 소검사인 토막짜기/퍼즐 소검사와 가장 낮은 환산점수(10점)에 해당하는 행렬추론 소검사 간 환산점수의 차이(2점)는 차이점수의 임계치(5점)보다 낮으므로 지각추론지수는 타당한 지수로서 보고할 수 있다. 수검자의 지각추론지수는 109(평균, average)이다. 작업기억지수의 경우 숫자 소검사와 산수 소검사 간 환산점수의 차이(1점)가 임계치(5점)보다 낮으므로 작업기억지수는 타당한 지수이다. 수검자의 작업기억지수는 115(평균상, high average)이다. 처리속도지수의 경우 동형찾기 소검사와 기호쓰기 소검사 사이 환산점수의 차이(2점)가 임계치(5점)보다 낮으므로 처리속도지수는 타당한 지수이다. 수검자의 처리속도지수는 97(평균, average)이다.

개인적 강점 지수와 약점 지수를 알아보기 위해 4가지 지수의 평균값을 구하면 105.3[(100+109+115+97)/4]이다. 언어이해지수의 경우 언어이해지수와 4가지 지수의 평균값의 차이는 −5.3(100−105.3)이며 이 점수의 절댓값은 언어이해지수의 임계치인 5.5점을 미달하여 통계적으로 유의한 차이를 보이지 않는다. 따라서 언어이해지수는 개인적 약점에 해당하지 않는다. 지각추론지수의 경우 지각추론지수와 평균값의 차이는 3.7(109−105.3)이며 이 점수는 지각추론지수의 임계치(5.9점)에 미달하여 통계적으로 유의한 차이를 보이지 않는다. 따라서 지각추론지수는 개인적 강점에 해당하지 않는다. 작업기억지수의 경우 작업기억지수와 4가지 지수의 평균값의 차이는 9.7(115−105.3)이며 이 점수는 작업기억지수의 임계치인 8.3점을 상회하여 .01 수준에서 통계적으로 유의한 차이를 보인다. 따라서 작업기억지수는 개인적 강점에 해당한다. 처리속도지수의 경우 처리속도지수와 4가지 지수의 평균값의 차이는 −8.3(97−105.3)이며 이 점수의 절댓값은 처리속도지수의 임계치(7.5점)를 상회하여 .05 수준에서 통계적으로 유의한 차이를 보인다. 따라서 처리속도지수는 개인적 약점에 해당한다.

<표 2-18> K-WAIS-IV의 사례 (2)

군집	군집점수	소검사	소검사 환산점수
유동추론	93	행렬추론	10
		무게비교	8
시각처리	115	토막짜기	12
		퍼즐	12
언어적 유동추론	100	공통성	10
		이해	10
일반지식	93	이해	10
		상식	8
어휘지식	107	어휘	12
		공통성	10
단기기억	126	순서화	14
		숫자	13
장기기억	100	어휘	12
		상식	8
시각운동속도	100	토막짜기	12
		기호쓰기	8
		동형찾기	10
시각운동속도가 배제된 문제해결능력	96	행렬추론	10
		퍼즐	12
		빠진곳찾기	8
		무게비교	8
정신적 조작	126	순서화	14
		숫자	13

행렬추론 소검사와 무게비교 소검사 간 환산점수의 차이가 2점이며 이 점수는 환산점수 간 차이점수의 임계치(5점)보다 낮으므로 유동추론 군집은 타당한 군집으로서 볼 수 있다. 수검자의 유동추론 군집 점수는 93(평균, average)이다.

시각처리 군집의 경우 토막짜기 소검사와 퍼즐 소검사 간 환산점수의 차이가 0점이며 환산점수 간 차이점수의 임계치(5점)보다 낮으므로 시각처리 군집은 타당하다. 수검자의 시각처리 군집 점수는 115(평균상, high average)이다.

공통성 소검사와 이해 소검사 간 환산점수의 차이(0점)는 환산점수 간 차이점수의 임계치(5점)보다 낮으므로 언어적 유동추론 군집은 타당한 군집으로서 간주할 수 있다. 수검자의 언어적 유동추론 군집 점수는 100(평균, average)이다.

일반지식 군집의 경우 이해 소검사와 상식 소검사 간 환산점수의 차이(2점)는 차이점수의 임계치(5점)보다 낮으므로 수검자의 일반지식 군집 점수를 93(평균, average)이라고 보고하는 것은 타당하다.

어휘지식 군집의 경우 환산점수 간 차이점수의 임계치(5점)는 어휘 소검사와 공통성 소검사 간 환산점수의 차이(2점)보다 높으므로 어휘지식 군집은 타당한 군집으로서 간주할 수 있다. 수검자의 어휘지식 군집 점수는 107(평균, average)이다.

순서화 소검사와 숫자 소검사 간 환산점수의 차이(1점)는 환산점수 간 차이점수의 임계치(5점)보다 낮다. 따라서 단기기억 군집은 타당한 군집으로 볼 수 있다. 수검자의 단기기억 군집 점수는 126(우수, superior)이다.

장기기억 군집의 경우 어휘 소검사와 상식 소검사 간 환산점수의 차이(4점)는 환산점수 간 차이점수의 임계치(5점)보다 낮다. 따라서 장기기억 군집은 타당한 군집으로서 간주할 수 있으며, 수검자의 장기기억 군집 점수는 100(평균, average)이다.

시각운동속도 군집의 경우 토막짜기 소검사와 기호쓰기 소검사 간 환산점수의 차이(4점)는 차이점수의 임계치(5점)보다 낮으므로 수검자의 시각운동속도 군집 점수(100, 평균, average)를 보고하는 것은 타당하다.

퍼즐 소검사와 빠진곳찾기 소검사 간 환산점수의 차이(4점)는 임계치(5점)보다 낮으므로 시각운동속도가 배제된 문제해결능력 군집은 타당한 군집으로서 보고할 수 있다. 수검자의 시각운동속도가 배제된 문제해결능력 군집 점수는 96(평균, average)이다.

정신적 조작 군집의 경우 순서화 소검사와 숫자 소검사 간 환산점수의 차이(1점)는 환산점수 간 차이점수의 임계치(5점)보다 낮다. 따라서 정신적 조작 군집은 타당한 군집으로서 보고할 수 있다. 수검자의 정신적 조작 군집 점수는 126(우수, superior)이다.

유동추론 군집 점수와 시각처리 군집 점수 간 22점의 차이가 있고, 이는 임계치에 해당하는 20점을 상회하는 점수이므로 유동추론 군집과 시각처리 군집 간 유의미한 차이가 있는 것으로 간주한다. 시각적 자극을 처리하는 수검자의 전반적 능력에 비해 시각적 자극을 사용하여 추론하는 수검자의 능력이 저조하여, 입력된 시각적 자극에 대한 심상의 양에 비해 문제해결 상황에서 그 심상을 기반으로 미루어 짐작해 내는 결과물의 수준이 상대적으로 저조할 것으로 평가된다.

수검자의 단기기억 군집 점수와 장기기억 군집 점수 간 26점의 차이가 있고, 이 점수는 임계치에 해당하는 24점을 상회하므로 단기기억 군집과 장기기억 군집 간 유의미한 차이가 있는 것으로 간주한다. 이 수검자는 정보를 입력하는 능력에 비해 정보를 인출하는 능력이 저조하여 입력한 정보를 충분히 인출하지 못하는 인지적 비효율성을 나타낸다.

<표 2-19> K-WAIS-IV의 사례 (3)

소검사	소검사 환산점수	평균 환산점수	평균과의 차이	임계치(.05)
토막짜기	12	10.7	1.3	3.29
공통성	10	10.7	-.7	3.38
숫자	13	10.7	2.3	2.54
행렬추론	10	10.7	-.7	2.76
어휘	12	10.7	1.3	2.73
산수	12	10.7	1.3	2.87
동형찾기	10	10.7	-.7	3.83
퍼즐	12	10.7	1.3	2.87
상식	8	10.7	-2.7	2.08
기호쓰기	8	10.7	-2.7	3.32

〈표 2-19〉에서 각 소검사 별로 규준적 강점과 약점을 살펴보면, 공통성, 행렬추론, 동형찾기 등의 소검사에서 수검자는 평균(average) 수준의 수행을 보였다. 토막짜기, 어휘, 퍼즐 등의 소검사에서 수검자는 평균상(high average) 수준의 수행을 보여 규준적 강점에 해당한다. 산수와 숫자 소검사 또한 평균상 수준의 수행을 보였지만 작업기억지수가 규준적 강점에 해당하므로 산수와 숫자 소검사를 규준적 강점으로 보고할 수는 없다. 상식과 기호쓰기 소검사에서 수검자는 평균하(low average) 수준의 수행을 보였으므로 규준적 약점에 해당한다. .05의 유의수준에서

상식 소검사의 임계값이 평균차이의 절댓값보다 작았고, 상식 소검사가 속한 언어이해지수는 개인적 약점에 해당하지 않으므로, 소검사 중에서 상식 소검사는 개인적 약점으로 간주할 수 있다.

6. K-WISC-IV

K-WISC-IV는 총 15개 소검사로 이루어져 있다. 그 중 10개의 소검사는 핵심 소검사이며 나머지 5개의 소검사는 보충 소검사이다. 핵심 소검사는 전체지능지수를 산출하기 위해 기본적으로 사용된다. 보충 소검사는 핵심 소검사의 사용이 여의치 않을 경우 핵심 소검사를 대체한다. 공통성, 어휘, 이해, 토막짜기, 공통그림찾기, 행렬추리, 숫자, 순서연결, 동형찾기, 기호쓰기 등이 핵심 소검사로 분류된다. 상식, 단어추리, 빠진곳찾기, 산수, 선택 등은 보충 소검사에 속한다.

15개의 소검사는 언어이해지수, 지각추론지수, 처리속도지수, 작업기억지수, 일반능력지수, 인지효능지수, 전체지능지수 등의 지수를 산출한다. 공통성, 어휘, 이해 등 3개의 핵심 소검사와 상식, 단어추리의 보충 소검사는 언어이해지수를, 토막짜기, 행렬추리, 공통그림찾기 등 3개의 핵심 소검사와 빠진곳찾기의 보충 소검사는 지각추론지수를 산출한다. 숫자와 순차연결의 핵심 소검사와 산수의 보충 소검사는 작업기억지수를 산출하고 동형찾기와 기호쓰기의 핵심 소검사와 선택의 보충 소검사는 처리속도지수를 구하는 데 필요하다.

언어이해지수와 지각추론지수는 일반능력지수를, 처리속도지수와 작업기억지수는 인지효능지수를 산출한다. 즉, 공통성, 어휘, 이해, 토막짜기, 행렬추리, 공통그림찾기 등의 핵심 소검사와 상식, 단어추리, 빠진곳찾기 등의 보충 소검사는 일반능력지수를, 숫자, 순차연결, 동형찾기, 기호쓰기 등의 핵심 소검사와 산수, 선택 등의 보충 소검사는 인지효능지수를 산출한다.

언어이해지수는 언어적 이해능력, 언어적 표현능력, 언어적 개념화 능력, 언어적 추론 능력 등을 측정한다. 지각추론지수는 시공간적 지각능력, 시공간적 개념화 능력, 시공간적 추론 능력 등에 의해 영향을 받는다. 처리속도지수는 인지적 효율성과 신속한 처리능력을 측정한다. 작업기억지수는 주의력, 단기기억능력 및 정신적 조작능력 등에 의해 영향을 받는다.

(1) 소검사

토막짜기(Block Design: BD)

토막짜기 소검사에서 수검자는 검사자로부터 모형 혹은 그림을 제시받고 빨간색과 흰색으로 구성된 토막(block)을 사용하여 모형이나 그림과 동일한 모양(design)을 만든다. 토막을 배열하는 손의 움직임과 시각적 자극을 처리하는 과정이 상호조정하는 시각 운동 협응능력과 신속하고 자동적으로 인지적 정보를 처리하는 처리속도가 토막짜기 소검사의 수행에 영향을 미친다.

공통성(Similarity: SI)

이 소검사에서 수검자는 제시받은 두 개의 어휘의 유사점과 공통점에 대해 설명한다. 유사점과 공통점을 기술하는 방식은 수검자에 따라 다르다. 어떤 수검자는 두 낱말의 상위개념을 보고하기도 하고, 어떤 수검자는 두 어휘의 외양적 유사성을 기술하기도 하며, 다른 수검자는 두 낱말이 지닌 기능적 공통점을 보여주기도 한다. 예를 들어, 사과와 딸기의 공통점을 기술할 때에 어떤 수검자는 이 두 개념의 상위개념인 '과일'을 보고하고, 다른 수검자는 '빨간색'이라며 외형적 유사성을 언급하기도 하며, 또 다른 수검자는 '샐러드를 만들 수 있는 것'이라고 응답함으로써 기능적인 유사성을 보고하기도 한다. 언어적 자극을 사용하여 추론하는 능력과 정확한 의미를 이해하는 어휘의 양에 의해 공통성 소검사의 수행이 영향을 받는다.

숫자(Digit Span: DS)

'숫자 바로 따라하기', '숫자 거꾸로 따라하기' 등의 두 가지 과제가 숫자 소검사를 구성한다. 수검자는 바로 따라하기 과제에서 검사자가 소리 내어 읽어주는 숫자를 그대로 따라하고, 거꾸로 따라하기 과제에서는 검사자가 읽어주는 숫자를 역순(逆順)으로 따라한다. 숫자 정보를 짧은 시간 동안 기억하여 사용하는 능력, 검사자의 읽는 소리에 주의를 유지하는 능력, 입력된 숫자 정보를 조작하여 변형하는 능력 등이 숫자 소검사의 수행에 영향을 미친다.

공통그림찾기(Picture Concepts: PCn)

공통그림찾기 소검사에서 수검자는 두 줄 혹은 세 줄로 이루어진 그림을 제시받고 유사한 특성으로 묶일 수 있는 그림을 한 줄에서 하나씩 고른다. '언어적' 자극에 대한 개념형성능력과 추론능력이 반영된 소검사가 단어추리 소검사라고 한다면, '비언어적' 자극에 대한 개념형성능력과 추론능력을 측정하는 소검사가 바로 공통그림찾기 소검사이다.

기호쓰기(Coding: CD)

기호쓰기 소검사에서 수검자는 제시된 기호표를 보고 숫자와 짝지어진 기호(symbol)를 옮겨 적는다. 기호와 숫자의 정보를 처리하는 인지적 효율성과 기호와 숫자를 시각적으로 처리하는 인지기능과 기호를 옮겨 적는 과정에서 요구되는 신체적 운동을 함께 조정하고 조율할 수 있는 능력이 기호쓰기 소검사의 수행에 영향을 미친다.

어휘(Vocabulary: VC)

어휘 소검사에서 수검자는 검사자가 시각적으로 제시하는 그림자극의 이름을 말하고 단어의 뜻을 설명한다. 정확한 의미를 이해할 수 있는 낱말의 개수를 뜻하는 어휘지식과 오랜 기간 동안 정보와 지식을 저장할 수 있는 장기기억 능력이 어휘 소검사의 수행에 영향을 미친다.

순차연결(Letter-Number Sequencing: LN)

순차연결 소검사에서 수검자는 일련의 숫자와 단어를 제시받으며, 수검자는 크기 순서대로 숫자를 정렬하고, 가나다 순서로 단어를 배열한다. 짧은 기간 동안 숫자와 단어를 기억하는 능력인 단기기억 능력과 입력된 숫자와 단어를 조작하여 변환하는 능력인 정신적 조작 능력에 의해서 이 소검사의 수행이 영향을 받는다.

행렬추리(Matrix Reasoning: MR)

행렬추리 소검사에서 수검자는 미완성의 행렬과 다수의 선택지를 검사자로부터 제시받고 행렬을 완성한다. 이전에 접하지 못했던 새로운 행렬 자극 간의 관계를 인식하여 추론을 통해 행렬을 완성하는 유동추론 능력이 행렬추리 소검사의 수행에 영향을 미친다.

이해(Comprehension: CO)

이 소검사에서 수검자는 일반적인 사회적 규칙과 사회적 상황에 대한 질문을 검사자로부터 제시받는다. 수검자가 속한 문화에서 통용되는 상식의 양과 이해 소검사의 질문을 이해하는 능력, 질문에 대해서 적절하게 언어적으로 표현하는 능력 등이 이해 소검사의 수행에 영향을 미친다.

동형찾기(Symbol Search: SS)

동형찾기 소검사는 제시된 3개의 탐색기호 중에서 1개의 표적기호가 존재하는지(동형찾기 A형), 혹은 5개의 탐색기호 중에서 2개의 표적기호가 존재하는지(동형찾기 B형)를 판단하는 과제이다. 시각장(視覺場)에 놓인 여러 자극을 빠른 시간에 검색할 수 있는 시각적 탐색능력과 익숙하고 쉬운 자극을 자동적이고 신속하게 처리하는 능력이 동형찾기 소검사의 수행에 영향을 미친다.

빠진곳찾기(Picture Completion: PCm)

빠진곳찾기 소검사에서는 중요한 부분이 누락된 자극에서 빠진 요소를 찾는다. 시각적으로 제시된 익숙한 그림자극에 대한 추론능력과 장기기억에 입력되어 있는 시각정보를 인출하여 제시된 그림자극과 비교할 수 있는 시각적 재인 능력이 빠진곳찾기의 수행에 영향을 미친다.

선택(Cancelation: CA)

선택 소검사에서 수검자는 여러 모형 중에서 표적 모형(target shape)과 모양과 색깔이 동일한 모형을 찾아 표시한다. 익숙하고 쉬운 모형들을 자동적이고 빠르게 처리하는 능력, 표적 모형을 찾아 표시하는 손의 움직임과 모형의 시각적 자극 처리를 조화롭게 조정하는 능력이 선택 소검사의 수행에 영향을 미친다.

상식(Information: IN)

상식 소검사에서 수검자는 다양한 영역의 사실적이고 일반적인 정보와 지식을 묻는 검사자의 질문에 대해서 적절한 답변으로 반응한다. 수검자가 속한 사회와 문화에 대한 전반적 지식의 양과 습득된 지식을 오랜 기간 동안 유지하는 능력이 상식 소검사의 수행에 영향을 미친다.

산수(Arithmetic: AR)

산수 소검사에서 수검자는 검사자에 의해 제시된 여러 가지 산수 문제를 암산을 통해서 푼다. 검사자에 의해서 제시된 산수 문제의 의미를 언어적으로 이해하는 능력, 장기기억에 저장된 셈과 관련된 지식의 정도, 청각적으로 제시되는 자극을 오랜 시간 집중할 수 있는 능력, 입력된 수 정보를 조작할 수 있는 능력 등이 이 소검사의 수행에 영향을 미칠 수 있다.

단어추리(Word Reasoning: WR)

단어추리 소검사를 수행하는 수검자는 일련의 단서를 제시받고 그 단서의 공통점을 찾아내어 보고한다. 언어이해능력, 청각적 처리능력, 학습된 지식과 정보의 양 등이 본 소검사의 수행에 영향을 미친다. 비언어적 자극에 대한 개념형성능력과 추론능력을 반영하는 검사가 공통그림찾기 소검사라고 한다면, 언어적 자극에 대한 개념형성능력과 추론능력이 반영된 검사가 단어추리 소검사이어서, 이 소검사는 공통그림찾기와 대응되는 소검사라고 할 수 있다.

(2) 지표 점수

언어이해지수(Verbal Comprehension Index: VCI)

핵심 소검사 중 공통성, 어휘, 이해 소검사와 보충 소검사 중 상식, 단어추리 소검사가 언어이해지수를 구성한다. 언어이해력, 언어적 표현력, 언어적 개념화 능력, 언어적 추론능력, 학습을 통해 습득한 지식수준 등이 언어이해지수에 영향을 미친다.

지각추론지수(Perceptual Reasoning Index: PRI)

핵심 소검사 중 토막짜기, 공통그림찾기, 행렬추리 등과 보충 소검사 중 빠진곳찾기가 지각추론지수를 이룬다. 시공간적 추론능력, 시공간적 자극에 대한 지각 능력, 시공간적 개념화 능력 등이 지각추론지수에 영향을 미친다.

작업기억지수(Working Memory Index: WMI)

핵심 소검사 중 숫자, 순차연결 소검사 등과 보충 소검사 중 산수 소검사가 작업기억지수를 구성한다. 지속적 주의력, 집중력, 조작 능력, 단기기억 등이 작업기억지수에 영향을 미친다.

처리속도지수(Processing Speed Index: PSI)

핵심 소검사 중 기호쓰기 소검사, 동형찾기 소검사 등과 보충 소검사 중 선택 소검사가 처리속도지수를 구성한다. 단순한 과제를 신속하고 오류 없이 처리하는 능력과 일상적이고 익숙한 과제를 효율적으로 처리하는 능력이 처리속도지수와 관련된다.

(3) **전체지능지수(Full Scale IQ: FSIQ)**

전체지능지수는 수검자가 지닌 인지기능의 총체적 점수이고 일반요인(g factor)과 관련 깊다. 언어이해지수, 지각추론지수, 작업기억지수, 처리속도지수의 10개 핵심 소검사의 합으로 전체지능지수가 산출된다.

(4) **일반능력지수(General Ability Index: GAI)**

일반능력지수는 언어이해지수의 소검사와 지각추론지수의 소검사를 합한 값이다. 일반능력지수는 처리속도지수와 작업기억지수의 영향으로부터 자유로운 값을 산출할 때 사용된다.

(5) **인지효능지수(Cognitive Proficiency Index: CPI)**

인지효능지수는 작업기억지수의 소검사와 처리속도지수의 소검사를 합한 값이다. 인지효능지수는 언어이해지수와 지각추론지수의 영향으로부터 자유로운 점수가 필요할 때 산출된다.

(6) **군집**

군집(group)은 10개의 핵심소검사와 5개의 보충소검사 중 2~4개 소검사로 이루어져 있다. 어떤 특정 인지능력이 그 군집을 대표한다. 선행이론과 연구에서는 아래의 군집을 제안하였다.

시각운동속도: 시각운동 협응능력과 함께 처리속도가 필요한 토막짜기, 기호쓰기, 동형찾기 등의 세 개 소검사가 이 군집을 구성한다. 지각추론지수를 구성하는 4개 소검사 중 토막짜기 소검사만이 유일하게 이 군집에 포함되어 있고, 처리속도지수를 구성하는 3개 소검사 중에서 2개 소검사(기호쓰기, 동형찾기)가 이 군집에 포함된다.

시각운동속도가 배제된 문제해결능력: 행렬추리, 공통그림찾기, 빠진곳찾기 등의 세 개 소검사가 이 군집을 구성한다. 지각추론지수를 구성하는 네 개 소검사 중 시각운동속도가 수행에 영향을 미치는 토막짜기 소검사를 제외한 나머지 세 개의 소검사로 이루어져 있다.

정신적 조작: 작업기억지수에 속하는 세 개 소검사 중에서 산수 소검사를 제외한 순차연결과 숫자의 두 개 소검사가 이 군집을 구성한다.

유동추론: 지각추론지수에 속하는 네 개 소검사 중에서 행렬추리와 공통그림찾기의 두 소검사가 이 군집을 구성한다.

시각처리: 지각추론지수에 속하는 네 개 소검사 중에서 토막짜기와 공통그림찾기의 두 소검사가 이 군집을 구성한다.

언어적 유동추론: 언어이해지수에 속하는 5개 소검사 중에서 공통성과 이해의 두 소검사가 이 군집을 구성한다.

어휘지식: 언어이해지수에 속하는 5개 소검사 중에서 어휘와 공통성의 두 소검사가 이 군집을 구성한다.

일반지식: 언어이해지수에 포함된 5개 소검사 중에서 이해와 상식의 두 소검사

가 이 군집을 구성한다.

장기기억: 언어이해지수를 구성하는 5개 소검사 중에서 어휘와 상식의 두 소검사가 이 군집에 속한다.

단기기억: 작업기억지수에 속하는 세 개 소검사 중에서 순차연결과 숫자의 소검사가 이 군집을 구성한다.

한 군집의 값과 군집 평균의 값의 차이가 11점 이상이면 .05의 유의수준에서 두 점수 간 차이가 통계적으로 유의하다고 간주하고, 두 값의 차가 14점 이상이면 .01의 유의수준에서 두 점수 간 차이가 통계적으로 유의하다고 여긴다(Naglieri & Paolitto, 2005).

7. K-WISC-IV 지능검사 보고서의 사례

<표 2-20> K-WISC-IV의 사례 (1)

전체지능지수	일반능력지수	지수	지수점수	소검사	소검사 환산점수
90	86	언어이해	93	공통성	10
				어휘	9
				이해	7
				상식	7
				단어추리	7
		지각추론	86	토막짜기	9
				공통그림찾기	7
				행렬추리	7
				빠진곳찾기	8
		작업기억	75	숫자	6
				순차연결	5
				산수	4
		처리속도	120	기호쓰기	14
				동형찾기	13
				선택	12

〈표 2-20〉에서 4개의 지수 중 가장 높은 점수에 해당하는 처리속도지수는 120점이고, 가장 낮은 점수에 해당하는 작업기억지수는 75점이다. 이 두 지수의 차이는 45점(120점-75점)이며 이 점수는 1.5 표준편차에 해당하는 23점에 비해 높으므로 전반적 지능지수로서 전체지능지수를 보고하는 것이 타당하지 않다. 이 경우에는 지각추론지수와 언어이해지수로 구성된 일반능력지수가 전반적 지능지수의 역할을 담당한다. 수검자의 전반적 지능지수는 86(평균하, low average)이다.

언어이해지수의 경우 언어이해지수를 구성하는 3개의 소검사 중 가장 높은 환산점수를 지닌 소검사인 공통성 소검사와 가장 낮은 환산점수에 해당하는 이해 소검사 간 환산점수의 차이가 3점이며 이 점수가 환산점수 간 차이점수의 임계치인 5점보다 낮으므로 언어이해지수는 타당한 지수로서 보고할 수 있다. 수검자의 언어이해지수는 93(평균, average)이다.

지각추론지수의 경우 지각추론지수를 구성하는 3개의 소검사 중 가장 높은 환산점수를 지닌 소검사인 토막짜기 소검사와 가장 낮은 환산점수에 해당하는 행렬추리/공통그림찾기 소검사 간 환산점수의 차이(2점)가 환산점수 간 차이점수의 임계치(5점)보다 낮으므로 지각추론지수는 타당한 지수로 간주할 수 있다. 수검자의 지각추론지수는 86(평균하, low average)이다.

작업기억지수의 경우 숫자 소검사와 순차연결 소검사 간 환산점수의 차이(1점)가 환산점수 간 차이점수의 임계치(5점)보다 낮으므로 작업기억지수는 타당한 지수로서 보고할 수 있다. 수검자의 작업기억지수는 75(경계선, borderline)이다.

처리속도지수의 경우 동형찾기 소검사와 기호쓰기 소검사 간 환산점수의 차이(1점)가 차이점수의 임계치(5점)보다 낮으므로 처리속도지수는 타당한 지수로 간주할 수 있다. 수검자의 처리속도지수는 120(우수, superior)이다.

개인적 강점 지수와 약점 지수를 알아보기 위해 4가지 지수의 평균값을 구하면 93.5[(93+86+75+120)/4]이다. 언어이해지수의 경우 언어이해지수와 4가지 지수의 평균값의 차이는 −0.5(93−93.5)이며 이 점수의 절댓값은 언어이해지수의 임계치(8.6점)에 미달하여 .05 수준에서 통계적으로 유의한 차이를 보이지 않는다. 따라서 언어이해지수는 개인적 약점에 해당하지 않는다. 지각추론지수의 경우 지각추론지수와 4가지 지수의 평균값의 차이는 −7.5(86−93.5)이며 이 점수의 절댓값은 지각추론지수의 임계치(9.1점)에 미치지 못하여 .05 수준에서 통계적으로 유의한 차이를 보이지 않는다. 따라서 지각추론지수는 개인적 약점이라 볼 수 없다. 작업기억지수의 경우 작업기억지수와 지수 평균값의 차이는 −18.5(75−93.5)이며 이 점수의 절댓값은 작업기억지수의 임계치(11.3점)를 상회하여 .01 수준에서 통계적으로 유의한 차이를 보인다. 따라서 작업기억지수는 개인적 약점에 해당한다. 처리속도지수의 경우 처리속도지수와 지수의 평균값의 차이는 26.5(120−93.5)이며 이 점수는 처리속도지수의 임계치(13.0점)에 상회하여 .01 수준에서 통계적으로 유의한 차이를 보인다. 따라서 처리속도지수는 개인적 강점에 해당한다.

<표 2-21> K-WISC-IV의 사례 (2)

군집	군집점수	소검사	소검사 환산점수
유동추론	77	행렬추리	7
		공통그림찾기	7
시각처리	85	토막짜기	9
		공통그림찾기	7
언어적 유동추론	89	공통성	10
		이해	7
일반지식	77	이해	7
		상식	7
어휘지식	96	어휘	9
		공통성	10
단기기억	67	순차연결	5
		숫자	6
장기기억	85	어휘	9
		상식	7
시각운동속도	115	토막짜기	9
		기호쓰기	14
		선택	13
시각운동속도가 배제된 문제해결능력	80	행렬추리	7
		공통그림찾기	7
		빠진곳찾기	8
정신적 조작	67	순차연결	5
		숫자	6

〈표 2-21〉에 의하면, 유동추론 군집의 경우 행렬추리 소검사와 공통그림찾기 소검사 간 환산점수의 차이(0점)는 환산점수 간 차이점수의 임계치(5점)보다 낮으므로 유동추론 군집은 타당한 군집으로 간주된다. 수검자의 유동추론 군집 점수는 77(경계선, borderline)이다.

시각처리 군집의 경우 토막짜기 소검사와 공통그림찾기 소검사 간 환산점수의 차이(2점)는 환산점수 간 차이점수의 임계치(5점)보다 낮으므로 시각처리 군집은 타당한 군집으로서 보고할 수 있다. 수검자의 시각처리 군집 점수는 85(평균하,

low average)이다.

언어적 유동추론 군집의 경우 공통성 소검사와 이해 소검사 간 환산점수의 차이(3점)는 환산점수 간 차이점수의 임계치(5점)보다 낮아 언어적 유동추론 군집은 타당한 군집이다. 수검자의 언어적 유동추론 군집 점수는 89(평균하, low average)이다.

일반지식 군집의 경우 환산점수 간 차이점수의 임계치(5점)는 이해 소검사와 상식 소검사 간 환산점수의 차이(0점)보다 낮지 않으므로 일반지식 군집은 타당한 군집으로 간주된다. 수검자의 일반지식 군집 점수는 77(경계선, borderline)이다.

어휘지식 군집의 경우 어휘 소검사와 공통성 소검사 간 환산점수의 차이(1점)는 환산점수 간 차이점수의 임계치(5점)보다 낮으므로 어휘지식 군집은 타당한 군집이다. 수검자의 어휘지식 군집 점수는 96(평균, average)이다.

단기기억 군집의 경우 순차연결 소검사와 숫자 소검사 간 환산점수의 차이(1점)는 환산점수 간 차이점수의 임계치(5점)보다 낮으므로 단기기억 군집은 타당한 군집으로서 평가할 수 있다. 수검자의 단기기억 군집 점수는 67(최하, extremely low)이다.

장기기억 군집의 경우 어휘 소검사와 상식 소검사 간 환산점수의 차이가 2점이며 환산점수 간 차이점수의 임계치인 5점에 미치지 못하므로 장기기억 군집은 타당한 것으로서 간주할 수 있다. 수검자의 장기기억 군집 점수는 85(평균하, low average)이다.

시각운동속도 군집의 경우 토막짜기 소검사와 기호쓰기 소검사 간 환산점수의 차이(5점)는 환산점수 간 차이점수의 임계치(5점)보다 낮지 않으므로 시각운동속도 군집은 타당한 군집에 해당하지 않는다.

시각운동속도가 배제된 문제해결능력 군집의 경우 행렬추리/공통그림찾기와 빠진곳찾기 소검사 간 환산점수의 차이(1점)는 환산점수 간 차이점수의 임계치(5점)보다 낮으므로 시각운동속도가 배제된 문제해결능력 군집은 타당한 군집이다. 수검자의 시각운동속도가 배제된 문제해결능력 군집 점수는 80(평균하, low average)이다.

정신적 조작 군집의 경우 순차연결 소검사와 숫자 소검사 간 환산점수의 차이(1점)는 환산점수 간 차이점수의 임계치(5점)보다 낮으므로 정신적 조작 군집은 타당한 군집이다. 수검자의 정신적 조작 군집 점수는 67(최하, extremely low)이다.

<표 2-22> K-WISC-IV의 사례 (3)

소검사	소검사 환산점수	평균 환산점수	평균과의 차이	임계치(.05)
공통성	10	8.7	1.3	3.01
어휘	9	8.7	0.3	2.70
이해	7	8.7	-1.7	3.44
토막짜기	9	8.7	0.3	3.01
공통그림찾기	7	8.7	-1.7	3.39
행렬추리	7	8.7	-1.7	2.68
숫자	6	8.7	-2.7	2.87
순차연결	5	8.7	-3.7	2.63
기호쓰기	14	8.7	5.3	3.17
동형찾기	13	8.7	4.3	3.56

〈표 2-22〉에서 각 소검사 별로 규준적 강점과 약점을 살펴보면, 공통성, 어휘, 토막짜기 등의 소검사에서 수검자는 평균(average) 수준의 수행을 보였다. 동형찾기의 소검사에서 수검자는 평균상(high average) 수준의 수행을 나타내었고, 기호쓰기 소검사에서 우수(superior) 수준의 수행을 보였지만, 동형찾기 소검사와 기호쓰기 소검사가 속한 처리속도지수가 규준적 강점에 해당하므로 이 두 소검사를 규준적 강점으로 따로 보고하지 않는다. 아울러, 공통그림찾기, 행렬추리, 숫자 소검사에서 평균하(low average) 수준의 수행을 보였고, 숫차연결 소검사에서는 경계선(borderline) 수준의 수행을 나타내지만 이 소검사들이 속한 지수는 모두 규준적 약점에 해당하므로 이들 소검사를 개별적으로 규준적 약점으로 보고하지 않는다. 반면, 수검자는 이해 소검사에서 평균하(low average) 수준의 수행을 보였고, 이해 소검사가 속한 언어이해지수는 규준적 약점에 속하지 않으므로, 이해 소검사는 규준적 약점으로 보고한다.

.05의 유의수준을 적용할 때 순차연결 소검사에서 평균과의 차이가 음수이고 평균과의 차이의 절댓값이 임계치보다 컸지만 순차연결 소검사가 속한 작업기억지수가 개인적 약점에 해당하므로 순차연결 소검사는 개인적 약점으로 간주할 수 없

다. 아울러, 기호쓰기 소검사와 동형찾기 소검사에서 평균과의 차이가 임계치보다 컸지만 이 두 소검사가 속한 처리속도지수는 개인적 강점에 해당하므로 기호쓰기 소검사와 동형찾기 소검사를 개인적 강점으로 간주할 수는 없다.

제3장 다면적 인성검사

심리검사를 제작하는 방식은 합리적 접근과 경험적 접근의 두 가지로 구분된다. 합리적 접근을 통해 심리검사를 제작하고자 하는 개발자는 해당 심리검사의 전문가 패널을 구성하고 그들에게 측정하고자 하는 구성개념을 충실히 반영하는 문항을 구성하거나 선별된 문항의 타당성을 평정하도록 한다. 예를 들어, 우울증을 측정하는 척도를 제작한다면 우울증에 대한 전문적인 경험과 지식을 보유한 전문가 집단이 우울증을 측정할 수 있는 문항을 만들어 내고 만들어진 문항이 과연 타당한지를 검토한다.

심리검사를 경험적 접근을 통해 제작하고자 하는 개발자는 측정하고자 하는 구성개념과 직·간접적으로 관련된 다양하고 풍부한 문항 풀(pool)을 구성한다. 동시에 그 구성개념을 충실히 반영하는 준거 집단과 그 구성개념과 관련이 없는 일반인으로 구성된 비교 집단을 선정한다. 이어서 준거 집단과 비교 집단에 속한 참가자는 앞서 구성한 문항 풀을 평정하도록 한다. 평정 결과 두 집단의 구성원이 서로 다르게 응답한 문항을 선택하여 척도를 구성하는 방식을 경험적 접근이라 칭한다. 예를 들어, 우울증을 측정하는 척도를 제작한다면 우선 우울증을 현재 앓고 있는 집단과 우울증을 앓고 있지 않는 집단에게 우울증과 직·간접적으로 관련된 문항 풀에 응답하도록 한다. 우울증을 지닌 사람들이 '아니오'라고 응답한 동시에 우울증을 지니지 않은 사람들이 '예'라고 응답한 문항과, 준거집단에서 '예'라고 응답한 동시에 비교집단에서 '아니오'라고 대답한 문항을 선별하여 우울증 척도를 개발한다.

1943년 Minnesota 대학병원 정신의학과에서 근무하던 임상심리학자인 S. R. Hathaway(1903~1984)와 정신의학자인 J. C. McKinley(1891~1950)가 응답자의 임의적 조작이 쉽고 정신병리의 전 영역을 포괄하지 못하는 이전 검사도구의 단점을 극복하기 위해 개발한 MMPI 검사는 경험적 접근을 통해서 만들어졌다. 경험적 접근을 통해서 심리검사를 개발할 때 필수적인 요소인 준거 집단에 속하는 환자들과 미네소타 대학병원 주위에 거주하는 시민들은 개발자가 선정한 약 1000개의 예비문항에 응답하였다.

MMPI의 준거집단에 속하는 8개의 임상집단은 당시 주요한 진단기준이었던 Kraepelin식 진단방식으로 분류되었다. 건강염려증(hypochondriasis), 우울증(depression), 히스테리(hysteria), 정신병질(psychopathic deviate), 편집증(paranoia), 신경쇠약(psychasthenia), 정신분열증(schizophrenia), 경조증(hypomania) 등의 진단에 해당하는 환자로써 임상집단이 구성되었다. 8개의 임상집단과 일반인 집단에 의해 응답된 예비문항 중에서 총 550문항으로 구성된 MMPI가 만들어졌다.

MMPI가 지니고 있는 가장 근본적인 문제점 중의 하나는 자기보고형 설문지라는 점이다. 이 약점은 응답자의 의도적인 혹은 비의도적인 응답의 왜곡을 가져올 수 있다. MMPI에는 응답자의 왜곡응답을 탐지하기 위해서 4개의 타당도 척도(K, L, F, ?)가 포함되어 있다. 응답자의 과대보고, 과소보고 및 무응답 여부를 타당도 척도의 상승을 통해 가늠한다.

MMPI는 후에 두 개의 임상척도가 추가되었다. 제작 당시에는 정신장애의 하나로 분류되던 동성애자를 선별하기 위한 Mf(Masculinity-Femininity) 척도와 사회적 불편감을 경험하는 회피 성향자를 선별하기 위해서 개발된 Si(Social Introversion) 척도가 포함되어 임상척도의 개수는 10개로 늘었다.

1989년 MMPI는 개작되어 MMPI-2가 만들어졌다. MMPI-2에서는 현대적 감각에 어울리는 문항으로 수정되고, VRIN, TRIN, F_B, F_P, S 등의 타당도 척도가 첨가되었으며, RC 척도, 소척도, 내용 척도, 보충 척도, 성격병리 5요인 척도 등이 추가되었다. 원판 MMPI의 문항 중에서 90문항이 삭제되고, 107개 문항이 추가되어 MMPI-2의 총문항 개수는 567문항으로 늘어났다.

1. 임상척도

1번 척도는 신체건강에 대해 과도한 걱정을 나타내는 50명의 건강염려증 수검자를 준거집단으로 삼아 개발되었다. 1번 척도에서 상승하는 수검자는 신체적 고통과 신체적 기능 이상을 호소하지만 신체적 검진 결과 뚜렷한 신체적 문제를 갖고 있지 않다. 혹은 1번 척도에서 높은 값을 보이는 수검자는 신체적 검진 결과에서 나타난 이상으로 충분히 설명되지 않은 신체적 고통과 신체적 기능 이상을 보고한다. 1번 척도에서 높은 값을 보이는 수검자는 다양한 방어기제 중에서 신체화(somatization) 방어기제를 선택하는 경우가 흔하여 심리적 고통을 신체적 증상으로 표현함으로써 긍정적인 자기상을 유지하고자 노력한다.

2번 척도는 사기가 저하되어 있고 미래에 대한 희망이 없으며 삶의 여러 여건들에 대해 불만족한 모습을 임상적으로 확연히 확인할 수 있는 50명의 우울증 수검자를 준거집단으로 삼아 제작되었다. 2번 척도에서 상승한 값을 나타내는 수검자는 우울감, 무쾌감, 죄책감, 정신운동적 초조 및 지체, 우유부단함, 판단력과 사고력의 저하, 자살사고 · 자살시도, 체중 증가 · 감소, 수면 증가 · 감소 등의 다양한 우울증상에 의해 고통 받고 있다. 2번 척도에서 높은 값을 보고하는 수검자는 최근에 상실과 실패 등의 부정적 생활사건 경험을 한 뒤 이에 대한 무망감(無望感, hopelessness)과 무력감(無力感, helplessness)을 경험하고 있을 가능성이 크며, 부정적 사건의 원인을 지나치게 자신에게서 찾으려는 내사(introjection)의 방어기제를 택하는 경우가 흔하다.

2번 척도는 5개의 소척도로 이루어져있다. Harris-Lingoes 소척도라 불리는 5개의 소척도는 주관적 우울감(subjective depression), 정신운동 지체(psychomotor retardation), 신체적 기능장애(physical malfunctioning), 둔감성(mental dullness), 깊은 근심(brooding) 등을 포함한다. 우울증상 중에서 무쾌감, 무의욕, 낮은 자존감, 비관주의 등의 핵심적 증상이 주관적 우울감 소검사를 구성한다. 주의력과 집중력, 판단력 등의 인지적 기능의 저하를 뜻하는 문항들이 둔감성 소검사에 속해

있고, 부정적이고 반복적인 사고양식은 깊은 근심 소검사를 반영하며, 우울증에 동반되는 신체적 기능저하와 함께 식욕부진, 체중변화, 변비 등의 신체증상이 신체적 기능장애 소검사에 반영되어 있다. 마지막으로, 정신운동 지체 소검사는 사회적 관계에 참여하지 않으려는 태도를 측정한다.

3번 척도는 히스테리로 진단된 수검자 50명을 준거집단으로 삼아 제작되었다. 3번 척도에서 상승한 값을 보이는 수검자는 주목과 관심에 대한 욕구가 일반인에 비해 큰 경우가 흔하며, 자신에게 주어질 것으로 기대하였던 주목과 관심이 타인에게 돌아갈 때 상당한 심리적 고통을 경험한다. 3번 척도에서 높은 값을 나타내는 수검자는 부인과 억압의 방어기제를 선택하는 경우가 흔하여, 일반인이 흔히 경험할 수 있는 지극히 인간적인 감정과 욕구조차 인정하지 않고 이를 경험하지 않으려 애쓰는 모습을 보일 때가 많다.

3번 척도는 5개의 Harris-Lingoes 소척도로 구분되며, 사회불안 부인(denial of social anxiety), 애정 욕구(need for affection), 권태 무기력(lassitude-malaise), 신체증상 호소(somatic complaints), 공격성 억제(inhibition of aggression) 등이 이에 해당한다. 히스테리 진단의 핵심을 이루는 연극적인 발화양식과 사교적인 태도가 사회불안 부인 소척도에 포함된다. 관심과 애정의 욕구에서 비롯되는 타인에 대한 지나친 긍정적인 태도는 애정 욕구 소척도에 담겨져 있고, 억압된 정서가 전환된 신체증상은 신체증상 호소에 반영되며, 적대적이고 공격적인 충동에 대한 부인은 공격성 억제 소척도가 측정한다. 권태 무기력 소척도는 모호한 인지적·신체적 기능 이상을 측정하는 문항으로 이루어져 있고, 우울증상이 히스테리 수검자의 외향성에 의해 변형된 형태이다.

4번 척도는 비사회적이고 비도덕적인 유형의 정신병질적(精神病質的) 성격으로 진단된 수검자를 준거집단으로 삼아 개발되었다. 4번 척도에서 상승한 값을 보이는 수검자는 권위갈등(authority conflict)을 경험할 가능성이 커서, 교사, 상사, 아버지 등의 권위자와 갈등 관계에 놓이고 법, 제도, 규칙 등의 사회적 제도를 수용하는 데 어려움을 보이며 때로는 범법행위를 저질러 사회적 제재를 받기도 한다.

4번 척도에서 높은 값을 보이는 수검자는 공감능력이 부족하여 타인의 고통에 대해 둔감하므로 자기본위적(自己本位的)인 사람으로 인식된다. 권위갈등과 자기본위적 태도는 4번 척도에서 높은 값을 보이는 사람이 가족갈등(family conflict)을 경험하도록 이끈다. 4번 척도가 높은 수검자는 지연만족(delay of gratification)의 전략을 구사하는 데 서툴러서 현재의 작은 이익을 위해 미래의 중요한 이득을 잃게 되는 충동성(impulsivity)을 나타내기도 한다.

4번 척도는 가정불화(familial discord), 권위 불화(authority conflict), 사회적 침착성(social imperturbability), 사회적 소외(social alienation), 내적 소외(self-alienation) 등의 Harris-Lingoes 소척도로 구분된다. 원가족(原家族)으로부터 부당한 통제를 받았거나 제대로 보살핌을 받지 못했다는 지각이 반영된 가정불화, 사회적 규범과 제도 및 기성 사회의 질서에 대한 불수용이 표현된 권위 불화, 사회적 상황에서 쉽게 경험할 수 있는 불안감과 대인관계에서 의존적인 자신의 모습을 부인하고자 하는 태도가 반영된 사회적 침착성, 타인과의 관계에서 고립되어 있고 타인으로부터 충분히 이해받지 못했다는 인식이 표현된 사회적 소외, 문제가 야기된 후 발생하는 일시적인 후회와 죄책감이 반영된 내적 소외 등이 4번 척도를 구성하는 소척도이다.

5번 척도는 13명의 남성 동성애자를 준거집단으로 삼아 개발되었다. 5번 척도에서 낮은 값을 보이는 남성은 전통적인 남성상을 자신의 모습으로 내면화한 사람으로서 주도적이고 적극적이며 가부장적인 남성을 이상적인 모습으로 여긴다. 반면 5번 척도에서 높은 값을 보이는 남성은 전통적인 남성상과 자신의 모습 사이의 거리가 멀다고 지각하거나 그러한 모습이 되고자 하는 욕구가 크지 않은 사람이다. 5번 척도에서 낮은 값을 나타내는 여성은 전통적인 여성상을 자신의 모습으로 채택하거나 전통적인 여성의 모습이 되고자 노력하는 사람이다. 반면 5번 척도에서 높은 값을 보이는 여성은 전통적인 여성상과 자신의 모습 사이의 간격이 매우 크다고 생각하거나 전통적인 여성상을 거부하는 태도를 지닌 경우가 흔하다.

6번 척도는 편집증 상태, 편집증 조건, 편집증 조현병 등 편집 증상을 보이는 수검자를 준거집단으로 삼아 제작되었다. 6번 척도에서 높은 값을 보이는 수검자는 타인의 의도를 의심하고 타인이 자신에게 해를 끼치려고 노력한다고 생각하며 그러한 부정적인 타인의 의도에 대해 두려움을 경험하는 사람이다. 6번 척도가 상승하는 수검자는 자신의 실패와 무능에 대해 자신의 과오와 탓으로 여기는 것을 어려워하여 외부적인 원인이나 타인의 잘못으로 귀인하는 합리화의 방어기제를 흔히 사용한다. 자신의 내면에 갖고 있는 부정적인 특성에 대해 인정하기보다는 타인의 것으로 돌려 생각하는 투사의 방어기제 또한 6번 척도에서 높은 값을 보이는 수검자에게서 빈번히 관찰된다.

6번 척도는 피해 의식(persecutory ideas), 예민성(poignancy), 순진성(naiveté) 등 3개의 Harris-Lingoes 소척도로 구분된다. 좌절과 실패에 대한 원인을 외부에서 찾는 태도와 위협적이고 통제적인 외부의 힘에 의해 자신이 피해를 입고 있다는 지각이 피해 의식 소척도에 반영되어 있고, 외부의 공격에 상대적으로 취약한 자신의 모습에 대한 지각에서 오는 긴장감이 예민성 소척도에 표현되어 있으며, 도덕적 미덕과 윤리적 청렴의 가치를 강조하며 이타성과 관대성을 보유한 가상적 일반인의 존재를 부각시키는 흑백논리적 가치관이 순진성 소척도에 반영되어 있다.

7번 척도는 강박사고, 강박행동, 공포증 등의 증상을 지닌 신경쇠약(Psychasthenia) 수검자를 준거로 제작되었다. 7번 척도에서 높은 값을 보이는 수검자는 신경쇠약 수검자의 특성과 닮아있을 가능성이 크다. 신경쇠약 수검자는 반복적으로 의식에 침투하는 고통스러운 생각, 충동, 또는 심상을 경험하고, 강박사고가 유발하는 부정적인 감정을 해소하기 위해서 반복적으로 숫자세기, 기도하기, 속으로 단어 반복하기, 씻기, 청소하기, 정돈하기, 확인하기 등의 강박행동을 보일 가능성이 크다. 부정적인 감정을 경험할 때 그 감정의 원인을 파악하기 위해 반복적으로 행하는 반추(rumination)와 미래의 닥칠 부정적 사건을 피하기 위해 반복적으로 행하는 걱정(worry)과 같은 부정적인 반복 사고가 신경쇠약 수검자의 주요 특징이다. 7번 척도에서 높은 값을 보이는 수검자에게서 우리는 완벽주의와 정서적 억제가 특징인 강박성 성격장애(Obsessive Compulsive Personality Disorder)의 면모를 찾아볼 수도 있다.

8번 척도는 망상(delusion)과 환각(hallucination), 와해된 언어와 행동, 다양한 음성증상(negative symptoms) 등을 주요특징으로 하는 조현병 수검자를 준거로 제작되었다. 8번 척도에서 높은 값을 보이는 수검자는 조현병 수검자가 주로 보이는 증상들을 보일 가능성이 크다. 피해망상, 색정망상, 과대망상 등의 망상, 환청 · 환시 · 환후 · 환촉 · 환미 등의 환각, 비논리적인 사고가 반영된 언어행위(와해된 언어: disorganized speech), 업무와 대인관계를 어렵게 하는 목표이탈적인 행동(와해된 행동: disorganized behavior), 무욕증 · 무쾌감증 · 무언어증 등의 음성증상이 8번 척도가 상승한 수검자가 보이는 모습이다.

8번 척도에서 높은 값을 보이는 수검자의 정서적 어려움은 소외감(feeling of isolation)이다. 주위 사람들과 주변 환경은 모두 자신을 소외시키고 있고, 자신의 편이라고 할 만한 사람은 아무도 없으며, 세상 사람들은 대부분 자신에게 적대적이라고 지각하는 수검자는 척도 8번에서 높은 값을 보일 가능성이 크다.

8번 척도는 사회적 소외(social alienation), 정서적 소외(emotional alienation), 인지적 자아통합 결여(lack of ego mastery, cognitive), 동기적 자아통합 결여(lack of ego mastery, conative), 억제 부전 자아통합 결여(lack of ego mastery, defective inhibition), 기태적 감각 경험(bizarre sensory experiences) 등 6개의 Harris-Lingoes 소척도로 구분된다. 타인으로부터 사랑과 이해를 받지 못하는 반면 불공정한 대우를 받고 부당한 처분을 당하고 있다는 지각에서 유래하는 사회적 소외 소척도, 조현병 수검자가 경험하는 정서적 둔마(blunted affect), 무감동(apathy)[1] 등의 음성증상을 반영하는 정서적 소외 소척도, 기억력 · 집중력 · 주의력의 저하와 정신적 통제 상실에 대한 공포가 표현된 인지적 자아통합 결여, 무욕증(avolition), 무쾌감(anhedonia)[2] 등의 음성증상을 반영하는 동기적 자아통합 결여, 갑작스러운 충동을 억제하지 못하는 상태를 의미하는 억제부전 자아통합 결여, 자신의 신체에 대해 특별한 변화가 발생하였다는 지각에서 기인하는 기태적 감각 경험 등의 소척도가 8번 척도에 포함된다.

---

1) 느낌, 감정, 흥미, 관심을 상실한 상태
2) 과거와는 달리 즐거움을 경험하던 대상으로부터 더 이상 쾌감을 느낄 수 없는 상태

9번 척도는 고양된 기분, 정신운동성 초조, 사고의 비약 등의 특징을 지닌 24명의 경조증 수검자와 경도의 급성 조증 수검자를 준거집단으로 삼아 개발되었다. 9번 척도에서 높은 값을 보이는 수검자는 양극성 장애를 지닌 수검자가 조증 삽화나 경조증 삽화에 처했을 때 보이는 다양한 증상이 관찰될 가능성이 크다. 웅대한 자기상, 고양된 기분, 수면에 대한 욕구감소, 사고의 비약, 주의 산만, 목표 지향적 활동, 쾌락적 활동에의 몰두 등의 증상들이 그것이다. 평소 사람 만나는 것을 좋아하고 에너지 수준이 높아서 다양한 활동에 많은 시간을 들이는 외향적인 사람들 중에서 9번 척도가 상승하는 경우는 흔하다. 부정적인 자신의 모습과 의기소침해져있는 자신의 상태에 대해 인정하는 것을 거부하는 수검자가 활동량과 만나는 사람의 수, 그리고 일의 규모를 증가시킴으로써 무의식적으로 부정적 감정과 자기상을 떨쳐버리려는 보상행동(compensatory behavior)을 행할 때 9번 척도가 높아지기도 한다.

9번 척도는 비도덕성(amorality), 심신운동 항진(psychomotor acceleration), 냉정함(imperturbability), 자아팽창(ego inflation) 등 4개의 Harris-Lingoes 소척도로 구성된다. 타인의 동기에 대한 둔감성과 죄책감의 결여 등의 내용이 반영된 비도덕성 소척도, 불안의 정서와 불안으로부터 벗어나려고 하는 시도에서 비롯된 과잉행동 · 충동성 · 불안정성이 반영된 심신운동 항진, 사회적 상황에서 타인의 영향력으로부터 자유롭다는 믿음과 고통스러운 상황에서도 안정감을 유지하고 있다는 지각에서 기원하는 냉정함 소척도, 비현실적인 자기인식에서 기인하는 자아팽창감이 반영된 자아팽창 소척도가 9번 척도에 속한다.

0번 척도는 미네소타 T-S-E 검사의 S(사회성) 척도에서 상위 35%, 그리고 하위 35%에 속하는 대학생을 준거로 개발되었다. 0번 척도에서 높은 값을 보이는 수검자는 사회적 불편감과 사회적 관계에서의 회피 · 도피를 특징으로 한다. 사회적 관계에서 경험하는 부정적인 고통이 긍정적인 보상을 상회하여 사회적 관계가 예상되면 이를 피하거나 사회적 관계에 맞닥뜨리게 되었을 때 의도적으로 그 관계에서 벗어나려고 노력하는 모습을 척도 0번 값에서 높은 점수를 보이는 수검자에게서 흔히 목격할 수 있다.

0번 척도는 수줍음/자의식(shyness/self-consciousness), 사회적 회피(social avoidance), 내적/외적 소외(alienation, self and other) 등 3개의 Harris-Lingoes 소척도로 이루어져 있다. 수줍음/자의식은 사회적 내향성에 대한 주관적 인식을 반영하는 소척도로서 대인관계에서 경험하는 당황스러움, 수줍음, 어색한 느낌 등의 주관적 경험이 이에 속한다. 사회적 회피는 사회적 내향성에 대한 객관적 측면이 반영된 소척도로서 사교 모임과 군중 모임을 피하는 행동 양상이 포함되어 있다. 마지막으로 내적/외적 소외는 사회적 내향성의 신경증적 측면이 반영되어, 사회적 내향성을 야기한 것으로 짐작되는 외부적 상황에 대한 분노감정과 홀로 고립된 것처럼 느껴지는 소외감이 포함되어 있다.

2. 내용척도

불안 척도(Anxiety: ANX)는 과도한 긴장, 통제 불가능한 걱정, 수면곤란, 주의집중곤란 등의 일반화된 불안증상을 포괄한다.

공포 척도(Fears: FRS)는 다양한 공포증에 공통적으로 포함될 수 있는 증상들과 여러 공포증에 개별적으로 속하는 증상들을 측정한다. 공포 척도는 일반화된 공포 소척도(FRS1)와 특정 공포 소척도(FRS2)로 구성되며, 높은 곳, 거미, 뱀, 어둠, 폭풍우, 지진, 암흑, 밀폐, 집을 떠나는 것 등에 대한 공포증상이 포함된다.

강박성 척도(Obsessiveness: OBS)는 강박장애의 주요증상인 강박사고와 강박행동을 측정함과 동시에 강박성 성격장애의 핵심증상인 우유부단성, 경직성, 변화에 대한 저항성, 세부에 대한 집착 등의 증상과 함께 반복적이고 통제 불가능한 연쇄적 사고경험을 포함한다.

우울 척도(Depression: DEP)는 무감동, 무쾌감증, 무욕증, 절망감 등이 반영되어 있는 동기 결여 소척도(DEP1), 불쾌하고 우울한 기분이 표현된 기분부전 소척도

(DEP2), 죄책감과 부정적 자기개념이 반영된 자기비하 소척도(DEP3), 자살에 대한 욕구와 자살생각이 표현된 자살사고 소척도(DEP4) 등으로 구성된다.

건강염려 척도(Health Concerns: HEA)는 메스꺼움, 구토, 위통과 같은 위장관계 증상이 포함되어 있는 소화기 증상 소척도(HEA1), 감각이상, 운동이상, 의식이상 등의 증상으로 구성된 신경학적 이상 소척도(HEA2), 건강에 대한 걱정을 반영하는 일반적인 건강염려 소척도(HEA3) 등으로 이루어져 있다.

기태적 정신상태 척도(Bizarre Mentation: BIZ)는 환각과 망상을 나타내는 문항으로 구성된 정신증적 증상 소척도(BIZ1)와 기이한 지각 경험, 괴이한 믿음과 사고, 비현실감 등의 상태를 반영하는 분열형 성격 특성 소척도(BIZ1) 등으로 구성되어 있다.

분노 척도(Anger: ANG)는 분노통제의 어려움으로 인해 타인에게 상해를 입히거나 기물을 파손하는 특성을 반영하는 폭발적 행동 소척도(ANG1)와 분노감정을 겉으로 드러내기 보다는 억제하는 태도와 수동 공격적인 반응양식이 반영되는 성마름 소척도(ANG2) 등으로 구성된다.

냉소적 태도 척도(Cynicism: CYN)는 일반적으로 사람들은 기만적이고 이기적이며 동정심이 부족하다는 믿음이 반영된 염세적 신념 소척도(CYN1)와 자신이 타인의 적대적이고 착취적인 행동의 표적이 되어 타인의 위해에 대해 경계하는 상태가 반영된 대인적 의심(CYN2)으로 구성되어 있다.

반사회적 특성 척도(Antisocial Practices: ASP)는 사회규범에 대한 경시와 권위적 대상에 대한 반감이 반영된 반사회적 태도 소척도(ASP1)와 절도, 무단결석, 정학, 가출 등의 비행 과거력이 담겨진 반사회적 행동 소척도(ASP2)로 이루어져 있다.

A 유형행동 척도(Type A: TPA)는 기다리는 상황에서 이를 견디지 못하고 조급

해하는 특성이 반영된 조급함 소척도(TPA1)와 상대방과의 대결 구도에서 우위를 점하지 못할 경우에 발생하는 보복심이 투영된 경쟁 욕구 소척도(TPA2)로 구성된다.

낮은 자존감 척도(Low Self-Esteem: LSE)는 자신이 타인보다 열등하다는 믿음이 반영된 자기회의 소척도(LSE1)와 부정적 자기평가로 인한 수동적 생활태도, 복종적 대인관계양상, 공동업무에서의 책임회피 등이 포함된 순종성 소척도(LSE2)로 구성되어 있다.

사회적 불편감 척도(Social Discomfort: SOD)는 혼자 있는 것에 대한 선호, 공동 활동에 대한 혐오, 사회적 상황에 대한 회피 등이 포함된 내향성 소척도(SOD1)와 사회적 관계에서의 불편감과 사회적 상황에서의 당황스러움이 반영된 수줍음 소척도(SOD2)로 구성된다.

가정 문제 척도(Family Problems: FAM)는 가정 내에서 발생한 불화와 갈등을 뜻하는 문항으로 이루어진 가정불화 소척도(FAM1)와 정서적 지지를 제공하지 못하는 가정에 대한 불만족감이 반영된 가족 내 소외 소척도(FAM2)로 구성되어 있다.

직업적 곤란 척도(Work Interference: WRK)는 현재 담당하고 있는 업무에서 경험하는 무능력감, 긴장감, 피로감, 동료와 가족으로부터의 부족한 사회적 지지 등이 반영되어 있다.

부정적 치료 지표(Negative Treatment Indicators: TRT)는 개인적 자원의 부족과 외적 통제 소재[1]로 인해, 어려움에 직면했을 때 쉽게 포기해버리는 태도를 반영하는 낮은 동기 소척도(TRT1)와 자발적인 자기개방의 어려움과 자기공개 상황에서 경험하는 불편감을 뜻하는 낮은 자기개방 소척도(TRT2)로 구성된다.

1) 자신의 삶이 운명과 우연과 같은 외부적 요인에 의해 결정된다는 신념

3. 성격병리 5요인 척도

공격성 척도(Aggressiveness: AGGR)는 일반적으로 Ma, ANG, TPA 등의 척도와 상당 수준의 상관을 보인다. 이 척도에서 높은 값을 얻는 수검자는 자신에 대한 웅대한 자기상을 지니고 있거나, 자기애에 의해서 발생하는 공격적인 행동과 태도를 보이는 경우가 흔하다.

정신증 척도(Psychoticism: PSYC)은 F 척도, 8번 척도(Sc), 6번 척도(Pa) 등과 높은 상관을 보이는 척도로서, 이 척도에서 높은 값을 보이는 수검자는 낮은 현실검증력으로 인한 피해의식과 적대감을 경험할 가능성이 크다.

통제결여 척도(Disconstraint: DIS)에서 높은 값을 보이는 수검자는 높은 수준의 쾌감을 즐기는 감각추구(sensation seeking)의 성향을 나타내고 자신에게 해가 되는 행동을 억제하는 충동통제에서 어려움을 보이며 사회적 규율과 관습에 따르는 것을 힘들어한다.

부정적 정서성 척도(Negative emotionality/ Neuroticism: NEGE)는 보충척도인 A(불안) 척도 및 7번 척도(Pt)와 높은 상관을 지니고 있는 척도로서 스트레스 상황에서 불안과 걱정을 쉽게 경험하며 정서적으로 불안정한 상태에 놓이기 쉬운 성격특징을 측정한다.

내향성 척도(Introversion: INTR)는 사회적 상황에 참여하지 않고 회피하는 경향과 함께 사회적 상황에서 경험하는 불편감과 관련 깊다. 내향성 척도에서 높은 값을 보이는 수검자는 사회적 상황에서 즐거움을 경험하기 어렵고 에너지 수준이 낮다.

4. MMPI-2 보충척도

불안 척도(Anxiety: A)는 미래에 부정적 사건이 발생할 것에 대한 걱정과 불안감을 반영한다. 문제해결능력에 대한 낮은 믿음과 무능력한 자신에 대한 인식이 이 척도에서 측정하는 걱정과 불안감의 이면에 포함되어 있다. 특히, 사회적 상호작용 능력에 대한 부정적인 자기개념은 고립된 느낌을 야기하기도 한다.

억압 척도(Repression: R)는 자신의 감정을 자극하거나 갈등을 유발할 수 있는 사람이나 상황을 회피하는 성향을 반영한다. 억압 척도에서 높은 값을 보이는 수검자는 정서를 겉으로 드러내지 않고 내면화하며 대인관계 갈등을 회피하기 위해 복종적인 태도를 보이는 경우가 흔하다.

자아강도 척도(Ego-Strength: Es)는 스트레스 상황에 대처할 수 있는 심리적 자원과 정서적 자원의 총량을 측정한다. 자아강도 척도에서 높은 값을 보이는 수검자는 효율적인 대처전략을 구사하여 생활 스트레스 사건에 대응함으로써 적절한 자기존중감과 문제해결에 대한 신념을 유지해나간다.

지배성 척도(Dominance: Do)는 자신의 주장을 타인에게 관철하려는 의지와 태도, 스트레스 상황에서 낙관적인 자세를 지니고 문제 중심적 대처를 통해 끈기 있게 매진하려는 의지, 대인관계에서 주도성을 갖고 타인을 이끌려고 하는 행동양상 등을 반영한다.

사회적 책임감 척도(Social Responsibility: Re)는 사회적 기대와 규칙 및 관습에 대해 순응적인 태도, 분노 감정과 자기중심적·냉소적 태도에 대한 부인, 공동체적 가치를 우선에 두고 상호협력하는 행동 등을 측정한다.

대학생활부적응 척도(College Maladjustment: Mt)는 심리치료가 필요한 대학생을 선별하기 위해 개발되었다. 이 척도에서 높은 값을 보이는 대학생은 자신감 부족, 수면 곤란, 집중력 저하, 비관적 태도 등으로 대학생활에서 어려움을 경험한다.

외상후 스트레스 장애 척도(Post-traumatic Stress Disorder: PK)는 외상 사건 이후에 경험하게 되는 다양한 증상들을 포함하고 있다. 그렇지만 경계선 성격장애와 같은 심각한 정신장애에 이환된 수검자와 실제 외상후 스트레스 장애를 갖고 있는 수검자를 구분하는 데는 한계점을 지닌다.

결혼생활 부적응 척도(Marital Distress Scale: MDS)는 결혼생활 중인 기혼자가 경험하는 결혼생활의 어려움을 반영한다. 가족 간에 발생하기 쉬운 갈등양상, 더 이상 삶을 개선시킬 수 없다는 절망감, 과거에 놓쳐버린 기회에 대한 후회감 등이 이 척도를 통해 측정된다.

적대감 척도(Hostility: Ho)는 일반적인 타인의 부정적 상에 근거한 냉소적 태도, 적대적인 세상에서 피해를 입을 것에 대한 두려움에 따른 경계심, 이기적인 이유로 수검자에게 피해를 끼치는 타인에 대한 증오감, 경계심과 증오감에 따른 사회적 회피 등의 하위요인으로 구성되어있다.

적대감 과잉통제 척도(Overcontrolled Hostility: O-H)는 분노감과 적대감의 경험을 부인하면서 일상적인 피해 상황에서는 철저히 분노감정을 통제하지만 갑작스럽게 폭력적이고 파괴적인 방식으로 적대감을 표출하는 특성을 측정하는 척도이다.

MacAndrew의 알코올 중독 척도(MacAndrew-Revised: MAC-R)는 대인관계에서 대담하고 거리낌이 없으며 자기주장적인 특성, 피상적인 대인관계 양상, 충동적이고 자극추구적인 성향, 권위에 저항하고 반항적인 태도, 위법 행동과 처벌 경력 등을 측정하는 척도이다.

중독 인정 척도(Addiction Admission: AAS)는 물질사용과 물질사용으로 인한 사회적, 업무적 기능손상에 대해 인정하는 태도를 담은 척도이다.

중독 가능성 척도(Addiction Potential: APS)는 현재의 물질사용 여부와 그로 인한 기능저하를 평가하기보다는 미래 물질사용의 가능성을 판단하기 위한 척도이다.

남성 성역할 척도(Gender Role-Masculine: GM)는 불안증상과 신체증상을 드러내는 것이 남성답지 못한 것이라고 생각하여 이를 부인하는 특성, 성취지향적이고 목표지향적인 행동에 몰두하는 것, 남성적 활동에 대해 관심을 드러내는 것, 여성적 직업에 대한 흥미를 부인하는 것 등을 담고 있다.

여성 성역할 척도(Gender Role-Feminine: GF)는 자신이 부여받은 여성으로서의 삶에 대한 만족도, 규율과 규칙을 지키지 않는 행동의 부인, 물질사용을 반사회적인 행동이라 여기고 이를 혐오하는 태도, 전형적인 남성적 활동에 대한 거부 등을 측정한다.

5. MMPI-2의 타당도 척도

MMPI-2 검사가 지니는 단점 중 가장 두드러진 것은 자기보고형 검사라는 점이다. MMPI-2 검사는 자기보고형 검사이기에 불성실하게 응답하거나 자신을 실제보다 긍정적으로 포장하거나 자신을 실제보다 부정적으로 보고할 수 있는 가능성을 지니고 있다. MMPI-2 검사의 단점을 보완하기 위해 다수의 타당도 척도가 개발되었다.

(1) 무응답 척도 (?)

무응답 척도는 MMPI-2의 두 개의 선택지 모두에 표기를 하였거나, 응답지를 벗어난 지점에 응답을 하였거나, 아니면 어느 선택지에도 응답을 하지 않았을 경우에 채점된다. 일반적으로 무응답 문항이 10개 이상 존재할 때, 해석자는 MMPI-2의 여러 척도를 조심스럽게 해석해야 하고, 30개를 넘어서는 경우에는 무효 검사로 간주한다.

무응답 척도에서 높은 값을 보이는 이유는 다양하다. 첫째, 우유부단성의 특성을 지니고 있는 수검자는 두 개의 선택지 중에 하나의 선택을 하는 것을 어려워할 수 있다. 둘째, 수검자가 현재 지니고 있는 정신장애(예, 조현병, 주의력 결핍 과잉행동 장애)에 결부된 인지저하로 인해 문항응답에 있어 충분한 주의력을 기울이지 못할 수 있다. 셋째, 읽기능력이나 문장이해능력이 부족한 수검자는 이해되지 않는 문항에 대해서 응답을 회피할 수 있다. 넷째, 문항의 내용이 수검자에게 해당되지 않는 경우에도 응답하지 않을 수 있다. 예를 들어 아버지가 일찍 돌아가신 수검자는 아버지에 대한 문항을 응답하기에 충분한 정보를 지니고 있지 않다. 다섯째, 문항에 대해 충분한 경험과 지식을 갖고 있지 않을 때에도 응답을 회피할 수 있다.

(2) 무선반응 비일관성 척도(Variable Response Inconsistency: VRIN)

무선반응 비일관성 척도는 내용상 유사하거나 상반되어 높은 상관을 보이는 두 문항(67개 문항쌍)에 일관적인 반응을 했는지 아니면 다른 반응을 했는지를 확인하는 척도이다. 유사한 문항에 다르게 응답하였거나 상반된 문항에 동일하게 응답했을 때 무선반응 비일관성 척도의 원점수가 상승한다. 일반적으로 무선반응 비일관성 척도의 값이 80T 이상일 경우에 검사 결과는 타당하지 않은 것으로 간주하여 해석하지 않는다. 수검자의 독해능력 부족, 정신증적 증상으로 인한 혼란감, 수검 의지의 미약, 거부적이고 반항적인 수검 태도 등이 무선반응 비일관성 척도의 상승을 유발할 수 있다.

(3) 고정반응 비일관성 척도(True Response Inconsistency: TRIN)

고정반응 비일관성 척도는 내용상 정반대의 두 문항(20개 문항쌍)에 비일관적인 응답을 했는지를 확인하는 척도이다. 고정반응 비일관성 척도에 속하는 문항에 수검자가 '예-예' 라고 응답하였거나, 아니면 '아니오-아니오'라고 응답하게 되면 척도의 총점은 상승하게 된다. 일반적으로 고정반응 비일관성 척도에서 80T이상 상승하였을 경우에는 해석을 유보하도록 권고된다.

(4) 비전형 척도(Infrequency: F)

비전형 척도는 규준 집단의 10% 이내에 해당하는 수검자만 응답하는 매우 드문 문항(60문항)을 모아놓은 것이다. 비전형 척도에서 높은 값을 보이는 것은 여러 가지 이유에서 기인한다. 첫째, 심각한 정신병리를 반영하는 것으로 보이는 문항에 의도적으로 반응하여 부정적으로 자신을 드러내어보이고자 하는 시도에 기인한다. 둘째, 망상과 환각에 따른 혼란감을 경험하는 수검자는 대체로 비전형 척도에 응답한다. 셋째, 수검자가 현재 경험하고 있는 고통감이 매우 극심하여 고통을 해결해줄 누군가를 간절히 바랄 때 비전형 척도에 응답하는 경향이 있다. 넷째, 거부주의와 적개심을 지니고 있는 청소년은 비전형 척도에 응답함으로써 자신의 적대적 태도를 드러낸다. 관습적인 기준에 의하면, 비전형 척도 점수에서 80점 이상이 보고되면 타당한 프로파일로 간주할 수 없다.

(5) F_B **척도**(Back Infrequency)

기존의 비전형 척도를 구성하는 문항이 MMPI-2 검사의 전반부에 위치하여 있으므로 검사 후반부에서 발생하는 수검자의 부정 왜곡을 탐지하기 위해서 F_B 척도가 개발되었다. F_B 척도의 점수가 높을 때에는 검사의 후반부에 배치되는 내용 척도, 보충 척도의 타당도에 대해 의심해 보아야 한다. F_B 척도의 점수는 상승하였으나 비전형 척도의 점수가 정상 범위에 놓일 때 검사의 전반부에 속한 임상 척도의 타당도는 유지되는 것으로 간주된다.

(6) F_P **척도**(Infrequency Psychopathology)

현실 검증력(reality testing)의 어려움을 겪는 정신증 수검자들이 비전형 척도에서 높은 값을 나타내며, 비전형 척도와 정신증 증상을 측정하는 척도 사이에 높은 상관을 보인다는 관찰 결과에 따라 비전형 척도의 약점을 보완하기 위해 F_P 척도가 개발되었다. F_P 척도에 속한 문항들은 정신증 수검자도 응답하기 어려워 이 척도에서 높은 값을 얻는 것과 정신증 증상의 심각도 사이의 관련성이 낮아졌다. 관습적인 지침에서는 F_P 척도에서 80점 이상 100점 미만의 점수를 보인다면 부정 왜곡의 가능성이 의심되고, 100점 이상의 값을 나타낸다면 해석을 진행하지 않도록 권하고 있다.

(7) 증상 타당도 척도(Symptom Validity: FBS)

기존의 비전형 척도가 주로 심리적 문제를 과장하는 수검자를 선별하는 기능에 한정되었다면, 증상 타당도 척도는 상해관련 소송이나 신체장애 신청 상황에서 발생하기 쉬운 신체적 문제에 대한 부정왜곡을 탐지하기 위해 개발되었다. 통용되는 해석 지침에 의하면, 증상 타당도 척도의 T점수가 70점 이상, 100점 미만에 해당될 때에는 심각한 의학적 문제를 지닌 사람과 신체적 문제를 왜곡 보고하는 사람을 구별하기는 어렵지만, T점수가 100점 이상 상승할 경우에는 신체적 문제를 부정 왜곡하는 경향성에 무게가 실린다. 왜냐하면 실제 심각한 의학적 문제를 지닌 사람일지라도 증상 타당도의 T점수가 100점을 상회하는 것은 매우 드문 일이기 때문이다.

(8) 부인 척도(Lie: L)

부인 척도는 자신을 지나치게 긍정적으로 보고하려는 경향성을 탐지하기 위해서 제작되었다. 부인 척도는 일반적인 사람이라면 누구나 가질 수 있는 인간적 약점에 대한 문항을 포함한다. 채용과 인사선발 과정에 참여 중이거나 자녀양육권을 놓고 법적 공방이 진행 중인 경우에 부인 척도에서 높은 값을 얻을 수 있다. 혹은 사소한 약점이라도 다른 사람에게 드러내지 않음으로써 타인으로부터 긍정적 인상을 얻을 수 있다고 생각하는, 심리적 세련성이 부족한 사람도 부인 척도에서 높은 값을 보일 것이다.

(9) 교정 척도(Correction: K)

교정 척도는 명백히 정신장애를 지니고 있음에도 불구하고 검사에서는 정상 프로파일을 보이는 수검자와 일반 수검자를 비교하여 개발한 척도이다. 교정 척도에서 높은 값을 보이는 수검자는 자신이 '심리적 문제'가 있는 사람이라고 인정하는 것을 거부하며 정신적 문제를 다루는 정신건강 전문기관에 의뢰되었을 때에도 자신의 문제는 심리적 문제가 아니라 신체적인 문제라고 주장한다. 부인 척도가 자신의 약점에 대한 투박한 방어를 통해 긍정왜곡을 한다면, 교정 척도는 보다 세련된 방어기술을 적용하여 긍정왜곡을 한다. 교정 척도는 고학력일수록, 사회경제적 지위가 높을수록 높은 값을 보이는 경향이 있다. 임상척도 중 1번, 4번, 7번, 8번, 9번 척도는 교정척도에 따라 점수를 '교정'받아 교정척도 점수가 이들 임상척도의 점수에 영향을 미칠 수 있다.

(10) 과장적 자기 제시 척도(Superlative Self-Presentation: S)

과장적 자기 제시 척도는 양육권 평가, 보호관찰, 인사 선발 등의 상황에서 긍정왜곡을 하는 정도를 평가하기 위해 파일럿 지원자 집단을 준거집단으로 하고 일반 남자 성인을 비교집단으로 구성하여 제작되었다. 인간의 긍정적인 측면에 대한 신뢰, 자신의 삶에 대한 불만족감에 대한 부인, 화가 날 수 있는 상황에서 분노경험에 대한 부인, 물질남용, 죄책감, 독특한 성취향 등 부도덕함에 대한 부인 등의 내용이 과장적 자기 제시 척도에 포함된다.

6. 재구성 임상 척도(Restructured Clinical Scales: RC)

재구성 임상 척도의 개발은 MMPI의 원판이 제작되는 과정에서 생긴 오류에서 기인한다. MMPI는 임상집단인 준거집단과 정상집단인 비교집단을 통해서 개발되었으므로 실제 각 척도에 담겨진 내용은 각 임상집단 고유의 것이 아니라 임상집단의 공유특징일 수 있다. 모든 척도가 공유하는 공변량을 재구성 임상 척도의 의기소침 척도(RCd)가 반영한다. 재구성 임상 척도를 구성하는 9개 척도 중에서 의기소침 척도를 제외한 나머지 8개 척도는 모두 원판 MMPI의 8개 임상척도(1번, 2번, 3번, 4번, 6번, 7번, 8번, 9번)에서 의기소침 척도의 변산을 제외한 나머지 변량을 담고 있다. 이러한 과정을 통해서 원판 MMPI가 임상척도를 통해 측정하고자 하였던 진단 고유의 내용을 담게 된 8개의 재구성 임상 척도(RC1, RC2, RC3, RC4, RC6, RC7, RC8, RC9)가 개발되었다.

RCd 척도(Demoralization: dem, 의기소침, 24문항)에서 높은 값을 보이는 수검자는 스트레스 상황에서 쉽게 포기하거나 우유부단한 태도를 보이기 쉬우며 심리적 고통을 경험할 가능성이 크다. RCd 척도가 높은 값을 보이는 수검자가 나타내는 이러한 특징은 자신의 능력에 대한 자신감 결여에 의한 것이다.

RC1 척도(Somatic Complains: som, 신체증상 호소, 27문항)는 임상 척도 중 1번 척도와 유사한 내용을 담고 있다. RC1 척도에서 높은 값을 나타내는 수검자는 피로감과 신체적 통증을 포함한 광범위한 신체적 호소, 신체적 기능 이상에 대한 집착, 심각한 질병의 이환 가능성에 대한 염려 등의 증상을 경험한다.

RC2 척도(Low Positive Emotions: lpe, 낮은 긍정정서, 17문항)는 우울증상 중 일반적인 부정정서를 제외한 무쾌감증, 무기력, 낮은 긍정정서 등을 반영한다. 이 척도에서 높은 값을 보이는 수검자는 미래에 대한 긍정적인 기대 수준이 낮고, 현재 하는 일에서 즐거움을 얻기 힘들며, 사회적 관계의 동참에 필요한 에너지 수준이 현저히 부족하다.

RC3 척도(Cynicism: cyn, 냉소적 태도, 15문항)는 3번 척도의 애정 욕구 소척도에 담겨진 관심과 애정의 욕구에서 비롯되는 타인에 대한 지나친 긍정적인 태도와 정반대의 내용을 담고 있다. RC3 척도에서 높은 값을 보이는 수검자는 사람은 누구나 자신의 이익을 위해 행동하며 아무리 친밀한 사이라고 할지라도 서로에 대해서 충분한 신뢰가 존재하지 않는다는 신념을 갖고 있다.

RC4 척도(Antisocial Behavior: asb, 반사회적 행동, 22문항)에서 높은 수치를 보고하는 수검자는 사회적 규준과 제도에 순응하기를 어려워하고, 주위 사람들과 빈번히 다투거나 적대감을 드러내며, 충동적인 행동으로 인하여 사회적 · 업무적 기능의 손상을 보일 가능성이 크다.

RC6 척도(Ideas of Persecution: per, 피해 의식, 17문항)는 피해 의식 소척도(6

번 척도의 소척도)와 유사한 내용을 가진다. RC6 척도에서 높은 값을 보이는 수검자는 좌절과 실패에 대한 원인을 외부에서 찾고, 위협적이고 통제적인 외부의 힘에 의해 자신이 피해를 입고 있다고 지각하며, 그러한 통제와 피해에 대해서 분개하고 있다.

RC7 척도(Dysfunctional Negative Emotions: dne, 역기능적 부정정서, 24문항)에서 상승한 수치를 보고하는 수검자는 불안감과 공포감을 경험하고 있을 뿐 아니라 성마름과 조급함으로 인해서 화를 겉으로 쉽게 표출할 수 있는 상황에 놓여있으며, 불안감과 분노감과 관련된 반복적인 부정적 사고를 경험하고 있다.

RC8 척도(Aberrant Experiences: abx, 기태적 경험, 18문항)에서 높은 값을 보이는 수검자는 다양한 종류의 환각 경험과 특이한 감각 체험, 주의와 감정이 환경으로부터 분리되는 것과 같은 해리 경험을 할 가능성이 크다.

RC9 척도(Hypomanic Activation: hpm, 28문항)은 경조증 삽화 혹은 조증 삽화와 관련된 증상을 측정한다. RC9 척도에서 높은 값을 보이는 수검자는 자극추구, 웅대한 자기상, 수면에 대한 욕구감소, 공격성, 충동조절의 어려움 등을 경험한다.

7. MMPI-A

MMPI-2가 19세부터 78세 사이의 성인을 대상으로 만들어졌다면 MMPI-A는 13세부터 18세 사이의 청소년을 대상으로 개발되었다. MMPI-A는 총 478문항으로 구성되며 임상 척도, 성격병리 5요인 척도, Harris-Lingoes 소척도 등은 MMPI-2와 동일하다.

MMPI-A는 MMPI-2와 6개 타당도 척도(VRIN TRIN, F, 무응답, L, K)를 공유하고 MMPI-2와 공유하지 않는 2개의 타당도 척도(F1, F2)를 포함한다. F1은 전반부에서 선정된 33문항으로 구성되고 F2는 후반부에서 선정된 33문항으로 이루어져 있다. F1과 F2는 20%이내의 청소년만이 응답한 문항들이며 이 두 척도

사이의 차이가 20T 이상이면 응답양상이 시행 중 바뀌었음을 의미하고, 이 두 척도에서 90T 이상의 값을 보이면 무효결과로 간주한다.

MMPI-A는 총 15개의 내용척도를 포함하는 데 이 중 12개의 내용척도는 MMPI-2와 공유하며 3개의 내용척도는 MMPI-2와 공유하지 않는다. A-con 척도, A-las 척도, A-sch 척도 등은 MMPI-2에는 존재하지 않지만 MMPI-A에는 포함되어 있다.

A-con 척도에서 높은 값을 보이는 수검자는 위법행동과 범죄행위의 경력을 지니고 있으나 이에 대해 죄책감의 정서를 드러내지 않는다. 주변 사람들은 이 수검자를 거짓말을 잘하고 기분변화가 심하여 충동통제의 어려움을 겪는 청소년으로 묘사한다. A-con1 척도(Acting-Out Behaviors: 표출행동), A-con2 척도(Antisocial Attitudes: 반사회적 태도), A-con3 척도(Negative Peer Group Influence: 또래집단의 부정적 영향) 등의 하위척도가 A-con 척도를 구성한다.

A-las 척도에서 높은 값을 보이는 수검자는 끈기가 부족하여 오랜 기간의 노력이 필요한 일들에 전념하지 못하고, 학교에서 이루어지는 대부분의 활동에 즐거움과 만족을 경험하지 못하며, 가출을 하거나 정학 등의 제재를 받는 경우가 흔하다. A-las1 척도(Low Achievement Orientation: 낮은 성취성)와 A-las2 척도(Lack of Initiative: 주도성 결여)가 A-las 척도를 구성한다.

A-sch 척도에서 높은 값을 보고하는 수검자는 학교에 대해 부정적인 태도를 지니고 있고, 근신과 정학 등의 징계를 경험한 경우가 흔하며, 학습노력이 부족하고 학업성적이 저조하다. A-sch 척도는 A-sch1 척도(School Conduct Problems: 학교 품행 문제)와 A-sch2 척도(Negative Attitudes: 부정적 태도)로 이루어져 있다.

MMPI-2는 총 15개의 보충척도를 갖고 있으나 MMPI-A는 6개의 보충척도를 포함하고 있다(MAC-R, ACK, PRO, IMM, A, R). 이중 MMPI-A에만 존재하는 척도는 IMM 척도(Immaturity: 미성숙)이다. IMM 척도는 자신감 부족, 내성과 통찰의 어려움, 자기중심성, 대인관계 곤란, 적대감, 반사회적 태도 등을 반영한다. IMM 척도에서 높은 값을 보이는 청소년 수검자는 비협조적이고 반항적인 태도를 보이고 학업과 사회적 관계에서 잦은 문제를 나타내며 또래를 괴롭히거나 착취하는 행동을 드러낼 가능성이 크다.

제4장 문장완성검사

1. 문장완성검사의 이론

문장완성검사(Sentence Completion Test: SCT)는 완결되지 않는 문장을 채워 넣는 검사이며 투사법 검사의 한 종류이다. 모든 투사법 검사와 마찬가지로 문장완성검사에서 채워 넣어진 내용과 수검자의 반응은 투사된 내용과 투사되지 않은 내용으로 이루어져 있다. 온전히 투사된 내용으로 이루어져 있거나 전적으로 투사되지 않은 내용만으로 구성되어 있는 반응은 없다. 모든 반응은 투사된 내용과 투사되지 않은 내용이 합쳐져 이루어져 있다.

문장완성검사에 포함된 문항들 중 어떤 문항은 투사된 내용이 많이 포함된 반응을 유발하지만 어떤 문항은 투사된 내용이 비교적 적게 포함된 반응을 불러일으킨다. 예를 들어, '무엇보다도 좋지 않게 생각하는 것은 ......'의 항목은 투사된 내용을 많이 포함하는 반응을 유발할 가능성이 크지만, '다른 사람이 내게 기대를 많이 하면 나는 ......'의 항목은 투사된 내용을 많이 포함하는 반응을 불러일으킬 가능성이 적다.

대체로 전자의 항목은 반응의 종류가 다양하고 내용이 다채롭지만, 후자의 항목은 반응의 종류가 적고 내용이 단조롭다. 예를 들어, '무엇보다도 좋지 않게 생각하는 것은 ......'이라고 물었을 경우에 그 응답의 내용은 수검자에 따라 각양각색이어서 일반적인 반응내용을 찾기 어렵다. 반면, 대부분의 수검자는 '다른 사람이 내게 기대를 많이 하면 나는 부담스럽다'라고 반응하거나 혹은 '다른 사람이 내게 기대를 많이 하면 나는 잘 하여야겠다고 생각한다'라는 내용과 유사한 반응을 보일 가능성이 크다.

반응 중에서 투사된 내용이 많이 포함된 반응을 선별하는 것은 중요하다. 투사된 내용이 많이 포함된 반응은 세 가지 특징을 지닌다. 첫째, 투사된 내용을 함축한 반응은 반응의 길이가 길고 미사여구가 더 많이 포함되어 있다. '내가 가장 우울할 때는 혼자 있을 때'라는 반응보다 '내가 가장 우울할 때는 학교에서 돌아와 아무도 없는 집에 혼자서 들어갈 때'라는 반응이 수검자의 내면을 보다 많이 담고 있다. 둘째, 흔한 반응보다는 드문 반응에 투사된 내용이 많이 포함된다. '나의 장래는 선생님이다'라는 흔한 반응보다 '나의 장래는 양아치에서 벗어날 것이다'라는 드문 반응이 투사된 내용을 보다 많이 품고 있다. 셋째, 투사된 내용을 많이 포함한 반응은 반복되는 반응이다. 예를 들어, '나의 장래는 양아치에서 벗어날 것이다'라는 반응은 단독으로 제시될 때보다 '내가 제일 걱정하는 것은 범죄자가 될 수 있다'라는 반응과 함께 존재할 때 투사된 내용이 더 많을 것이라 추론할 수 있다.

문장완성검사는 현장에서 가장 많이 사용되는 검사 중의 하나이다. 검사자의 시간과 노력이 비교적 적게 드는 반면, 수검자에 대한 풍부한 정보를 제공해주기 때문이다. 제2차 세계대전 중에 병사의 배치와 선발을 위해 처음으로 도입되었던 문장완성검사가 일반인에게 처음으로 사용되게 된 것은 1965년 Rotter와 Rafferty가 RISB(Rotter Incomplete Sentence Blank)를 개발하고 나서 부터이다(Gregory, 1996). RISB는 총 40문항으로 구성되어 있으며 일부 문항의 내용은 아래와 같다.

1. 내가 좋아하는 것은...
2. 가장 행복했던 시간은...
3. 내가 알고자 원하는 것은...
4. 집에 돌아가면...
5. 내가 후회하는 것은...
6. 잠 잘 때...
7. 소년들은...
8. 최고의 것은...

9. 나를 화나게 만드는 것은...
10. 사람들은...

RISB는 양적채점이 가능하다. 40개 문항에 대해 6점 척도 상에서 평정한다. 그 문항의 내용이 긍정적일 경우에는 0, 1, 2점 중에 한 점수를 부여한다. 가장 긍정적인 문항에는 0점을 부여한다. 그 문항의 내용이 부정적인 경우에는 4, 5, 6점 중에 한 점수를 부여한다. 가장 부정적인 문항에는 6점을 부여한다. 문항의 긍정성과 부정성을 평정할 수 없는 중립적인 문장으로 수검자가 응답했을 경우에는 3점을 부여한다.

RISB가 등장한 이후 다양한 종류의 문장완성검사가 속속 개발되어 현장에서 사용되어왔다. 국내에서 가장 많이 사용하고 있는 문장완성검사는 50개의 문장으로 이루어진 Sacks의 문장완성검사(Sacks Sentence Completion Test: SSCT)이다. SSCT는 아버지에 대한 태도, 어머니에 대한 태도, 가족에 대한 태도, 여성에 대한 태도, 이성 관계와 결혼 생활에 대한 태도, 대인관계에 대한 지각, 권위적인 인물에 대한 태도, 스트레스와 대처, 자기지각, 과거에 대한 태도, 미래에 대한 계획 등의 내용을 담고 있다. 이러한 영역분류방법은 연구자와 검사자마다 상이하다.

2. 성인용 문장완성검사

다음은 성인을 대상으로 한 문장완성검사(SSCT)의 문항이다.

1. 나에게 이상한 일이 생겼을 때 ______________________________
2. 내 생각에 가끔 아버지는 ______________________________
3. 우리 윗사람들은 ______________________________
4. 나의 장래는 ______________________________
5. 어리석게도 내가 두려워하는 것은 ______________________________
6. 내 생각에 참다운 친구는 ______________________________
7. 내가 어렸을 때는 ______________________________
8. 남자에 대해서 무엇보다 좋지 않게 생각하는 것은 ______________________________

9. 내가 바라는 여인상(女人像)은 ______________________________

10. 남녀가 같이 있는 것을 볼 때 ______________________________

11. 내가 늘 원하기는 ______________________________

12. 다른 가정과 비교해서 우리 집안은 ______________________________

13. 나의 어머니는 ______________________________

14. 무슨 일을 해서라도 잊고 싶은 것은 ______________________________

15. 내가 믿고 있는 내 능력은 ______________________________

16. 내가 정말 행복할 수 있으려면 ______________________________

17. 어렸을 때 잘못했다고 느끼는 것은 ______________________________

18. 내가 보는 나의 앞날은 ______________________________

19. 대개 아버지들이란 ______________________________

20. 내 생각에 남자들이란 ______________________________

21. 다른 친구들이 모르는 나만의 두려움은 ______________________________

22. 내가 싫어하는 사람은 ______________________________

23. 결혼 생활에 대한 나의 생각은 ______________________________

24. 우리 가족이 나에 대해서 ______________________________

25. 내 생각에 여자들이란 ______________________________

26. 어머니와 나는 ______________________________

27. 내가 저지른 가장 큰 잘못은 ______________________________

28. 언젠가 나는 ______________________________

29. 내가 바라기에 아버지는 ______________________________

30. 나의 야망은 ______________________________

31. 윗사람이 오는 것을 보면 나는 ______________________________

32. 내가 제일 좋아하는 사람은 ______________________________

33. 내가 다시 젊어진다면 ______________________________

34. 나의 가장 큰 결점은 ______________________________

35. 내가 아는 대부분의 집안은 ______________________________

36. 완전한 남성상(男性像)은 ______________________________

37. 내가 성교를 했다면 ______________________________

38. 행운이 나를 외면했을 때 ____________________

39. 대개 어머니들이란 ____________________

40. 내가 잊고 싶은 두려움은 ____________________

41. 나의 평생 가장 하고 싶은 일은 ____________________

42. 내가 늙으면 ____________________

43. 때때로 두려운 생각이 나를 휩쌀 때 ____________________

44. 내가 없을 때 친구들은 ____________________

45. 생생한 어린 시절의 기억은 ____________________

46. 무엇보다도 좋지 않게 여기는 것은 ____________________

47. 나의 성생활은 ____________________

48. 내가 어렸을 때 우리 가족은 ____________________

49. 나는 어머니를 좋아했지만 ____________________

50. 아버지와 나는 ____________________

성인용 문장완성검사는 아버지에 대한 태도, 어머니에 대한 태도, 가족에 대한 태도, 여성에 대한 태도, 남성에 대한 태도, 이성 관계와 결혼 생활에 대한 태도, 대인관계에 대한 지각, 권위적인 인물에 대한 태도, 스트레스와 대처, 자기개념, 과거에 대한 태도, 미래에 대한 계획 등의 11개 영역으로 구성되어 있다.

(1) 아버지에 대한 태도

성인용 문장완성검사에서 아버지에 대한 태도를 측정하기 위해 사용하는 문항은 아래와 같다.

내 생각에 가끔 아버지는
대개 아버지들이란
내가 바라기에 아버지는
아버지와 나는

성인용 문장완성검사에서 측정하는 아버지에 대한 태도는 수검자가 지각하는 아버지의 모습, 아버지와 수검자의 관계가 표현된다. 수검자가 지각하는 아버지의 모습 혹은 아버지와 수검자의 관계는 실제와 차이를 보일 수 있으며, 수검자가 원하는 아버지의 모습 혹은 아버지와 수검자의 관계가 아버지에 대한 태도 영역에 포함될 수도 있다.

문항 '내 생각에 가끔 아버지는'에 대한 수검자의 응답에는 수검자가 지각하는 아버지의 모습이 반영되어 있다. 아버지에 대한 수검자의 지각에는 아버지에 대해 수검자가 기대하는 부분 혹은 아버지에 대해 수검자가 불만족하는 바가 포함될 수 있다. 예를 들어, '내 생각에 가끔 아버지는 조금 덜 권위적이었으면 한다'라는 수검자의 반응에는 수검자의 마음에 존재하는 권위적인 아버지에 대한 상(像), 권위적이지 않은 아버지에 대한 수검자의 기대, 권위적이었던 아버지에 대한 수검자의 불만족감 등이 함께 담겨져 있다.

문항 '대개 아버지들이란'에 대한 수검자의 응답에는 주로 수검자가 지각하는 일반적인 아버지의 모습이나 수검자의 아버지와는 반대의 아버지의 모습이 담겨져 있다. 예를 들어, '대개 아버지들이란 책임감이 강하시다'라고 수검자가 응답한다면, 수검자가 일반적인 아버지들이 책임감이 강하다고 생각할 수도 있지만 수검자의 아버지가 책임감이 강하지 않았으며 수검자는 책임감 강한 아버지를 원했다는 점을 밝힌 것일 수도 있다.

(2) 어머니에 대한 태도

성인용 문장완성검사에서 어머니에 대한 태도를 측정하기 위해 사용하는 문항은 아래와 같다.

나의 어머니는
어머니와 나는
대개 어머니들이란
나는 어머니를 좋아했지만

성인용 문장완성검사에서 측정하는 '어머니에 대한 태도' 영역에는 대개 수검자가 지각하는 어머니의 모습과 수검자가 지각하는 어머니와 수검자의 관계가 담겨진다. 어머니의 실제 모습과 지각된 어머니의 모습의 차이, 그리고 수검자와 어머니와의 실제 관계와 지각된 관계의 차이가 존재할 수 있다. 또한 이 영역에는 수검자가 원하는 어머니의 모습, 수검자가 원하는 어머니와 수검자의 관계가 포함될 가능성이 크다.

문항 '나의 어머니는'에 대한 수검자의 응답은 수검자의 마음에 존재하는 어머니의 상(像) 이다. 어머니에 대한 수검자의 이미지에는 어머니에 대한 수검자의 무의식적 바람이 포함될 수 있다. 예를 들어, '나의 어머니는 나를 사랑한다'라는 수검자의 반응에는 사랑으로 돌보신 어머니의 모습이 담겨져 있을 수도 있지만 어머니의 사랑을 갈구하는 수검자의 무의식적 소망이 반영된 것일 수도 있다.

문항 '나는 어머니를 좋아했지만'은 수검자로 하여금 어머니에 대한 부정적인 태도를 응답하도록 유도한다. 이 문항에 대해서 부정적인 대답을 하지 않는 것은 어머니에 대한 긍정적 태도가 반영된 것일 수도 있으나 부정적인 태도를 드러내는 것을 회피하고 싶은 수검자의 무의식적 동기가 반영되었을 수도 있다. 예를 들어, '나는 어머니를 좋아했지만 아버지와 보다 좋은 관계였으면 한다'라는 반응은 어머니와 수검자의 긍정적 인간관계가 반영된 것일 수도 있으나 불편한 부부관계의 희생양이 된 자신을 인정하고 싶지 않은 수검자의 마음이 표현된 것일 수도 있다.

(3) 가족에 대한 태도

성인용 문장완성검사에서 가족에 대한 태도를 측정하기 위해 사용하는 문항은 아래와 같다.

다른 가정과 비교해서 우리 집안은
우리 가족이 나에 대해서
내가 아는 대부분의 집안은
내가 어렸을 때 우리 가족은

성인용 문장완성검사에서 측정하는 가족에 대한 태도는 수검자가 지각하는 가족의 모습과 가족과 수검자의 관계가 반영되어 있으며, 수검자가 원하는 가족의 모습과 수검자가 바라는 가족과 수검자의 관계가 표현될 수도 있다.

문항 '내가 아는 대부분의 집안은'에 대한 수검자의 응답은 수검자가 지각하는 일반적인 가정의 모습이며, 혹은 수검자의 가정과는 정반대의 가정의 모습이 담겨져 있을 수 있다. 예를 들어, '내가 아는 대부분의 집안은 편안하고 화목하다'라고 수검자가 응답한다면, 편안하고 화목한 일반적 집안의 모습이 표현된 동시에 수검자의 가정이 편안하지 않고 화목하지 않다는 점이 드러났을 수도 있다.

문항 '우리 가족이 나에 대해서'에 대한 수검자의 응답에는 수검자가 지각하는 수검자와 가족의 관계가 반영되어 있는 동시에, 수검자가 무의식적으로 기대하는 수검자와 가족의 관계가 드러나 있을 수도 있다. 예를 들어, '우리 가족이 나에 대해서 많이 이해해준다'라고 응답한다면, 수검자를 이해해주는 가족의 모습을 보고한 것인 동시에 가족이 수검자를 이해해주기를 원하는 수검자의 무의식적 소망이 담겨있을 수도 있다.

(4) 여성에 대한 태도

성인용 문장완성검사에서 여성에 대한 태도를 측정하기 위해 사용하는 문항은 아래와 같다.

내가 바라는 여인상은
내 생각에 여자들이란

남성 수검자에게 성인용 문장완성검사의 '여성에 대한 태도' 영역은 이상적인 여성상에 대한 수검자의 인식, 배우자 혹은 이성친구와의 심리적 갈등, 자신의 성적 매력에 대한 자존감 등이 담겨져 있으며, 여성 수검자에게 '여성에 대한 태도' 영역은 이상적 자기상에 대한 인식, 일반적인 여성의 모습과 자신의 모습 간 차이에 대한 정서적 평가, 자신의 성적 매력에 대한 인식 등이 표현된다.

문항 '내가 바라는 여인상은'에 대한 남성 수검자의 응답은 수검자가 소망하는 여성상이 담겨져 있는 동시에 수검자의 현재 이성관계에 대한 불만족감이 표현될 수도 있다. 예를 들어, '내가 바라는 여인상은 자기의 할 일을 충실히 하는 여성이다'라는 수검자의 응답에는 성실한 여성에 대한 수검자의 선호가 반영되어 있기도 하지만 성실하지 못한 현재 배우자 혹은 이성친구에 대한 불만족감이 포함되어 있을 수 있다.

문항 '내 생각에 여자들이란'에 대한 남성 수검자의 응답에는 수검자가 지각하는 여성 일반의 모습을 표현하고 있는 동시에, 남성적인 매력에 대한 부정적 자기평가가 담겨있을 수 있다. 예를 들어, '내 생각에 여자들이란 속물들이다'라는 수검자의 응답에는 일반적인 여성들이 교양이 없고 식견이 좁으며 세속적인 것에만 신경을 쓴다[1]고 생각하는 수검자의 의견이 담겨있는 동시에, 수검자 자신이 여자들에게 호감을 줄 수 있는 매력을 지니고 있지 못하다는 자기평가와 자신에게 호감을 느끼지 않는 여자들을 세속적인 여자로 치부하고 싶은 마음이 숨어있을 수 있다.

(5) 남성에 대한 태도

성인용 문장완성검사에서 남성에 대한 태도를 측정하기 위해 사용하는 문항은 아래와 같다.

남자에 대해 무엇보다 좋지 않게 생각하는 것은
내 생각에 남자들이란
완전한 남성상은

남성 수검자에게 성인용 문장완성검사에서 측정하는 '남성에 대한 태도' 영역은 이상적인 자기상에 대한 수검자의 인식, 동성과의 경쟁에서 발생하는 갈등양상, 일반적인 남성의 모습과 자신과의 차이에 대한 평가 등이 담겨져 있는 반면, 여성 수검자에게 '남성에 대한 태도' 영역은 이상적인 남성상에 대한 수검자의 인식, 남성과의 경쟁에서 유발되는 갈등, 배우자 혹은 이성친구와의 심리적 갈등 등이 포

---

1) 네이버 국어사전

함되어 있다.

문항 '남자에 대해 무엇보다 좋지 않게 생각하는 것은'에 대한 여성 수검자의 응답은 수검자가 지각하는 부정적인 남성의 모습이 담겨져 있는 동시에, 여성적인 매력에 대한 부정적 자기평가가 담겨있을 수 있다. 예를 들어, '남자에 대해 무엇보다 좋지 않게 생각하는 것은 외모로만 이성을 대하는 것'이라는 수검자의 응답에는 외모지상주의에 빠져있는 남성 일각에 대한 부정적인 태도가 포함되어 있는 동시에, 수검자 자신이 남성들에게 호감을 줄 수 있는 외모를 지니고 있지 못하다는 자기평가와 외모를 통해 다른 여성과 경쟁해야 하는 것에 대한 부담감이 담겨져 있을 수 있다.

(6) 이성관계와 결혼생활에 대한 태도

성인용 문장완성검사에서 이성관계와 결혼생활에 대한 태도를 측정하기 위해 사용하는 문항은 아래와 같다.

남녀가 같이 있는 것을 볼 때
결혼 생활에 대한 나의 생각은
내가 성교를 했다면
나의 성생활은

성인용 문장완성검사에서 측정하는 '이성관계와 결혼생활에 대한 태도' 영역은 기혼자의 결혼만족도, 결혼에 대한 미혼자의 부담감, 성관계에 대한 심리적 갈등 등을 측정한다.

문항 '나의 성생활은'에 대한 기혼자 수검자의 응답에는 현재 성생활에 대한 수검자의 지각, 현재 배우자에 대한 만족도, 수검자의 신체상 등이 담겨져 있다. 예를 들어, '나의 성생활은 오직 의무일 뿐'이라는 수검자의 응답에는 현재 성관계에 대한 불만족감이 포함되어 있기도 하지만 자신의 외모가 배우자에게 만족감을 주지 못할 것이라는 예상과 자신에게 충분한 관심과 주목을 제공하지 않는 배우자에 대한 불만족감이 반영되기도 한다.

문항 '결혼 생활에 대한 나의 생각은'에 대한 미혼자 수검자의 응답에는 결혼제도에 대한 수검자의 지각, 현재 교제하는 이성친구와의 관계에 대한 만족도, 결혼에 대한 두려움, 자신이 결혼의 상대자로 매력이 없을 것이라는 지각 등이 담겨져 있다. 예를 들어, '결혼 생활에 대한 나의 생각은 지옥과도 같은 일'이라는 수검자의 응답에는 결혼 생활에 대한 수검자의 부정적인 시각을 나타내기도 하지만 이성관계에 대한 수검자의 낮은 자기효능감이 반영된 것일 수도 있다.

(7) 대인관계에 대한 태도

성인용 문장완성검사에서 대인관계에 대한 태도를 측정하기 위해 사용하는 문항은 아래와 같다.

내 생각에 참다운 친구는
내가 싫어하는 사람은
내가 제일 좋아하는 사람은
내가 없을 때 친구들은

성인용 문장완성검사에서 측정하는 '대인관계에 대한 태도' 영역은 수검자의 친구관계, 대인관계에서 경험하는 소외감, 대인관계에 대한 욕구 등을 측정한다.

문항 '내 생각에 참다운 친구는'에 대한 수검자의 응답을 통해서 수검자가 생각하는 진정한 친구의 모습을 살펴볼 수 있음과 동시에 수검자의 현재 친구관계의 양상을 엿볼 수 있다. 예를 들어, '내 생각에 참다운 친구는 서로에게 요구하지 않고 약한 부분도 수용해줄 수 있는 친구'라는 수검자의 반응은 친구로부터 비난과 조소를 받았던 경험과 이에 따른 상처로 인하여 친구관계를 회피하고 있는 수검자의 현 상황을 보여줄 수도 있다.

문항 '내가 제일 좋아하는 사람은'에 대한 수검자의 응답은 수검자가 선호하는 사람의 유형을 파악하는 데 도움을 주기도 하지만 수검자에게 상처를 제공하는 대인관계에 대한 정보를 제공하기도 한다. 예를 들어, '내가 제일 좋아하는 사람은 내 마음을 편하게 나누고 함께 할 수 있는 사람'이라는 수검자의 반응에는 현재 자신의 속내를 드러낼 수 있는 깊은 인간관계를 가지고 있지 못하며 이러한 피상적 대인관계로 인하여 소외감을 경험하고 있음이 드러날 수도 있다.

(8) 권위적 인물에 대한 태도

성인용 문장완성검사에서 권위적 인물에 대한 태도를 측정하기 위해 사용하는 문항은 아래와 같다.

우리 윗사람들은
윗사람이 오는 것을 보면 나는

성인용 문장완성검사에서 측정하는 '권위적 인물에 대한 태도' 영역은 권위적 인물에 대한 수검자의 지각이 반영되어 있는 동시에, 권위적인 인물에게 수검자가 인정을 받을 수 있을 지에 대한 주관적 평가, 권위적 인물로부터 애정과 관심을 받은 과거 경험 등이 포함될 수도 있다.

문항 '우리 윗사람들은'에 대한 응답에는 권위적인 인물에 대한 수검자의 주관적 평가와 더불어, 권력과 영향력을 지닌 사람에게 인정과 관심을 얻어내는 것과 관련된 수검자의 효능감이 반영되기도 한다. 예를 들어, '우리 윗사람들은 고리타분하고 권위적이다'라는 수검자의 응답에는 권위자로부터 자신이 충분한 인정을 얻어낼 능력이 부족하다는 자기지각이 포함될 수도 있다.

문항 '윗사람이 오는 것을 보면 나는'에 대한 수검자의 응답에는 권위자에 대해 수검자가 갖고 있는 다양한 정서적 태도가 반영되어 있을 수 있다. 예를 들어, '윗사람이 오는 것을 보면 나는 피한다'라는 수검자의 응답에는 권위자에 대해서 수검자가 갖고 있는 부담감과 불편감이 반영되어있는 동시에, 권위자에게 최대한의 예의를 다해야 한다는 책임감이나 공정한 애정과 관심을 제공하지 않는 권위자에 대한 분노감이 그 회피행동에 숨겨져 있을 수 있다.

(9) 스트레스 및 대처

성인용 문장완성검사에서 스트레스 원(原)과 그에 대해 대처하는 방식을 측정하기 위해 사용하는 문항은 아래와 같다.

나에게 이상한 일이 생겼을 때
행운이 나를 외면했을 때
때때로 두려운 생각이 나를 휩쌀 때

성인용 문장완성검사에서 측정하는 '스트레스 및 대처' 영역은 수검자가 경험하는 부정적 생활사건에 대한 대처방략과 적응능력을 측정한다.

문항 '때때로 두려운 생각이 나를 휩쌀 때'에 대한 수검자의 응답을 통해서 수검자가 두려움과 불안감을 유발하는 사건에 임했을 때 이를 대처해나가는 방식과 문제해결능력에 대한 수검자의 자신감 정도를 가늠해볼 수 있다. 예를 들어, '때때로 두려운 생각이 나를 휩쌀 때 나는 친구를 만난다'라는 수검자의 반응은 스트레스 상황에서 사회적인 지지를 추구하는 수검자의 대처방식을 엿볼 수 있고 '행운이 나를 외면했을 때 나는 또 다른 행운을 위해 노력한다'라는 수검자의 응답에는 스스로의 노력과 능력으로 당면 문제를 해결할 수 있다는 수검자의 자신감이 포함되어 있다.

(10) 자기개념

성인용 문장완성검사에서 자신이 생각하는 자신의 모습을 평가하기 위해 사용하는 문항은 아래와 같다. 수검자의 능력, 가치, 두려움, 결점 등의 자기개념의 제 요소들이 자기개념 영역에 속한다.

내가 믿고 있는 내 능력은
내가 정말 행복할 수 있으려면
다른 친구들이 모르는 나만의 두려움은
나의 가장 큰 결점은
내가 잊고 싶은 두려움은

무엇보다 좋지 않게 여기는 것은

성인용 문장완성검사의 '자기개념' 영역은 수검자가 지각하는 자신의 장단점과 스스로 가치 있게 생각하는 삶의 요소가 담겨져 있다. 문항 '내가 믿고 있는 내 능력은'과 '나의 가장 큰 결점은'에 대한 수검자의 응답과 '내가 정말 행복할 수 있으려면'에 대한 수검자의 반응은 수검자의 능력과 수검자가 가치 있게 생각하는 것의 정합성(整合性) 여부를 보여준다. 예를 들어, '내가 믿고 있는 내 능력은 다른 사람의 마음을 잘 이해하는 것'이라는 수검자의 응답과 '내가 정말 행복할 수 있으려면 안정된 직장을 갖는 것'이라는 수검자의 반응은 일치하지 않는다. 타인의 마음을 잘 헤아리는 수검자의 능력은 수검자가 간절히 원하는 행복의 조건인 취업에 큰 도움이 되지 않기 때문이다.

'자기개념' 영역은 수검자가 두려워하는 대상에 대한 정보를 제공해준다. 문항 '다른 사람들이 모르는 나만의 두려움은'에 대한 수검자의 반응과 '내가 잊고 싶은 두려움은'에 대한 수검자의 응답은 수검자가 두려워하는 대상에 대한 정보가 포함되어 있다.

문항 '다른 사람들이 모르는 나만의 두려움은'에 대한 수검자의 응답은 평소 수검자가 타인에게 공개하지 않았던 비밀스러운 두려움에 대한 자기고백이 포함될 수 있다. 예를 들어, '다른 사람들이 모르는 나만의 두려움은 죽음에 대한 두려움'이라는 반응에는 죽음에 대한 수검자의 불안이 반영되어 있는 동시에, 그 불안이 타인과 비교할 때 현저히 크고 다른 사람들은 쉽게 이해하지 못할 것이며 죽음에 대한 불안을 타인에게 이야기한다면 조롱거리가 되기 쉬울 것이라는 수검자의 생각이 들어있을 수 있다.

(11) 과거에 대한 태도

성인용 문장완성검사에서 수검자의 과거 모습을 평가하기 위해 사용하는 문항은 아래와 같다.

내가 어렸을 때는

무슨 일을 해서라도 잊고 싶은 것은
내가 저지른 가장 큰 잘못은
내가 다시 젊어진다면
생생한 어린 시절의 기억은

문항 '내가 어렸을 때는'과 '생생한 어린 시절의 기억은'에 대한 응답에는 지금은 잃어버린 과거의 모습에 대한 수검자의 희구가 포함될 수 있다. 예를 들어, '내가 어렸을 때는 귀여웠다'는 반응에는 현재 외모로 인하여 타인으로부터 주목과 관심을 얻는 데 어려움을 겪고 있다는 수검자의 푸념이 반영될 수 있다.

문항 '내가 저지른 가장 큰 잘못은'에 대한 응답에는 과거 수검자가 범한 오류로 인하여 현재 자신의 처지가 쇠락했다는 생각에서 기인하는 죄책감과 후회와 함께 만약 과거의 사건이 발생하지 않았다고 가정할 때 예상할 수 있는 자신의 모습으로 타인에게 비춰지고 싶은 수검자의 소망이 담겨있을 수 있다. 예를 들어, '내가 저지른 가장 큰 잘못은 대학을 졸업하지 않은 것'이라는 반응에는 현재의 불행에 큰 영향을 미친 대학진학 포기에 대한 후회와 함께 충분히 대학에 갈 수 있었지만 자의로 포기할 수밖에 없었던 자신의 모습으로 타인이 보아주기를 원하는 바람이 포함될 수 있다.

(12) 미래에 대한 계획과 소망

성인용 문장완성검사에서 미래 수검자의 모습을 평가하기 위해 사용하는 문항은 아래와 같다.

나의 장래는
내가 늘 원하기는
내가 보는 나의 앞날은
언젠가 나는
나의 야망은
나의 평생하고 싶은 일은

내가 늙으면

성인용 문장완성검사의 '미래에 대한 계획과 소망' 영역을 통해 수검자가 향후 하고 싶은 일의 내용, 미래에 대한 낙관적 혹은 비관적 전망, 수검자가 현재 만족하지 않은 영역 등의 정보를 얻을 수 있다.

문항 '언젠가 나는'에 대한 수검자의 응답에는 미래 모습에 대한 수검자의 예상과 동시에 수검자의 낙관적 혹은 비관적 태도가 반영될 수 있다. 예를 들어, '언젠가 나는 죽겠지'라는 응답은 수검자가 비관적인 태도로 현재의 삶에 임하고 있음을 보여주거나, 수검자의 비관적인 전망이 곧 수검자의 수동적인 현재 활동 모습에 영향을 미칠 것임을 알려줄 수 있다.

문항 '내가 늘 원하기는'에 대한 수검자의 응답은 현재 자신이 갈구하는 대상에 대한 정보와 함께 수검자의 현재 고통을 바라보는 자신의 관점이 포함될 수 있다. 예를 들어, '내가 늘 원하기는 현재의 남편과 이별하는 것'이라는 수검자의 반응은 불안정한 부부관계와 낮은 결혼만족도를 보여줌과 아울러, 현재의 모든 문제가 이기적인 남편의 행동에서 기인한다는 점을 타인에게 알리고 싶은 수검자의 마음가짐이 드러나기도 한다.

3. 아동과 청소년을 대상으로 한 문장완성검사

아동과 청소년을 대상으로 한 문장완성검사의 문항과 성인을 대상으로 한 문항은 내용별로 차이를 보인다. 아래는 아동과 청소년을 대상으로 한 문장완성검사의 내용이다.

1. 내가 가장 좋아하는 사람은 ______________________________
2. 내가 백만장자라면 ______________________________
3. 이번 방학에 꼭 하고 싶은 것은 ______________________________
4. 내가 신이라면 ______________________________
5. 내가 앞으로 하고 싶은 일은 ______________________________
6. 내 생애에서 가장 행복한 날은 ______________________________

7. 만일 내가 지금 나이보다 10살이 위라면 ______________________

8. 다른 사람들은 나를 ______________________

9. 내가 가장 우울할 때는 ______________________

10. 내가 가장 성취감을 느낄 때는 ______________________

11. 내가 가장 싫어하는 사람은 ______________________

12. 나를 가장 화나게 하는 사람은 ______________________

13. 담임선생님과 나는 ______________________

14. 아빠와 나는 ______________________

15. 엄마와 나는 ______________________

16. 친구들과 나는 ______________________

17. 내가 가장 두려워하는 것은 ______________________

18. 내가 가장 따뜻하게 느끼는 사람은 ______________________

19. 아무도 모르게 내가 원하는 것은 ______________________

20. 나는 공부 ______________________

21. 내가 믿는 것은 ______________________

22. 집에 혼자 있을 때, 나는 ______________________

23. 우리 엄마는 ______________________

24. 내가 가장 자신 있는 것은 ______________________

25. 다른 사람이 내게 기대를 많이 하면 나는 ______________________

26. 언젠가 나는 ______________________

27. 우리 아빠는 ______________________

28. 우리 선생님은 ______________________

29. 내가 좀 더 어렸다면 ______________________

30. 요즘 나는 ______________________

31. 내가 제일 걱정하는 것은 ______________________

32. 나의 좋은 점은 ______________________

33. 나의 나쁜 점은 ______________________

34. 내가 만일 외딴 곳에서 혼자 살게 된다면

______________________와(과) 함께 살고 싶다.

35. 현재 나의 큰 즐거움은 ______________________________

36. 나의 학교생활은 ______________________________

37. 무엇보다도 좋지 않게 생각하는 것은 ______________________________

38. 내 소원이 마음대로 이루어진다면,

첫째 소원은 ______________________________

둘째 소원은 ______________________________

셋째 소원은 ______________________________

(1) 아동 · 청소년용 문장완성검사의 영역

아동 · 청소년용 문장완성검사는 가족관계, 대인관계, 학교생활, 자기개념의 네 영역으로 구성되어 있다. 문장완성검사에서 측정하는 가족관계는 수검자가 지각하는 가족의 모습, 가족 구성원과 수검자의 관계를 의미한다. 문장완성검사의 대인관계 영역은 친구(또래)와 수검자 사이의 관계에 대한 자기지각을 뜻한다. 문장완성검사의 학교생활 영역은 수검자의 전반적인 학교생활에 대한 자기지각을 반영한다. 마지막으로 자기개념은 수검자가 자신에 대해서 생각하는 내용을 의미한다. 수검자가 인식하는 수검자의 과거와 미래 모습, 수검자의 부정적 사고와 정서의 대상, 수검자의 긍정적 사고와 정서의 대상, 수검자의 능력과 목표에 대한 자기지각을 자기개념 영역에서 담고 있다.

(2) 아동 · 청소년용 문장완성검사의 내용

아동 · 청소년용 문장완성검사에서 측정하는 것은 원하는 가족관계 · 대인관계 · 학교생활 · 자기개념, 실제 가족관계 · 대인관계 · 학교생활 · 자기개념, 그리고 원하는 가족관계 · 대인관계 · 학교생활 · 자기개념과 실제 가족관계 · 대인관계 · 학교생활 · 자기개념 사이의 간극(間隙)이다. 수검자의 심리적 고통의 크기는 원하는 가족관계 · 대인관계 · 학교생활 · 자기개념과 실제 가족관계 · 대인관계 · 학교생활 · 자기개념의 상호작용에 의해 결정된다고 가정한다.

가족관계

아동 · 청소년용 문장완성검사에서 가족관계를 측정하기 위해 사용하는 문항은 아래와 같다.

15. 엄마와 나는 ......
23. 우리 엄마는 ......
14. 아빠와 나는 ......
27. 우리 아빠는 ......

문장완성검사에서는 수검자와 수검자의 가족 구성원 사이의 관계를 담고 있다. 수검자가 지각하는 가족 구성원과 수검자의 관계가 문장완성검사에 반영된다. 수검자의 부, 수검자의 모, 수검자의 동기(同氣: 형, 동생, 오빠, 누나, 언니) 등과 수검자와의 관계가 가족관계를 구성하는 주된 내용이 되지만, 이 중에서 가장 중요한 것은 무엇보다도 수검자 부모와 수검자의 관계이다. 즉, 문장완성검사에서 평가하는 가족관계는 수검자가 원하는 부모의 모습, 수검자가 원하는 수검자와 수검자 부모의 관계, 수검자가 지각하는 수검자 부모의 모습, 그리고 수검자가 지각하는 수검자와 수검자 부모의 관계이다.

일반적으로 수검자가 원하는 부모의 모습은 무엇인가. 수검자는 수검자와 부모의 관계가 어떠하길 원하는가. 일반적으로 중요한 타인(significant others)의 가치는 유능성과 친화성에 근거하여 평가된다. 일반적인 타인을 평가할 때 외모나 성격, 혹은 사회적 배경이 사용되지만, 부모와 같은 중요한 타인을 평가할 때에는 그 사람이 얼마나 유능한 사람인가, 혹은 그 사람이 얼마나 나에게 따뜻한 사람인가에 근거하여 그를 평가한다. 그 외의 요소는 상대적으로 덜 중요하다.

수검자는 수검자의 어머니를 평가할 때 그녀가 얼마나 따뜻하고 친절하며 우리에게 다정다감한지에 관심을 둔다. 그녀가 얼마나 아름답고 언변이 뛰어나며 얼마나 신체적으로 건강한지는 상대적으로 덜 중요하다. 수검자는 따뜻하고 친절하며 수검자에게 다정다감한 태도로 돌보는 어머니가 필요하기 때문이다.

수검자는 수검자의 아버지를 평가할 때 그가 얼마나 책임감 있고 유능하며 우리를 보호해 줄 자원이 충분한지에 관심을 둔다. 그가 옷을 얼마나 맵시 있게 입고 얼마나 유머러스한 사람이며 출중한 외모를 가졌는지의 여부는 부차적인 관심사이다. 책임감 있고 뛰어난 지적 능력을 지녔으며 충분한 재력을 갖춘 아버지는 수검자에게 필요한 존재이기 때문이다.

수검자가 원하는 보호자의 상(像)과 수검자가 실제로 지각하는 보호자의 상(像) 사이의 거리는 수검자에 따라 멀 수도 가까울 수도 있다. 문장완성검사를 구성하는 한 항목인 '우리 엄마는 ......'에 대한 반응을 통해 수검자가 원하는 모의 상(像)과 현재 상(像) 사이의 간극을 확인할 수 있다. 한 수검자가 그 문항에서 '우리 엄마는 상냥하시다'라고 반응한 반면, 다른 수검자는 동일 문항에서 '우리 엄마는 나쁘다'라고 반응하였다면, 전자는 수검자가 원하는 모의 모습과 현재 모습 사이의 간극이 그다지 크지 않는 반면, 후자는 이 둘 사이의 거리가 매우 먼 경우이다.

드러나게 부정적 내용을 묘사하지 않은 경우라고 해도 이상적인 어머니 상과 현재 어머니 상 사이의 간격이 큰 경우는 여럿 존재한다. 예를 들어 '우리 엄마는 바쁘시다'라는 반응에서 부정적인 묘사는 찾아볼 수 없지만, 이 반응에서는 친화성과 관련된 어머니의 기술이 포함되어 있지 않다. 이 경우 수검자가 원하는 어머니의 모습과 현재 어머니의 모습 사이의 간극이 큰 경우일 수도 있다. 즉, 수검자는 따뜻하고 온정적인 어머니의 모습을 원하지만 현재 어머니가 그러한 요구에 응해주지 않을 수 있다.

수검자와 아버지와의 현재 관계의 상(像)과 이상적 관계의 상(像) 사이의 간극을 살펴볼 수 있는 문항도 문장완성검사에서 존재한다. 그 항목은 '아빠와 나는 ......'이다. 한 수검자가 이 문항에서 '아빠와 나는 친하다'라고 응답하였고, 다른 수검자는 이 항목에서 '아빠와 나는 원수'라고 반응하였다고 하자. 이 경우 이상적 아버지 상과 현재 아버지 상 사이의 거리에 있어 후자가 전자보다 현저히 먼 것으로 추정할 수 있다.

부모 중 한 쪽과는 긍정적인 관계를 맺고 있는 것처럼 보고하는 대신 다른 쪽과는 부정적인 관계를 유지하고 있는 것으로 보고하는 수검자가 존재한다. 예를 들어, '엄마와 나는 무척 친하다'라고 응답하는 반면 '우리 아빠는 있으나 마나한 존재'라고 반응할 수 있다. 이 경우 실제 수검자가 한쪽 부모를 다른 쪽 부모보다 편애하고 있을 수도 있으나 다른 이유로 그런 식으로 응답하기도 한다. 수검자 모의 관계를 현재보다 더 긍정적인 쪽으로 바꾸고 싶거나 현재 수검자와 수검자 모의 관계가 만족스럽지 못한 수검자는 자신과 수검자 부와의 관계를 부정적으로 보고하는 동시에 자신과 수검자 모와의 관계를 실제보다 더 긍정적으로 묘사하는 경우가 흔하다. 평소 수검자 모가 수검자 부에 대해서 수검자에게 부정적으로 언급하는 일이 많거나 수검자의 부모가 불화로 인하여 자주 다투었을 경우에 수검자는 부모와의 관계를 차별적으로 응답할 가능성이 크다.

대인관계

아동·청소년용 문장완성검사에서 대인관계를 측정하기 위해 사용하는 문항은 아래와 같다.

1. 내가 가장 좋아하는 사람은 ......
8. 다른 사람들은 나를 ......
11. 내가 가장 싫어하는 사람은 ......
12. 나를 가장 화나게 하는 사람은 ......
16. 친구들과 나는 ......
18. 내가 가장 따뜻하게 느끼는 사람은 ......
22. 집에 혼자 있을 때, 나는 ......
34. 내가 만약 외딴 곳에 혼자 살게 된다면, ...와 제일 같이 살고 싶다.

문장완성검사에서 다루고 있는 대인관계 중 대표적인 것은 친구관계이다. 일반적으로 수검자는 이상적인 친구의 상을 머릿속에 담고 생활한다. 대체로 이상적인 친구는 수검자가 힘들 때 수검자에게 정서적인 지지를 아끼지 않고 실수를 하더라도 수검자를 비난하는 대신 인정하고 이해해 주는 존재이다. 이상적인 친구상과 현재 친구상의 간격은 수검자마다 달라서 어떤 수검자는 자신이 원하는 친구관계를 맺고 생활하지만 어떤 수검자는 자신이 원하는 친구관계의 상과 친구관계의 현재 상 사이의 간극이 현저히 크다. 문장완성검사에서 이상적 친구상과 현재 친구상과의 차이를 확인할 수 있는 문항이 존재한다. 예를 들어, 이상적 친구상에 현재 친구상이 크게 미치지 못한 경우, '친구들과 나는 ......'의 문항에 대해서 '친구들과 나는 그렇게까지 좋지 않은 편이다'라고 반응하거나 '친구들과 나는 그다지 좋은 관계는 아니다'라고 응답할 가능성이 크다.

문장완성검사를 통해서 확인할 수 있는 친구관계의 양상은 크게 세 가지이다. 첫 번째는 대부분의 친구들에 대해 긍정적인 상을 유지하는 경우이다. 이 경우, 수검자는 '친구들과 나는 서로 사이좋게 지낸다'라고 응답하고 '내가 가장 싫어하는 사람은 ......'의 문항과 '나를 가장 화나게 하는 사람은 .....'의 항목에서 친구를 거명하거나 구체적인 친구의 이름을 답하지 않는다. 두 번째는 특별히 한두 친구에 대해서는 긍정적인 상을 지니고 있으나 대부분의 친구들에 대해서는 부정적인 상을 갖고 있는 경우이다. 이 경우에는 '친구들과 나는 별로다'라고 응답하는 동시에 '내가 가장 좋아하는 사람은 ......'의 문항에 자신과 좋은 관계에 있는 친구의 이름을 언급한다. 세 번째는 일반적 친구상이 부정적이고 긍정적 상을 지닌 친구가 존재하지 않은 경우이다. 이 경우 '친구들과 나는 사이가 좋지 않은 편'이라고 반응하는 동시에 '내가 가장 좋아하는 사람은 ......'의 문항에 친구의 이름이 아닌 가족 구성원을 언급할 가능성이 높다.

문장완성검사의 대인관계 영역에 해당하는 항목 중 대부분은 가족관계를 측정하는 데 사용될 수도 있다. '내가 가장 좋아하는 사람은 ......', '나를 가장 화나게 하는 사람은 ......', '내가 가장 따뜻하게 느끼는 사람은 ......' '내가 만약 외딴 곳에 혼자 살게 된다면 ......와 제일 같이 살고 싶다' 등의 문항에 대해서 수검자의 부모라고 반응하였을 경우, 이 세 문항은 대인관계를 측정하기보다는 가족관계를 측정하는 문항으로 사용된다.

학교생활

아동·청소년용 문장완성검사에서 학교생활을 측정하기 위해 사용하는 문항은 아래와 같다.

13. 담임선생님과 나는 ......

28. 우리 선생님은 ......
36. 나의 학교생활은 ......

상기의 세 항목이 학교생활에 대한 수검자의 상을 측정하는 문항이기는 하지만 이 세 문항에 대한 반응 간 일치도는 높지 않다. 담임선생님과 좋은 관계를 유지하고 있다고 지각하는 수검자가 다른 선생님과는 양호한 관계를 맺고 있지 못하다고 보고하는 경우도 허다하고, 담임선생님을 비롯한 선생님과 수검자가 호혜적인 관계를 지속하고 있다고 보고하더라도 전반적인 학교생활에 대해서 부정적인 태도를 갖고 있는 경우가 적지 않기 때문이다.

학교생활에서 주가 되는 요소 중 하나는 학업과 공부이기 때문에 위 세 문항에 대한 응답은 자기개념 영역에 속한 항목인 '나는 공부 ....'와 관련이 있을 수 있다. 학업능력이 열등하다고 생각하고 그로 인해 자존감의 저하를 경험하고 있는 수검자는 대체로 '나는 공부가 싫다' 혹은 '나는 공부를 좋아하지 않는다'라고 응답할 가능성이 높다. 학업능력에 대한 부정적 자기평가는 담임선생님을 비롯한 교사와 학교생활 전반에 대한 부정적 태도로 이어져 '나의 학교생활은 재미없다', 혹은 '우리 선생님은 싫다'라고 응답하도록 수검자를 이끌 수 있다.

담임선생님과 수검자의 관계를 긍정적으로 보고하는 반면 '나의 학교생활은 .....'의 문항에 대해서 부정적으로 묘사하는 수검자는 대체로 친구와의 관계에 대해 부정적 상을 지니고 있어 대인관계 영역의 문항에 속한 '친구들과 나는 .....'의 문항에 부정적으로 응답할 가능성이 크다. 담임선생님에게 주목을 받으려는 수검자의 태도가 다른 친구들에게 부정적으로 비춰졌거나, 또래관계에서 정서적 유대감을 경험하지 못한 수검자가 담임선생님으로부터 결핍된 정서적 지지의 욕구를 얻고자 시도할 때 상기의 반응패턴이 관찰되기 쉽다. 이 경우 학업상의 부진과 학업노력의 부족이 학교생활의 어려움을 유발하는 주된 이유가 아닐 가능성이 크다.

자기개념

아동 · 청소년용 문장완성검사에서 수검자가 지각하는 부정적 사고와 정서의 대상을 측정하기 위해 사용하는 문항은 아래와 같다.

9. 내가 가장 우울할 때는 ......
17. 내가 가장 두려워하는 것은 ......
31. 내게 제일 걱정되는 것은 ......
37. 무엇보다도 좋지 않게 생각하는 것은 ......

상기의 네 항목은 공통적으로 수검자가 지각하는 우울과 두려움 그리고 걱정의 대상이 무엇인지 질문하고 수검자가 혐오하고 싫어하는 대상과 행동이 무엇인지 묻는다. 수검자를 무시하는 학교 선생님, 부모, 오빠와는 달리 자신의 가치를 유일하게 인정해주는 남자친구와 이성교제 중인 수검자는 '내가 가장 우울할 때는 남자 친구 못 보는 날'이라고 응답하고, 자신의 학업성적에 대해 관심이 많은 부모님께 형편없는 성적표를 내밀어 그들을 실망시키고 싶지 않은 수검자는 '내게 제일 걱정되는 것은 시험을 망칠까봐'라고 반응할 가능성이 크다. 가난하고 무관심한 수검자의 부모와는 전혀 다른 부모를 만나 유복한 환경에서 성장하고 있는 또래친구들과 한 공간에서 이야기를 나누고 생활하는 것이 너무도 싫은 수검자는 '내가 가장 두려워하는 것은 학교 갈 때'라고 반응하고, 부부싸움이 잦은 환경에서 성장하고 수검자의 모가 수검자의 부로 인해 심리적 고통이 크다고 수검자에게 호소하며, 부부싸움의 원인이 전적으로 수검자 부로부터 유발된다고 생각하는 수검자는 '무엇보다도 좋지 않게 생각하는 것은 아빠랑 사는 것'이라고 답할 가능성이 높다.

아동 · 청소년용 문장완성검사에서 수검자가 지각하는 긍정적 사고와 정서의 대상을 측정하기 위해 사용하는 문항은 아래와 같다.

2. 내가 백만장자라면 ......
6. 내 생애에서 가장 행복한 날은 ......
10. 내가 가장 성취감을 느낄 때는 ......
35. 현재 나의 큰 즐거움은 ......

상기의 네 항목은 현재 수검자를 행복하게 만드는 대상에 대한 정보를 제공한다. 학업성적을 통해서 자신을 돋보일 수 없고 부모와 교사로부터 주목과 애정을 얻기 힘든 상황에서 자신을 가치 있는 사람으로 만들어주는 여자 친구와의 관계에 몰두하는 수검자는 '내 생애에서 가장 행복한 날은 여자 친구를 만난 날' 혹은 '현재 나의 큰 즐거움은 여자 친구'라고 반응하고, 가난한 생활환경 속에서 힘겨운 노동을 하며 자신의 학업을 뒷바라지하고 있는 부모에게 큰 부담감과 부채감 그리고 연민을 함께 경험하고 있는 수검자는 '내가 백만장자라면 부모님이 좀 편안하게 살고 계시지 않을까'라고 반응하면서 행복의 순간이 부모님의 기대로부터 자유스러워지는 시점이라고 고백하며, '내가 가장 성취감을 느낄 때는 100점을 받았을 때'라고 보고하면서 부모님에게 떳떳하게 성적표를 내미는 순간이 최상의 행복의 시점일 것이라고 언급할 가능성이 높다.

부정적 사고와 정서의 대상에 대한 4개의 문항과 긍정적 사고와 정서의 대상에 대한 4개의 문항은 모두 현재 수검자가 바라는 욕구가 무엇인지를 보여주고 있고, 그 욕구의 충족을 가로막고 있다고 여겨지는 방해물이 어떤 것인지를 말해줄 수 있다. 예를 들어, '무엇보다도 좋지 않게 생각하는 것은 야간 자율학습을 하는 것'이라고 응답하는 동시에 '내가 가장 성취감을 느낄 때는 새로운 스텝을 완벽히 익혔을 때'라고 반응하는 것은 수검자가 훌륭한 무도인(舞蹈人)이 되는 것을 원하고 정규 교육 과정이 그 욕구의 충족을 방해하고 있음을 보여줄 수 있다.

아동·청소년용 문장완성검사에서 수검자의 능력에 대한 자기지각을 측정하기 위해 사용하는 문항은 아래와 같다.

4. 내가 신이라면 ......
20. 나는 공부 ......
21. 내가 믿는 것은 ......
24. 내가 가장 자신 있는 것은 ......
25. 다른 사람이 내게 기대를 많이 하면 나는 ......
30. 요즘 나는 ......
32. 나의 좋은 점은 ......

33. 나의 나쁜 점은 ......

상기의 항목은 수검자의 장점과 단점에 대한 자기지각과 관련된다. 흔히 학교와 가정에서 교사와 부모로부터 부정적 피드백을 받게 되는 내용들이 수검자의 단점을 묻는 문항에 대한 응답으로 보고될 수 있다. 주의력 결핍 과잉행동 장애의 진단을 받기에 충분한 주의력 문제를 지니고 있는 수검자가 자녀의 문제에 대해 정확한 이해가 없는 동시에 미술관 관람을 즐기는 수검자의 모로부터 부주의한 행동과 관련하여 여러 번 부정적 피드백을 받게 되면 '나의 나쁜 점은 미술관에서 뛰어다니는 것이다'라고 응답할 수 있다.

교사와 부모로부터 긍정적 피드백을 받는 행동들은 수검자의 장점을 묻는 항목에 대한 응답으로 보고될 수 있다. 어려운 경제형편에도 불구하고 고액학원을 등록하여 주는 부모에게 고마움만큼이나 적지 않은 부담감을 경험하고 있는 수검자는 '나의 좋은 점은 성실하다는 것이다'라고 응답하고, 교사나 부모로부터 자신의 능력과 특성에 대해 칭찬을 받아보지 못하였거나 칭찬을 받은 특성과 능력이 그다지 가치 있는 것이라 생각하지 않는 수검자는 '내가 가장 자신 있는 것은 아직까진 없다'라고 문장을 채워 넣을 수 있다.

주위 사람들로부터 부정적 피드백을 받는 특성들을 보상하려는 시도가 장점에 대한 반응에서 표현되기도 한다. 화를 자주 내어 부모에게 빈번히 혼이 나는 수검자는 '나의 좋은 점은 화를 내더라도 쉽게 풀어진다는 것이다'라고 반응하고, 학업과 관련된 부정적 피드백에 시달리는 수검자는 '나의 좋은 점은 착하다는 것이다'라고 보고하여 인지적 장점이 아닌 성격적 장점을 부각할 수 있다.

아동·청소년용 문장완성검사에서 수검자의 과거와 미래 모습에 대한 자기지각을 측정하기 위해 사용하는 문항은 아래와 같다.

29. 내가 좀 더 어렸다면 ......
7. 만일 내가 지금 나이보다 10살이 위라면 ......
38. 내 소원이 마음대로 이루어진다면,
    첫 번째 소원은 ......

두 번째 소원은 ......
세 번째 소원은 ......

상기의 세 항목은 수검자가 현재 불만족감을 느끼는 대상이 무엇인지를 보여준다. 예를 들어, '내가 좀 더 어렸다면 애초에 인문계 고등학교에 진학하지 않았을 것이다'란 반응은 현재 학교생활에서 학업부진으로 인해 경험하는 심리적 고통감을 이야기할 수 있고, '만일 내가 지금 나이보다 10살이 위라면 부모님의 간섭을 받지 않을 것이다'란 반응은 억압적인 양육태도에 대한 불만족감을 반영할 수 있다. 아울러, '내 소원이 마음대로 이루어진다면 첫째 소원은 남자친구와 자유롭게 만나는 것이다'란 응답은 부모가 반대하는 이성교제가 현재 진행 중이라는 점을 보여줄 수 있다.

이 항목은 수검자의 백일몽(daydreaming)이 어떠한 내용을 품고 있는지를 보여주기도 한다. 백일몽은 '충족되지 못한 욕망을 충족시키기 위하여 비현실적인 세계를 상상하는 것'을 뜻한다. 몇 해 전 태어난 여동생이 수검자가 오랜 기간 독차지하고 있었던 부모님의 사랑을 일순간에 그리고 송두리째 빼앗아갔다고 한탄하며 '내가 좀 더 어렸다면 경숙이는 태어나지 않았을 것이다'라고 반응하거나, 귀갓길에 동네 불량배로부터 금품을 갈취당하는 일이 빈번하지만 창피한 마음에 부모님께 사실대로 이야기하기를 두려워하는 수검자는 '내가 지금 나이보다 10살이 위라면 그 놈들과 싸워서 이길 것이다'라며 아픈 마음을 달랠 가능성이 크다.

아동 · 청소년용 문장완성검사에서 수검자의 목표에 대한 자기지각을 측정하기 위해 사용하는 문항은 아래와 같다.

3. 이번 방학에 꼭 하고 싶은 것은 ......
5. 내가 앞으로 하고 싶은 일은 ......
19. 아무도 모르게 내가 원하는 것은 ......
26. 언젠가 나는 ......

상기의 네 항목은 수검자가 먼 미래 혹은 가까운 미래에 달성하고자 하는 목표를 보고하도록 이끈다. 대부분의 수검자는 지금 소망하는 것을 써넣어 문장의 빈칸을 채운다. 예를 들어, 외국어를 능숙하게 하여 유학을 가고자 하는 청소년은 '이번 방학에 꼭 하고 싶은 것은 일본어와 중국어를 배우고 싶어요'라고 응답하고, 현재 재능을 보이고 있는 피아노 실력을 갈고닦아서 음악을 통해 고통 받는 사람을 돕고 싶은 수검자는 '내가 앞으로 하고 싶은 일은 음악치료사'라고 반응한다.

소망과 계획 관련 반응에서는 자신의 현재 욕구가 주위 사람들과 환경에 의해 억압된 것에 대해 수검자가 보상하고자 하는 시도가 표현되기도 한다. 학교성적을 중요시하는 교사와 부모에 의해 주목의 욕구가 억압 받는 수검자는 '언젠가 나는 세상에서 제일가는 미용사가 될 것이다'라고 반응할 수 있고, 또래관계에서 인정받지 못하는 수검자는 '아무도 모르게 내가 원하는 것은 남자친구와 여행하는 것'이라고 반응할 수 있다.

이 항목들에 대해 긍정적 소망으로 답하는 것이 보편적인 응답방식이기는 하지만 일부 수검자는 부정적 예견과 현실적 고통으로 반응하기도 한다. 예를 들어, 어떤 수검자는 '아무도 모르게 내가 원하는 것은 조용히 죽는 것'이라며 죽음에 대한 생각을 보고하기도 하고, 또 어떤 수검자는 '언젠가 나는 어머니로부터 벗어날 것이다'라며 모와의 갈등을 호소하기도 한다.

4. 문장완성검사의 사례

이 글에서는 간단한 심리검사와 짧은 접수면접을 마친 뒤 작성하게 되는 사례 개념화를 소개하고자 합니다. 현장에서 가장 빈번히 사용하는 문장완성검사와 미네소타 다면적 인성검사의 청소년판을 사용하였고 수검자의 어머니를 대상으로 한 일회의 접수면접 정보를 사례 개념화에 담았습니다. 이 사례 개념화는 한 청소년 수검자에 대한 잠정적인 이해의 소산입니다. 개입이 진행되어 갈수록, 그리고 수검자에 대한 이해가 깊어질수록 사례 개념화의 내용은 수정될 것입니다.

(1) 인적 사항

- 연령: 15
- 성별: 여

(2) 의뢰사유 및 호소문제 (정보제공자: 수검자 母)

수검자는 근래 불만이 많고 짜증을 자주 내며 별 것도 아닌 일에 수검자 모에게 화를 낸다. 수검자 모는 수검자와 대화가 잘 되지 않아 어떻게 수검자를 대해야 할지 걱정이 많다. 수검자와 대화하는 중에 원래의 맘과 달리 의도치 않게 큰 소리가 나오게 되고 다투는 일이 많다. 싸우다보면 서로 하고 싶은 말을 못하고 화만 내게 된다. 수검자는 학교에서도 선생님의 사소한 지적에 상처를 쉽게 받아 눈물을 흘리는 일이 잦다. 수검자는 또래친구들과 잘 어울리지 못하여 자기 방에서 나오지 않고 혼자서 지내는 시간이 많다. 학교 수업이 끝나면 귀가한 뒤, 식사하는 시간과 화장실 가는 시간을 빼놓고는 방을 벗어나지 않는다. 유령과 요정이 보인다는 이야기를 친구와 수검자 모에게 자주하고 한밤중에 만난 요정의 구체적 모습을 묘사하는 일도 빈번하지만 그에 대해서 두려움을 느끼거나 무서워하지는 않으며 아무렇지도 않게 이야기하곤 해서 주위 사람을 놀라게 한다.

(3) 가족관계

부 (상업, 48세)

16년 전, 수검자 모와 중매로 만나게 되었다. 당시 수검자 부는 시장에서 복어집을 하고 있었고, 수검자 모는 같은 시장의 국밥집에서 허드렛일을 하고 있었다. 결혼 직후, 수검자를 출산했고 수검자가 5세 때 합의 이혼하였으며 그 뒤로는 수검자 모가 수검자의 양육을 전담해 왔다. 현재 수검자와 교류는 없다.

모 (주부, 38세)

수검자 모는 현재 특별한 직업이 없으며 원래 일하던 국밥집에서 일손이 부족할 때마다 일을 거들고 있으나 그마저도 건강이 좋지 않아 일하지 않는 날이 일하는 날보다 더 많은 형편이다. 생활비는 친정에서 일부 얻고 있으며, 기초생활수급자에 해당하여 국가로부터 생활비를 보조받고 있다.

여동생 (13세)

수검자 부모가 이혼한 이후 수검자 부가 맡아서 키우고 있다. 일 년에 한두 번씩 수검자 집에 와서 이틀 정도 머물다가 간다. 그렇지만 평소에 수검자와 연락하는 사이는 아니다.

(4) 개인력

수검자는 초등학교 때부터 친구와 어울려 노는 시간이 적고 집에서건 학교에서건 판타지 소설을 읽는 데 대부분의 시간을 보낸다. 선생님의 수업내용에 집중하지 않고 '유레시아', '비커즈' 등의 판타지 소설을 읽어 선생님의 지적을 받으며 그때마다 별 말을 하지 않고 울음을 보인다. 담임선생님의 제안으로 여러 회 교내 상담실에 방문하여 상담을 받았으나 특별히 호전되거나 나아지는 모습을 보이지는 않았다. 수검자는 장래 팝오페라 가수가 되려고 하며, 이를 위해 개인교습 받기를 원하지만 수검자 모는 경제적 이유로 난색을 표하고 있다.

(5) 검사결과

MMPI-A

척 도	VRIN	TRIN	F1	F2	F	L	K	Hs	D	Hy	Pd	Mf	Pa	Pt	Sc	Ma	Si
T점수	52	48	62	50	60	61	50	41	39	38	50	46	46	49	59	59	48

Validity Indicators

VRIN: Variable Response Inconsistency

TRIN: True Response Inconsistency

F: Infrequency

F1: Infrequency 1

F2: Infrequency 2

L: Lie

K: Correction

Clinical Scales

1 Hs: Hypochondriasis

2 D: Depression

3 Hy: Hysteria

4 Pd: Psychopathic Deviate

5 Mf: Masculinity / Femininity

6 Pa: Paranoia

7 Pt: Psychasthenia

8 Sc: Schizophrenia

9 Ma: Hypomania

0 Si: Social Introversion

척 도	anx	obs	dep	hea	aln	biz	ang	cyn	con	lse	las	sod	fam	sch	trt
T점수	42	43	45	42	41	67	42	43	44	42	44	45	68	43	42

Content Scales

A-anx: Anxiety

A-obs: Obsessiveness

A-dep: Depression

A-hea: Health Concerns

A-aln: Alienation

A-biz: Bizarre Mentation

A-ang: Anger

A-cyn: Cynicism

A-con: Conduct Problems

A-lse: Low Self-Esteem

A-las: Low Aspirations

A-sod: Social Discomfort

A-fam: Family Problems

A-sch: School Problems

A-trt: Negative Treatment Indicators

척 도	MAC-R	ACK	PRO	IMM	A	R		AGGR	PSYC	DISC	NEGE	INTR
T점수	48	47	47	49	45	50		43	68	42	44	41

Supplementary Scales

MAC-R: MacAndrew-Revised

ACK: Alcohol/Drug Problem Acknowledgement

PRO: Alcohol/Drug Problem Proneness

IMM: Immaturity A: Anxiety

R: Repression

PSY-5 (Personality Psychopathology Five)

AGGR: Aggressiveness

PSYC: Psychoticism

DISC: Disconstraint

NEGE: Negative Emotionality / Neuroticism

INTR: Introversion / Low Positive Emotionality

척 도	D					Hy					Pd				
	D1	D2	D3	D4	D5	Hy1	Hy2	Hy3	Hy4	Hy5	Pd1	Pd2	Pd3	Pd4	Pd5
T점수	43	42	44	40	42	44	50	42	40	38	71	43	42	44	45

척 도	Pa			Sc						Ma				Si		
	Pa1	Pa2	Pa3	Sc1	Sc2	Sc3	Sc4	Sc5	Sc6	Ma1	Ma2	Ma3	Ma4	Si1	Si2	Si3
T점수	41	42	58	55	49	43	44	50	65	51	54	52	51	51	57	50

Clinical Subscales

Harris-Lingoes Subscales

D1: Subjective Depression

D2: Psychomotor Retardation

D3: Physical Malfunctioning

D4: Mental Dullness

D5: Brooding

Hy1: Denial of Social Anxiety

Hy2: Need for Affection

Hy3: Lassitude-Malaise

Hy4: Somatic Complaints

Hy5: Inhibition of Aggression

Pd1: Familial Discord

Pd2: Authority Problems

Pd3: Social Imperturbability

Pd4: Social Alienation

Pd5: Self-Alienation

Pa1: Persecutory Ideas

Pa2: Poignancy

Pa3: Naïveté

Sc1: Social Alienation

Sc2: Emotional Alienation

Sc3: Lack of Ego Mastery-Cognitive

Sc4: Lack of Ego Mastery-Conative

Sc5: Lack of Ego Mastery-Defective Inhibition

Sc6: Bizarre Sensory Experiences

Ma1: Amorality

Ma2: Psychomotor Acceleration

Ma3: Imperturbability

Ma4: Ego Inflation

Si1: Shyness/Self-Consciousness

Si2: Social Avoidance

Si3: Alienation - Self and Others

척 도	dep				hea			aln			biz		ang		cyn	
	dep 1	dep 2	dep 3	dep 4	hea 1	hea 2	hea 3	aln 1	aln 2	aln 3	biz 1	biz 2	ang 1	ang 2	cyn 1	cyn 2
T점수	40	52	45	42	43	53	37	42	59	61	67	56	41	42	44	48

척 도	con			lse		las		sod		fam		sch		trt	
	con 1	con 2	con 3	lse 1	lse 2	las 1	las 2	sod 1	sod 2	fam 1	fam 2	sch 1	sch 2	trt 1	trt 2
T점수	39	40	41	42	43	43	42	50	51	60	67	51	45	50	49

Content Component Scales

A-dep1: Dysphoria
A-dep2: Self-Depreciation
A-dep3: Lack of Drive
A-dep4: Suicidal Ideation
A-hea1: Gastrointestinal Symptoms
A-hea2: Neurological Symptoms
A-hea3: General Health Concerns
A-aln1: Misunderstood
A-aln2: Social Isolation
A-aln3: Interpersonal Skepticism
A-biz1: Psychotic Symptomatology
A-biz2: Paranoid Ideation
A-ang1: Explosive Behavior
A-ang2: Irritability
A-cyn1: Misanthropic Beliefs
A-cyn2: Interpersonal Suspiciousness

A-con1: Acting-Out Behaviors
A-con2: Antisocial Attitudes
A-con3: Negative Peer Group Influence
A-lse1: Self-Doubt
A-lse2: Interpersonal Submissiveness
A-las1: Low Achievement Orientation
A-las2: Lack of Initiative
A-sod1: Introversion
A-sod2: Shyness
A-fam1: Family Discord
A-fam2: Familial Alienation
A-sch1: School Conduct Problems
A-sch2: Negative Attitudes
A-trt1: Low Motivation
A-trt2: Inability to Disclose

SCT

1. 내가 좋아하는 것은 '하트캐치 프리큐어 인형이다.'
2. 나의 아버지는 '요리를 잘 한다.'
3. 어른들은 '잘 모르겠다.'
4. 요즘 내가 걱정하고 있는 것은 '엄마와 자주 싸우는 것이다.'

5. 내 친구들은 ‘나와 그냥 그렇다.’

6. 내가 어렸을 때는 ‘순수했다.’

7. 혼자 있을 때는 ‘마음이 편하다.’

8. 나는 공부와 ‘맞지 않는다.’

9. 내가 어렸을 때 가족들은 ‘나를 혼내고 야단쳤다.’

10. 아버지와 나는 ‘잘 만나지 못한다.’

11. 나의 현재 가장 큰 즐거움은 ‘혼자서 시르웬황녀 읽는 것이다.’

12. 내 주위 사람들은 ‘다들 바쁜 것 같다.’

13. 나의 어머니는 ‘하는 일이 많다.’

14. 가장 슬픈 일은 ‘엄마와 싸우는 것이다.’

15. 잘 할 수 있는 내 능력은 ‘앞으로 보여주고 싶다.’

16. 내가 정말 행복할 수 있으려면 ‘내가 잘 할 수 있는 일을 하는 것이다.’

17. 내가 보는 나의 앞날은 ‘괜찮겠지.’

18. 선생님들은 ‘좋으시다.’

19. 내가 겪은 마음의 큰 상처는 ‘어린 시절이다.’

20. 내가 싫어하는 사람은 ‘엄마 밖에 없다.’

21. 나의 형, 누나, 또는 동생은 ‘......’

22. 어머니는 ‘아주 바쁘다.’

23. 지난 나의 큰 잘못은 ‘죽은 고양이를 치우지 않은 것이다.’

24. 언젠가 나는 ‘세상 사람이 깜짝 놀랄 것이다.’

25. 나의 학교생활은 ‘좋은 편이다.’

26. 내가 가장 믿을 수 있는 사람은 ‘레이아드.’

27. 내가 가장 좋아하는 사람은 ‘레이아드.’

28. 나의 가장 큰 결점은 '참지 못하고 화를 낸다.'

29. 무엇보다도 화나는 것은 '엄마와 싸우는 것이다.'

30. 나의 가정은 '엄마와 나 둘이다.'

31. 남자는 '잘 모르겠다.'

32. 죽고 싶은 생각이 들 때는 '가끔 있다.'

33. 내 머리는 '생각이 가득하다.'

34. 가장 무서운 일은 '엄마가 매를 드는 것이다.'

35. 나의 소원이 이루어진다면

첫째 '큰 극장에서 공연한다.'

둘째 '실용음악과에 진학하는 것이다.'

셋째 '열심히 공부한다.'

(6) 사례개념화

이 수검자는 어려운 가정환경에 놓여있다. 부모는 이혼을 하였고 경제적으로 궁핍하며 수검자를 양육하는 수검자의 모는 매우 바빠(SCT#13. 나의 어머니는 '하는 일이 많다.') 수검자를 지근에서 돌봐줄 수 없는 상황인 것으로 보인다. 현재 수검자가 처해있는 상황은 절망적이고 고통스러울 것이다. 수검자를 괴롭히는 것은 수검자를 둘러싼 비루한 일상이겠지만 더더욱 수검자를 힘들게 하는 것은 초라한 환경에 비례하여 줄어들어가는 자존감일 것으로 짐작할 수 있다.

이 난국을 타개하기 위해서 수검자가 선택할 수 있는 방법은 '자신을 지키는 것'이다. 자신을 지키는 가장 좋은 방법은 현재의 문제가 전적으로 수검자가 속한 가족에서 유래하는 것이며 자신의 잘못은 전혀 없다고 스스로 생각하는 것이다(SCT# 29. 무엇보다도 화나는 것은 '엄마와 싸우는 것이다'). MMPI-A의 대부분의 척도 점수가 정상범위에 놓여있는 반면 가족문제를 반영하는 척도(A-fam:

67T, Pd1: 71T)에서 상승한 것은 수검자의 그러한 태도를 잘 보여준다.

비록 수검자가 교사와 학교에 대해 긍정적인 언급을 하기는 했으나 수검자 모의 보고와 여러 번 Wee 센터를 방문한 경력에 의하면 수검자가 교실에서 두드러지게 주목받는 아이일 가능성은 크지 않아 보인다. MMPI-A를 통해 수검자가 보고하고 있는 기태적 경험들(A-biz: 67T, PSYC: 68T, Sc6: 65T)과 '유령이 보인다'라는 수검자 모의 보고를 수검자의 '주목 욕구'와 결부시키면 어떨까. 적지 않은 사람들이 학창시절에 교실에서 손금을 잘 보는 아이들과 신기(神氣)가 있어 보이는 아이들에게 관심을 보인 경험을 지니고 있다. 장래 큰 무대에서 열창하는 팝오페라 가수가 되려하는 수검자가 지금 이 순간 또래의 관심을 끌 수 있는 방법으로 기태적 경험들을 보고한 것은 아닐까. 그러기에 수검자가 보고하는 기묘하고 특이한 생각들이 수검자를 고통스럽게 한다는 낌새를 찾기는 어렵다.

자존감을 회복하기 위한 마지막 방법은 몽상(daydreaming)을 하는 것이다. 몽상이란 꿈 속의 생각 혹은 실현성이 없는 생각을 하는 것이다. 판타지 소설을 즐겨 읽는 것은 일종의 몽상이 아닐까. 판타지 소설에서 경험하는 세계는 수검자에게 주어진 삶의 여건과는 상당한 차이가 있을 것이다. 판타지 소설의 주인공 역시 수검자의 현재 모습과는 현저한 차이를 보일 것이다. 판타지 소설을 통한 수검자의 몽상은 수검자로 하여금 비루한 일상에서 벗어나게 하고 저하된 자존감을 고양시키는 역할을 담당할 것이라 추측해 본다.

수검자는 팝오페라 가수가 되길 원한다. 이를 위해서 수검자는 비싼 개인교습을 받길 갈구한다. 수검자의 이러한 소망에 대해 수검자의 모와 담임선생님은 어떤 방식으로 응답할 수 있을까. 외현적 대응이 어떠할지를 예상하는 것은 쉽지 않으나 내면적 태도를 짐작하는 것은 어려운 일이 아니다. 수검자의 꿈이 수검자의 형편과 어울리지 않는다고 담임선생님은 생각할 것이고 수검자의 꿈을 접한 수검자의 모에게 어느 감정보다 부담감이 먼저 다가오지 않았을까. 그런데 혹시 수검자의 백일몽에 대한 수검자 모의 반응을 수검자가 미리 예상했다면? 너절한 일상으로부터 벗어나도록 이끄는 역할 이외, 수검자의 백일몽은 또 하나의 역할을 더 담당하고 있을지도 모른다. 자신의 꿈은 다른 사람이 인정해주지 않고 수검자 모가 들어줄 수 없는 성질의 것이라고 수검자는 충분히 알고 있으면서도 용기 있게 자신의 꿈을 공개하고 있는지도 알 수 없다. 여느 유복한 친구의 부모처럼 자신의 꿈을 실현시켜줄 수 없는 수검자 모에게 수검자는 아주 편하게 화를 낼 수 있을지도 모르지 않는가.

제5장 HTP 검사

특정 대상에 대한 그림은 언어적 표현에 한계를 지닌 수검자의 심리적 현실과 주관적 경험을 보여주는 것이라는 전제하에 투사적 그림검사(projective drawing)가 개발되었고 가장 잘 알려진 투사적 그림검사 중의 하나가 1948년에 제작된 Buck의 House-Tree-Person Test(HTP)이다. HTP 검사에서 수검자가 그리게 되는 집, 나무, 사람의 세 가지는 대부분의 수검자가 친숙하게 느끼고 쉽게 그릴 수 있으므로 거부감과 저항감을 경험하지 않고 검사에 임할 수 있다. 또한 집, 나무, 사람의 세 대상은 수검자의 무의식적 측면이 쉽게 투영되므로 수검자가 인식하지 못하는 심리적 영역의 모습을 파악하기에 용이하다.

1. HTP의 실시방법

(1) 집(House) 그림

수검자에게 A4 크기의 백지를 연필, 지우개와 함께 가로로 제공한다. '집을 하나 그려보세요'라는 지시문과 함께 수검자는 시간제한 없이 그리기를 시작한다. 검사자는 수검자가 그림을 그리는 데 소요되는 시간을 기록한다. 그림 그리기를 마친 뒤에 수검자는 아래의 사후 질문을 구두로 제시받고 검사자는 그 질문에 대한 응답을 빠짐없이 적는다.

- 누구의 집인가?
- 누가 살고 있는가?
- 무엇으로 만들어졌는가?
- 이 집의 분위기가 어떠한가?
- 나중에 집이 어떻게 될 것 같은가?

(2) 나무(Tree) 그림

수검자에게 A4 크기의 백지를 연필, 지우개와 함께 세로로 제공한다. 수검자는 '나무를 한 그루 그려보세요'라는 지시문과 함께 그림 그리기를 시작하며 시간제한은 없다. 수검자가 그림 그리기를 마친 뒤 검사자는 수검자에게 다음의 사후질문을 구두로 하며, 수검자의 응답을 검사자는 가감 없이 기록한다.

- 나무의 소원은 무엇인가?
- 나무의 건강은 어떠한가?
- 나무의 나이는 몇 살인가?
- 나무가 죽었는가 살았는가?
- 이 나무는 어떤 종류의 나무인가?
- 나무 주변에는 어떤 것들이 있는가?
- 나중에 이 나무는 어떻게 될 것인가?
- 나무를 그리면서 생각나는 사람이 누구인가?

(3) 사람(Person) 그림

수검자에게 A4 크기의 백지를 연필, 지우개와 함께 세로로 제공한다. 수검자는 '사람을 한 명 그려보세요'라는 지시를 받고 그림을 그리기 시작하며 시간제한은 주어지지 않는다. 수검자가 막대기 모양으로 사람을 그리거나 만화 주인공을 그리지 않도록 추가적인 지시사항이 필요할 때도 있다. 수검자가 사람 그림을 그리고 난 뒤 수검자에게 그려진 사람의 성별을 물어본다. 수검자가 성별을 이야기하면 그 성별과 반대 성을 지닌 한 사람을 그려보도록 지시한다. 수검자가 작성에 소요된 시간은 따로 기록해 두며, 작성을 마친 뒤 다음의 추가질문을 한다.

- 이 사람이 어떤 생각을 하고 있는가?
- 이 사람의 기분은 어떠한가?
- 이 사람의 소원이 있다면 무엇일까?
- 나중에 이 사람은 어떻게 될 것인가?

2. HTP의 이론

(1) 정신분석학적 이론

HTP 검사의 결과를 정신분석학적 이론에 근거하여 해석한다는 것은 검사의 각 대상(집, 사람, 나무)과 각 대상을 구성하는 각각의 구조물이 특정한 심리적 영역을 반영한다고 가정한다는 의미이다. HTP 검사의 집 그림은 가족과 수검자와 가족의 관계라는 심리적 영역을 반영하고, 나무 그림은 수검자가 지각하는 자신의 모습을 의미하며, 사람 그림은 수검자의 자기개념이나 수검자의 주요인물(significant others)을 뜻한다고 정신분석학적 이론에서는 가정한다.

아울러, HTP 검사의 각 대상을 구성하는 각각의 구조물 또한 특정 심리적 영역을 반영한다. 예를 들어, 사람 그림에서의 몸통, 집 그림에서의 벽면, 나무 그림에서의 줄기는 자아강도(ego strength)를 반영하여, 몸통(사람), 벽면(집), 줄기(나무)는 수검자의 자아가 원초아의 욕구와 초자아의 압력 사이에서 적절하고 유연하게 대처하는 능력이라는 심리적 영역을 상징한다. 사람의 사지(四肢), 집의 문과 창문, 나무의 가지는 대인관계 만족도라는 심리적 영역을 반영하여, 팔다리, 문과 창문, 가지가 어떻게 표현되었는지를 통해서 검사자는 수검자가 현재 만족스러운 대인관계를 영위하고 있는지를 파악할 수 있다.

(2) 자기심리학적 이론

비온정적이고 비공감적인 양육태도 아래에서 성장한 수검자는 자신에게 무엇인가 결핍되어 있다고 느끼는 경향이 존재한다고 자기심리학에서는 가정한다. HTP 검사의 결과를 자기심리학적 이론에 근거하여 해석한다는 것은 수검자가 HTP 그림을 통해 보여주고자 하는 것은 자신의 결핍감을 극복하고 보상하고자 노력하는 태도의 과정이라는 의미이다.

〈그림 5-1〉에는 10세 남아의 나무 그림이 소개되어 있다. 이 그림의 가장 큰 특징 중의 하나는 지나치게 큰 나뭇가지의 모습이다. 정신분석학적 관점에서 나뭇가지는 대인관계 만족도란 심리적 영역을 상징하여 이 남아의 대인관계 질이 일반 남아의 그것과는 다르다는 점을 보여준다. 자기심리학적 접근방법에 의하면, 이 나뭇가지 그림은 수검자의 넓은 대인관계 폭과 높은 또래관계 친밀도를 반영하기보다는 만족스럽지 못한 대인관계 질을 극복하기 위해서 무의식적으로 각고의 노력을 펼치고 있는 수검자의 보상행동을 담고 있다.

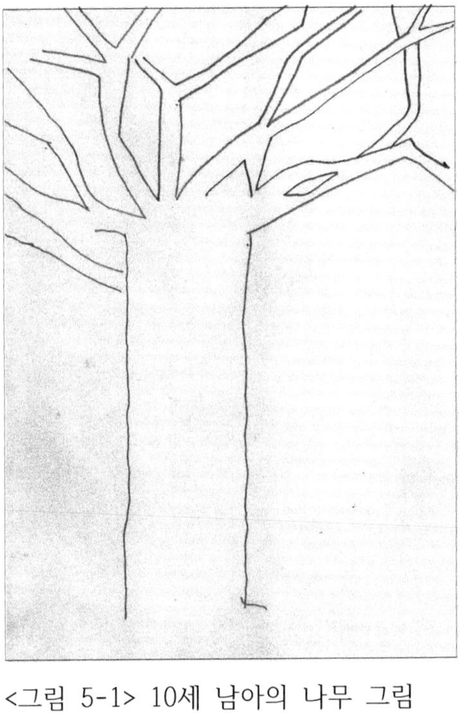

<그림 5-1> 10세 남아의 나무 그림

3. HTP의 행동적 변인

HTP 그림을 해석할 때 면밀히 살펴보아야 할 행동적 특성은 수행시간, 수정하기, 순서, 회전 등이다.

(1) 수행시간(duration)

수검자가 HTP 검사에서 소요하는 시간의 개인차는 매우 크다. 수검자가 오랜 시간을 들여 HTP 검사에 임하는 이유는 다양하며, 수행태도를 살펴봄으로써 그 이유를 가늠할 수 있다. 그림을 실제로 그리기 전에 많은 시간을 소비하여 전체 수행시간이 길어질 때, 우리는 수검자가 우유부단하여 쉽게 결정을 내리기 어려운 성격을 지니고 있거나 나중에 후회할 일을 성급히 하지 않는 신중성의 장점을 지닌 사람일 것으로 짐작할 수 있다. 그림을 그리는 중에 잦은 세부묘사로 인하여 전체 수행시간이 길어질 때, 수검자가 그 대상과 관련된 심리적 영역에서 심리적 갈등을 경험하고 있음이 시사된다. 세부묘사가 없었고 그림을 시작하는 데 그다지 긴 시간을 허비하지 않았음에도 전체 수행시간이 지나치게 길 경우, 우리는 수검자의 전반적 에너지 수준이 매우 낮고 수검동기가 저하된 상태임을 짐작할 수 있다.

(2) 수정(correction)

그림을 그릴 때 수정을 하는 횟수를 통해 수검자의 적응상태를 파악하고자 할 때에는 수정 이후에 그림의 질이 수정 전에 비해 호전되었는지 아니면 더 나빠졌거나 현상유지를 하는 정도인지를 살펴보아야 한다. 일반적으로 수정을 하는 횟수가 많고 수정한 뒤 그림의 질이 좋아지지 않았을 경우, 우리는 수검자가 일상적인 생활에서 '무엇인가 부족한 느낌'과 '내면적으로 부적절한 느낌'에 항시 시달리고 있음을 짐작할 수 있다. 전체 그림이 아니라 그림의 어떤 부분과 대상을 그릴 때 유난히 수정을 많이 가할 때, 수검자가 그 대상과 관련된 심리적 영역에서 심리적 갈등을 경험할 가능성이 있다. 예를 들어, 수검자가 집 그림의 굴뚝을 그릴 때 수정을 많이 한다면 굴뚝이 일반적으로 의미하는 '안온한 가정생활'과 관련된 심리적 갈등이 있을 것이라고 추측할 수 있다.

(3) 순서(order)

사람의 그림을 그릴 때에는 머리부터 시작하여 몸통과 사지를 그려나가는 것이 일반적인 순서이다. 만약 수검자가 몸통과 사지를 그린 뒤에 맨 마지막으로 머리를 그려 넣었다면, 우리는 수검자에게서 주어진 자극이 외부 세계로부터 온 것인지 아니면 자신의 내부로부터 온 것인지를 파악하는 현실 검증력(reality testing)의 손상이나 조리 없는 언어표현으로부터 유추할 수 있는 사고장애(thought disorder)의 가능성을 의심해볼 수 있다.

일반적인 수검자는 사람 그림을 그릴 때 수검자와 같은 성(性)의 그림을 먼저 그리고 이성의 그림을 나중에 그려 넣는다. 이 순서를 따르지 않는 수검자는 자신의 주된 관심사가 자신이 아닌 다른 사람임을 의미한다. 예를 들어, 모든 심적 에너지를 자신이 아닌 자신의 아들에게 투여하며 자신을 돌보지 않는 주부는 흔히 남성의 그림을 먼저 그리기도 한다. 이성의 그림을 먼저 그리는 것은 생물학적 성과 심리적 성의 괴리를 경험하는 수검자에게도 쉽게 관찰된다.

(4) 회전(rotation)

수검자는 검사자로부터 종이를 받아 그림 그리기를 시작한다. 검사자는 나무 그림과 사람 그림은 세로로 제시하고, 집 그림은 가로로 제시한다. 검사자로부터 나무 그림과 사람 그림을 제시받았을 때 임의로 가로로 돌려서 그림을 그리려고 한다거나, 가로로 제시받은 집 그림을 세로로 놓고 그림을 그리려는 태도를 수검자가 보인다면, 이는 수검자의 거부적이고 저항적인 태도를 반영할 수 있다. 검사를 받는 상황에 대해 만족스럽지 않거나 검사자에 대해 불만족감을 가지고 있는 수검자는 그림을 회전함으로써 자신의 감정을 표현할 수 있다.

뇌 손상이나 기타 기질적 이상으로 인하여 특정한 자극이 없음에도 혹은 특정한 자극이 중단되었음에도 어떤 낱말이나 어구 혹은 특정한 자세를 반복하는 보속증

(perseveration)을 지니고 있는 수검자는 네 시행 모두에서 주어진 용지를 동일한 방향으로 회전하는 행동을 보이기도 한다.

4. HTP의 구조적 변인

HTP 그림을 해석할 때 주의 깊게 점검해야 할 구조적 특징은 위치, 생략과 부가, 크기, 강조, 필압(筆壓), 선의 질과 방향, 대칭, 왜곡, 투명성, 움직임 등이다.

<그림 5-2> 9세 여아의 집 그림

(1) 위치

HTP의 첫 번째 구조적 변인은 그림의 위치이다. 일반적인 수검자는 자신의 그림을 지면의 중앙에 위치시킨다. 수검자가 지면의 중앙이 아닌 가장자리에 그림을 그린다면, 그 대상이 반영하는 심리적 영역에서 수검자가 어려움을 경험하고 있을 가능성이 있다. 예를 들어, 〈그림 5-2〉에서 9세 여아는 집 그림을 오른쪽 아래에 그렸다. 이는 집 그림이 반영하는 가족관계에 있어서 수검자가 충분히 만족하고 있지 않을 가능성을 보여준다.

(2) 생략과 부가

HTP의 표준적인 지시사항에는 그려 넣어야 할 항목과 그려 넣지 않아야 할 항목을 지정하지 않지만 그러한 지시사항이 없더라도 수검자들이 일반적으로 그려 넣는 항목이 존재한다. 집 그림의 창문과 문, 그리고 벽면, 나무 그림의 가지와 줄기, 사람 그림의 머리, 몸통과 사지는 대개의 수검자들이 그림에 포함시키는 구조물이다. 이 구조물을 포함시키지 않았을 때를 생략이라 칭하고 이 구조물 이외의 구조물을 포함시켰을 때 부가(附加)라고 부른다. 어떤 구조물이 생략되었거나 어떤 구조물이 부가되었을 때 검사자는 수검자가 그 구조물이 반영하는 심리적 영역에서 심리적 갈등을 경험하고 있을 가능성을 탐색한다.

〈그림 5-3〉은 12세 여아의 집 그림이다. 이 집 그림에서는 지면(地面)이 부가되어있다. 지면의 구조물이 상징하는 심리적 영역은 정서적 불안정성, 자기상의 혼돈, 안정성에 대한 희구를 포함하는 자기정체성(self identity)에 대한 욕구이다. 따라서 검사자는 이 수검자가 자기정체성의 영역에서 심리적 갈등을 경험하고 있을 가능성을 탐색한다.

<그림 5-3> 12세 여아의 집 그림

〈그림 5-4〉는 12세 여아의 나무 그림이다. 이 나무 그림에서는 나무의 열매가 부가되어있다. 나무의 열매가 반영하는 심리적 영역은 주목에 대한 욕구(need)와 관심에 대한 동기(motive)이다. 검사자는 수검자가 기질적으로 관심에 대한 욕구가 또래에 비해 크거나, 성장과정에서 관심결여와 방임의 사회적 압력(pressure)으로 인해 주목에 대한 동기가 상승되어 있을 가능성을 탐색한다.

<그림 5-4> 12세 여아의 나무 그림

(3) 크기

그림의 크기가 지나치게 커서 지면에 채 담을 수 없을 정도일 때 수검자의 무계획성과 충동성을 의심해볼 수 있다. 충동적이고 무계획적인 수검자는 그림을 그리기 전에 전체적인 구도를 고려한 뒤에 세부 그림을 그리지 않았기 때문에 과도하게 큰 그림을 그릴 수 있다. 그림의 크기가 지나치게 작은 수검자는 주어진 과제를 완수할 수 있는 자신의 능력을 낮게 지각하거나, 사회적 상황에서 부정적 평가를 받을 것에 대해서 지나친 두려움을 경험할 수 있다.

어떤 대상이나 어떤 구조물에 한정하여 수검자가 현저하게 큰 그림을 그리거나 반대로 지나치게 작은 크기의 그림을 그린다면 수검자가 그 대상이 반영하는 심리적 영역에서 심리적 갈등을 경험하고 있을 가능성이 존재한다. 예를 들어, 수검자의 집 그림이 또래에 비해 지나치게 크거나 작다면 검사자는 수검자의 가족관계가 심리적 갈등의 주요 원인일 가능성을 탐색하고, 수검자의 나무 그림이 과도하게 크거나 작다면 수검자의 자기상(自己像, self-image)이 부정적일 것이라고 생각할 수 있으며, 수검자의 사람 그림이 동년배의 평균에서 크게 벗어날 때 우리는 수검자의 자기개념이나 수검자의 양육자 상(像)에 문제가 있을 것이라고 추측한다.

〈그림 5-5〉의 10세 여아의 사람 그림에서는 머리 부분이 또래에 비해 지나치게 크게 그려져 있다. 사람 그림에서의 머리는 인지기능에 대한 욕구의 심리적 영역과 관련되므로, 수검자가 학업능력과 관련된 심리적 결핍감을 현재 경험하고 있으며, 이를 극복하고자 무의식적으로 분투하고 있는 과정에 놓여 있을 것으로 추측할 수 있다.

<그림 5-5> 10세 여아의 사람 그림

(4) 강조

사람, 나무, 집 등의 세 대상 중에서 한 대상에 대해 수검자가 세부묘사를 하였을 때 그 대상이 상징하는 심리적 영역에서 수검자가 갈등을 경험하고 있을 것으로 추론한다. 또한 각 대상을 구성하는 여러 구조물 중에서 한 구조물을 수검자가 강조하여 표현하였을 경우 그 구조물이 반영하는 심리적 영역에서 수검자가 어려움을 겪고 있을 것이 시사된다. 예를 들어, 나무를 그릴 때 나무의 줄기 부분을 유독 강조하여 세부묘사를 하였다면 줄기가 상징하는 자아기능 영역에서 수검자가 고통을 경험하고 있을 것이라고 추측하고, 집을 그릴 때 집의 창과 창문을 세밀하게 그렸다면 창과 창문이 반영하는 대인관계와 관련하여 수검자가 불만족감을 느끼고 있을 것이라고 추론하며, 〈그림 5-6〉과 같이 사람을 그릴 때 눈 부분을 강조하여 표현하였다면 감각기관이 반영하는 대인관계 예민성과 관련하여 수검자가 의심과 경계의 태세에 있을 것이라고 추론할 수 있다.

<그림 5-6> 12세 남아의 사람 그림

(5) 필압

힘을 주어 그림을 그리거나 꾹꾹 눌러 표현하는 수검자는 에너지 수준이 일반 수검자에 비해 높아 활력이 있어 보이며, 대인관계에서 자신의 견해나 생각을 다른 사람에게 전달하고 타인에게 영향력을 발휘하는 것을 즐기는 자기주장적인 수검자일 가능성이 존재한다. 반면, 힘을 뺀 상태로 스케치하듯이 묘사하는 수검자는 에너지 수준이 일반 수검자에 비해 낮아서 소극적이고 유약해 보이기 쉽고, 대인관계에서 자신의 주장을 펼치는 것을 선호하지 않으며 타인의 주장과 견해에 동조적인 태도를 보이는 경우가 많다.

전체 대상이나 구조물에 대해서 높은 필압을 보이기보다는 특정 대상이나 구조물에 대해서 힘을 주어 그림을 그리거나, 반면 전체 대상이나 구조물에 대해서 낮은 필압을 보이기보다는 특정 대상이나 구조물을 그릴 때 스케치하듯 묘사한 경우, 수검자는 그 대상과 구조물이 반영하는 심리적 영역에 있어 심리적 갈등을 경험하고 있을 가능성이 크다.

(6) 선의 질

길고 빠르게 직선의 획을 그려 넣는 수검자는 정서적인 측면을 드러내기를 어려워하는 성격특성을 지니고 있고 정서를 사고로 치환하여 다루는 것을 선호할 가능성이 크며 사고지향적 패턴의 이면에는 일 중심적이고 성취 지향적인 삶의 자세가 숨어있을 수 있다. 반면, 짧은 획을 그려 넣는 수검자는 욕구만족을 지연하는 능력이 상대적으로 부족하여 충동적인 특성을 지닐 수 있다. 선을 길게 곡선으로 이어서 그려 넣는 수검자는 후회할 일을 하는 것을 주저하며 항상 행동하기 전에 미리 생각하는 것을 선호하는 신중한 사람일 가능성이 크고, 결정 상황에서 쉽게 정하지 못하고 미루는 태도를 지니고 있을 수 있다. 현재 욕구의 만족이 외부적 환경에 의해 제지되어 분노감정이 극점에 도달하였거나 신체적으로 긴장되어 편히 쉬지 못하는 상태에 놓여 있는 수검자가 어떤 공간에 선을 밀집하여 그려 넣는 경우도 쉽게 관찰된다.

(7) 선의 방향

수직선을 주로 그리는 수검자는 자신의 견해를 타인에게 전달하여 다른 사람에게 영향을 미치는 것을 선호하는 자기주장적인 사람이거나 취사선택 상황에서 단호하게 의사결정을 하는 과단성 있는 사람일 가능성이 크다. 수평선을 주로 그리는 수검자는 외부적인 위협에 대응하는 자신의 능력이 취약하다고 여기며 항상 자신을 보호할 준비 태세를 갖춘 사람일 수 있다. 획의 방향을 자주 바꾸어 그리는 수검자는 정서의 변화가 심하여 불안정한 사람으로 보이기 쉬우며 정서 상태에 따라 행동변화가 심할 가능성이 크다.

(8) 대칭

지나치게 대칭성을 강조한 그림을 수검자가 그렸을 때, 우리는 수검자가 정서경험을 인지적으로 전환하는 주지화의 성향을 지니고 있으며 정해진 규칙과 관습을 과도하게 유지하려고 하는 융통성 결여(inflexibility)의 모습을 갖고 있을 것이라 짐작할 수 있다. 반면 대칭성을 과도하게 무시하는 그림을 수검자가 그렸을 때, 우리는 객관적인 인지기능에 영향을 미칠 수 있는 신경발달장애(Neurodevelopmental Disorders)나 조현병(Schizophrenia)에 수검자가 이환되었을 가능성을 살펴보아야 한다. 나무 그림이나 집 그림에서는 대칭성을 보이지 않다가 유독 사람 그림에서 대칭성을 드러낼 때, 신체상의 왜곡을 주요 특징으로 한 섭식장애(Eating Disorders)나 심리적 갈등을 신체적 증상으로 표현하는 신체증상 및 관련장애(Somatic Symptom and Related Disorders)를 수검자가 갖고 있을 가능성을 염두에 두어야 한다.

(9) 왜곡

일반적으로 통용되는 수준을 넘어서서 대상의 형태를 왜곡해서 그림을 그렸을 경우, 그 왜곡의 범위와 왜곡의 정도에 따라 우리는 수검자의 특성을 가늠해볼 수 있다. 왜곡한 대상이 일부 대상에 한정되고 경미한 수준에서 왜곡이 발생하였을 경우에는 왜곡한 대상과 관련된 심리적 영역에서 수검자가 심리적 갈등을 경험함을 시사한다. 반면 전체 그림에서 그림의 왜곡이 발견되며 그 왜곡의 정도가 극심하다면 수검자가 신경발달장애나 조현병에 이환되었을 가능성을 검토해 보아야 한다.

(10) 투명성

실제로는 보일 리 없는 대상을 그려 넣는 것을 투명성이라고 한다. 사람그림을 그릴 때 내장이나 뼈를 그리고 나무그림을 그릴 때 나무 속 심재(心材)를 포함시키며 집 그림을 그릴 때 외벽이 가로막고 있음에도 집안 풍경을 묘사하는 것이 투명성이다. 미취학 아동의 그림에서 투명성의 그림을 발견하는 것은 드문 일은 아니지만 학령기 아동에게서 투명성의 그림을 찾는 것은 쉬운 일이 아니어서 신경발달장애와 신경인지장애(Neurocognitive Disorders)를 시사하기도 한다. 청소년기의 수검자가 투명성의 그림을 그렸다면 퇴행(regression)의 방어기제를 사용할 만큼 충격적이고 고통스런 심리적 외상의 경험이 수검자에게 닥쳤을 가능성이 있다.

(11) 움직임

HTP 그림에 등장하는 사람과 동물들은 정적인 자세를 지닌 경우도 있지만 적지 않게 어떤 행동을 하고 있는 사람과 동물이 등장하기도 한다. 스트레스 상황에서 이에 적응적으로 대처할 수 있는 능력과 움직이는 대상이 등장하는 빈도는 관련이 있어서, 행동하는 대상이 많을수록 심리적 자원의 규모도 더 크다고 추론한다. 움직임을 거의 묘사하지 않은 그림은 욕구저하가 현저하고 긍정정서의 표현이 극도로 제한되어 있으며 에너지 수준의 저하가 두드러진 수검자의 수행에서 쉽게 관찰된다. 반면 주의력 결핍 과잉행동 장애에 이환된 수검자는 대체로 지나치게 과도한 빈도로 움직이는 대상을 표현하여, 이 때 움직임은 충동성과 과잉활동을 반영한다.

5. HTP의 대상

(1) 집 그림

HTP 검사의 집 그림은 수검자의 현재 가족관계, 소망하는 가족관계, 원하는 가족관계와 현재 가족관계의 간극을 반영한다. 집의 크기, 위치 및 필압을 통해서 검사자는 가족관계와 관련된 수검자의 심리적 갈등을 추론할 수 있다.

집 그림의 문은 집과 외부세계를 연결하고 타인이 자신의 삶에 개입하는 것을 허용하는 창구의 역할을 맡고, 집 그림의 창문은 수검자가 타인을 관찰하고 타인이 수검자와 소통할 수 있는 통로로서의 기능을 담당한다. 집 그림의 문과 창문을 통해서 우리는 수검자가 원하는 대인관계의 모습과 현재의 대인관계 상황, 그리고 원하는 대인관계와 현재의 대인관계의 차이에서 기인하는 고독과 외로움의 크기를 짐작할 수 있다. 만약 너무 많은 문과 창문이 포함되고 다른 구조물에 비해 지나치게 강한 필압으로 문과 창문이 그려졌을 경우, 혹은 지나치게 큰 문과 창문으로 표현되었을 때 대인관계 능력에 대한 낮은 자신감을 보상하고자 노력하는 수검자의 마음을 살펴볼 수 있다. 예를 들어, 큰 창이 표현된 〈그림 5-7〉에서는 대인관계 능력에 대한 낮은 자신감을 보상하고자 과도하게 자신을 개방하여 타인과 관계 맺고자 하는 수검자의 욕구가 드러날 수 있다.

<그림 5-7> 11세 여아의 집 그림

벽은 집을 견고히 지탱할 수 있도록 하는 역할을 담당한다. 집 그림에서 벽은 욕구의 충족과 환경의 제약 사이에서 유연하고 융통성 있게 대처하는 능력을 의미하는 자아강도의 심리적 영역을 반영한다. 수검자가 집의 벽면을 다른 구조물에 비해 지나치게 약한 필압으로 표현하였다면 충동을 억제하면서 자신의 욕구를 충족해나가는 자신의 능력에 불만족감을 지닌 경우이고, 수검자가 집의 벽면을 여타 구조물에 비해 지나치게 강한 필압으로 그려 넣었다면 지각된 낮은 자아강도를 수검자가 보상하고자 무의식적으로 노력하고 있음이 시사된다.

집 그림에서 지붕은 내적 공상과 사고 활동을 반영한다. 지붕의 크기가 상대적으로 큰 수검자는 백일몽(day dreaming)을 통해 스트레스 상황을 극복하려는 태도를 보이는 경우가 많고, 타인과 교류하기 보다는 내적인 인지과정을 통해 만족감을 느끼는 모습을 보일 가능성이 크다. 반면에 지붕의 크기가 상대적으로 작은 수검자는 고통스러운 침투적 사고로 인하여 내적인 사고작용을 의식적으로 회피하거나 내면적 인지활동을 무의식적으로 차단하는 모습을 보일 가능성이 크다.

집 그림에서 굴뚝은 가족관계에 대한 수검자의 태도를 반영하거나 수검자의 성생활에 대한 만족도와 관련된다. 굴뚝의 크기가 전체 집 그림에 비해서 두드러지거나 굴뚝에 대해 세부묘사를 한 경우, 가족의 존재가 수검자의 삶 전체에 미치는 영향이 매우 커서 가족으로부터 얻는 정서적 지지에 대해 항상 고민하고 있는 모습을 나타내거나, 수검자의 자존감(self esteem)에 미치는 성적 능력의 영향력이 매우 커서 자신의 성생활이 훼손을 당하거나 침해를 받을 가능성에 대해 항시 걱정하는 모습을 드러낼 수 있다.

집 그림에는 집과 무관한 다양한 부속물들이 함께 그려질 수 있다. 예를 들어, 태양, 울타리, 담장, 구름, 나무, 꽃, 잔디 등이 집 그림에 포함되기도 한다. 태양을 집 위에 그리는 수검자는 애정과 관심에 대한 욕구가 일반인에 비해 커서 이 욕구가 충족되지 않는 상황이 때때로 발생하며 애정욕구와 관심욕구로 인한 좌절감을 빈번히 경험할 가능성이 높다. 울타리와 담장을 집 외부에 포함시키는 수검자는 외부의 가해자로부터 자신을 보호하려는 경계심을 지니고 있을 것으로 여겨진다. 구름을 집 그림에 포함시키는 것은 현재 특별한 대상에 대한 두려움은 없지만 모호한 두려움과 걱정으로 항상 불안한 마음을 지니고 있는 수검자에게 흔히 나타난다. 집 주변에 나무, 꽃, 잔디 등을 자세하게 묘사하는 수검자는 타인에게 자신이 보여줄 것과 보여주고 싶은 것이 많이 있다고 생각하여 자신을 드러내고 싶은 강한 욕구를 지니고 있을 수 있다.

일반적으로 집 그림을 그릴 때에는 눈높이와 동일한 높이의 그림을 그리지만 일부의 수검자는 눈높이보다 높거나 낮은 조망으로 집 그림을 완성하기도 한다. 위에서 아래를 내려다보는 조망의 집 그림을 그린 수검자는 현실적인 제약에 대해서 억압된 감정을 지니며 이를 극복하고자 하는 동기를 지닌 경우가 흔하다. 아래에서 위를 올려다보는 조망의 집 그림은 가정 내에서 원하는 수준의 애정욕구가 충족되지 못한 결과로 인한 위축감과 열등감을 반영한다.

(2) 나무 그림

HTP 검사에서 나무 그림은 자기상이 반영되어 있고, 원하는 자신의 모습과 현재 자신의 모습, 그리고 이 둘 사이에 발생하는 간극이 나무 그림을 통해 드러난다.

나무 그림에서 줄기는 욕구를 충족하려는 원초아와 욕구 충족을 억제하려는 초자아 사이에서 현실적인 대안을 모색해나가는 자아의 강도를 반영한다. 다른 구조물에 비해 낮은 필압과 작은 크기로 줄기를 그렸다면, 지각된 낮은 자아강도로 인해 수검자가 일상생활에서 불편을 겪고 있음을 말해준다. 반면 〈그림 5-8〉과 같이 다른 구조물에 비해 높은 필압과 큰 크기로 줄기를 표현했다면, 지각된 낮은 자아강도를 보상하고 극복하고자 수검자가 무의식적인 분투를 하고 있음을 짐작할 수 있다.

<그림 5-8> 11세 남아의 집 그림

나무 그림의 나뭇가지는 지각된 대인관계 능력을 반영한다. 줄기나 잎에 비해 지나치게 약한 필압이나 작은 크기로 나뭇가지를 그린 경우, 자신의 실제 대인관계와 원하는 대인관계 간의 차이가 커서 수검자가 고독과 외로움을 느낄 가능성이 크다. 반면, 줄기와 잎에 비해 지나치게 강한 필압과 큰 크기로 나뭇가지를 그린 경우, 수검자가 자신이 지각하는 대인관계에 대한 불만족감을 상쇄하기 위해서 무의식적으로 분투하는 과정이 그 나뭇가지 그림에 포함될 수 있다.

나무 그림의 수관(樹冠, crown)은 사람 그림의 머리 혹은 집 그림의 지붕과 유사한 의미를 가지며 내적 공상이나 지적 활동을 상징한다. 커다란 구름처럼 지나치게 크게 그려진 수관은 현재 처해진 현실적 어려움을 타개할 수 있는 이상적인 모습에 대한 백일몽에 몰두하고 있는 수검자의 모습을 반영하고, 지나치게 많은 가지로 인해 지저분하게 그려진 수관은 잦은 정서변화와 극적인 정서표현 및 충동적인 의사결정과정을 나타내며, 여러 번 덧칠하여 음영이 생긴 수관은 우울감과 불안감으로 가득 찬 음울한 마음상태를 시사한다.

나무 그림의 우거져 있는 잎의 모습은 성취 지향적이고 과제중심적인 수검자의 성격특징과 자신의 약점을 극복하고자 노력하는 수검자의 우월욕구가 반영되어 있고, 잎맥을 자세히 묘사한 잎의 모습은 세부에 집착하고 절차에 충실한 강박성향을 나타내며, 가시처럼 날카롭게 묘사한 잎의 모습에서는 외부의 공격에 대해 예민해져 강한 경계심과 공격성을 표출하는 수검자의 모습이 드러날 수 있다.

나무 그림의 옹이는 지각된 신체적 · 성적 · 정서적 외상(trauma)을 시사한다. 지면과 옹이의 거리가 가까울수록 외상 경험의 시기가 생애 초기에 가깝고 지면과 옹이의 거리가 멀수록 외상 경험의 시기가 최근이라고 흔히 간주된다. 옹이에는 장난감이나 동물 혹은 인형이 들어가 있는 경우가 흔하며, 이 때 옹이에 들어가 있는 대상은 수검자 자신을 상징하여 외상의 가해자로부터 스스로를 보호하려는 노력 및 동기와 관련된다.

나무 그림의 뿌리는 안정감(feeling of stability)과 안정적 성격에 대한 희구를 반영한다. 나무 그림에서 뿌리를 강조하여 그렸거나 마치 뿌리가 손가락처럼 지면을 움켜쥐고 있는 것처럼 그렸다면 평소 안정적이지 않는 자신의 성격과 안정감을 느끼지 못하는 자신의 정서에 대해 불만족한 수검자를 반영한다.

나무 그림에서 그려진 낙과(落果)와 낙엽은 대인관계에서 상대방에게 기대하였던 것을 얻지 못하였을 때 경험하는 좌절감을 반영한다. 수검자가 선천적으로 높은 애정 욕구를 지닌 채 태어났거나 기본적으로 누려야 할 사랑을 경험하지 못하여 애정 욕구가 반응적으로 높아진 수검자는 나무 그림에서 열매를 그릴 가능성이 높다. 살아있는 나무가 아닌 고목(枯木)을 그렸을 때에는 외부적인 영향으로 인하여 패배하였거나 스스로의 과오로 인하여 실패한 자신의 모습이 그 그림에 투영된다. 오물로 더럽혀진 나무는 세상 사람들의 이기적인 속성과 그릇된 삶의 자세에 대한 냉소적 태도를 지닌 채 자신의 가치에 대해 낮은 평가를 스스로 부여하는 수검자가 빈번히 그리는 대상이다.

(3) 사람 그림

HTP 검사의 사람 그림은 수검자의 자기상과 양육자 상이 반영되어 있다. 보다 구체적으로 표현하면, 사람 그림을 통해서 우리는 수검자의 현재 자기상과 양육자 상, 원하는 자기상과 양육자 상, 그리고 이 둘 사이의 간극을 탐색한다.

사람 그림 중 머리 부분은 지각된 인지적 능력과 내적 공상을 반영한다. 부모로부터 학업과 관련된 잦은 꾸지람과 부정적 피드백을 경험한 아동은 흔히 머리 부분을 다른 신체 부위보다 현저하게 크게 그림으로써 부족하다고 인식된 인지기능을 보상하고자 노력한다. 현실적으로 해결하기 어려운 삶의 스트레스를 경험하고 있을 때 실질적인 해결책을 찾는 대신에 백일몽으로써 일순간의 만족과 해방감을 얻고자 하는 수검자는 때때로 머리 부분을 강조하여 표현한다.

사람 그림 중 몸통 부분은 지각된 자아강도를 반영하며, 욕구를 충족하고 싶은 마음과 욕구를 억제해야 한다는 제약 사이에서 균형을 잡는 역할을 담당한다. 나무 그림 중 줄기, 집 그림 중 벽면이 몸통 부분과 동일한 심리적 영역을 나타낸다. 머리나 사지에 비해 지나치게 작게 그려지거나 낮은 필압으로 그려졌을 때, 이는 수검자가 자아강도를 부족하다고 지각하여 불편감을 크게 경험하고 있을 가능성을 시사한다. 반면, 머리나 팔다리에 비해 지나치게 크게 그려지거나 높은 필압으로 그려졌을 때, 이는 수검자가 무의식적으로 인식된 낮은 자아강도를 극복하고 보상하기 위해서 노력하고 있음을 반영한다.

사람 그림 중 팔과 다리는 대인관계 상(像)과 관련되며, 현재 대인관계 상과 소망하는 대인관계 상, 그리고 이 둘 사이의 간극을 반영한다. 팔과 다리를 지나치게 낮은 필압으로 그려넣거나 과도하게 작게 그린다면, 이는 수검자가 부정적인 대인관계 상으로 인하여 심리적 어려움을 경험하고 있을 가능성을 보여준다. 반면, 지나치게 높은 필압과 과도한 크기의 팔과 다리에는 부정적 대인관계 상을 극복하고자 무의식적으로 상당한 노력을 기울이고 있는 수검자의 모습이 반영될 수 있다.

사람 그림에서 얼굴이 향하고 있는 방향은 매우 다양하다. 보통의 수검자는 정면을 향하고 있지만 일부 수검자는 오른쪽 얼굴을 앞으로 향하기도 하고 일부 수검자는 왼쪽 얼굴을 앞으로 향하기도 하며 드물게는 뒤통수를 그려 넣는 수검자도 존재한다. 정면을 향하지 않고 측면을 드러낸 얼굴 그림이 반영하는 것은 대인관계에 회피적인 수검자의 태도이다. 사회적 회피의 정도, 사회적 회피에 반영된 심리적 소외감이 얼굴의 방향에 드러나 있다.

사람 그림에서 눈과 귀는 수검자의 대인관계 양상과 대인관계 태도 및 대인관계에서 경험하는 다양한 감정을 반영한다. 전체 얼굴의 면적에서 눈과 귀가 차지하는 비중이 지나치게 큰 수검자는 타인으로부터 인정과 사랑을 얻고자 하는 욕구가 상대적으로 강하거나 자신에 대한 타인의 반응에 민감할 가능성이 크다. 모자나 머리카락을 사용하여 눈과 귀를 감추거나 가리는 수검자는 대인관계에 대한 양가감정(兩價感情, ambivalence)을 지니고 있어서 타인과 상호교류하며 타인으로부터 긍정적 피드백을 취하고 싶은 욕구가 크지만 대인관계에서 어쩔 수 없이 발생하는 갈등과 고통에 대한 두려움으로 인하여 인간관계에 접근하지도 못하고 물러나지도 못하면서 엉거주춤 중간에 서 있는 모습을 취하고 있다.

사람 그림에서 입은 구강기(oral stage) 주제와 관련된 심리적 갈등과 욕구가 반영되어 있다. 입을 강조하여 그린 수검자는 구강기에 고착되어 세상에 대한 신뢰를 축적하지 못하고 외부를 위협적으로 지각하며 성숙하지 못한 방식으로 공격성을 드러내는 경향이 있다. 입을 지나치게 크게 그리는 것은 충족되지 않은 애정욕구를 얻기 위해 공격성을 드러내면서 과도한 보상행동을 취하는 수검자에게서 흔히 볼 수 있다. 반면 지나치게 작게 그리는 것은 애정을 갈구하는 행동이 결국에는 좌절감과 무력감을 제공할 뿐이라는 믿음을 지닌 수검자에게 빈번히 등장한다.

사람 그림에서 손은 생산적 활동에 참여하는 수검자의 태도를 반영한다. 업무와 학업에서 제 기능을 발휘하지 못하면서 마음속에 쌓여가는 좌절감은 때로는 공격성으로 변모하여 수검자를 괴롭히는 데, 이러한 공격성을 억압하는 양상이 손을 주머니에 넣는 모습으로 나타나며, 공격성을 억압하는 수검자의 태도는 손가락의 마디를 상세히 묘사함으로써 드러날 수 있다.

사람 그림에서 어깨는 책임에 대한 압력과 책임에 대한 욕구를 반영한다. 수검자는 어떤 일이나 어떤 사람에 대해 책임의식과 책임감을 경험하게 되는데, 책임감의 무게로 인하여 수검자는 심리적 고통을 경험할 수 있다. 지나치게 크고 강조된 어깨를 그린 수검자는 어떤 일에 대해서 과도한 책임감을 스스로에게 부여하여 자신의 자존감을 고양하고자 하는 경향을 지니는 반면, 지나치게 작고 왜소한 어깨를 그린 수검자는 책임을 져야 할 사안과 자신의 능력 사이의 괴리로 인하여 심리적 위축감을 경험하고 있을 가능성이 크다.

사람 그림에서 옷은 자기방어와 자기과시의 양면성을 드러낸다. 지나치게 화려하게 장식된 옷에는 자신의 장점과 강점을 타인에게 드러내고자 하는 수검자의 자기과시 욕구가 반영되어 있다. 화려하게 치장한 장식의 옷은 자기과시의 욕구를 드러내는 데 효과적이지만 동시에 자신의 약점을 보호하고 자신을 방어하고 싶은 자기방어의 욕구를 표현하는 기능을 담당한다.

제6장 Rorschach 검사

로샤(Rorschach) 검사는 스위스의 정신의학자인 Rorschach(1984～1922)에 의해 개발된 검사로서 대표적인 투사법 검사이다. Rorschach는 박사학위 논문의 일환으로 로샤 검사를 고안하여 조현병 환자와 일반인의 반응을 비교하였다. 이후 여러 로샤 연구자들이 실시 방법과 채점 방법을 정교화하고 대규모의 규준 자료를 모아 현재의 로샤 검사에 이르렀다.

로샤 검사는 10장의 카드로 이루어져 있고 수검자에게 정해진 순서대로 10장의 카드를 두 번씩 제시한다. 10장의 카드를 수검자에게 제시하여 수검자의 반응을 청취한 다음, 다시 10장의 카드를 한 번 더 제시하면서 반응의 이유를 물으며 이 과정을 추가질문(inquiry)이라고 칭한다. 반응의 최소수는 14개이며 만약 수검자가 14개 아래의 반응수를 보인다면 10장의 카드를 재차 보여준 다음 추가질문을 실시한다.

1. 반응영역

반응영역(location)이란 로샤 카드에 대한 수검자 응답의 바탕이 되는 카드의 영역을 의미한다. 로샤 검사의 반응영역은 전체 영역반응(Whole Response, W), 보통 부분영역 반응(Common Detail Response, D), 드문 부분영역 반응(Unusual

Detail Response, Dd), 공백 반응(Space Response) 등 4가지이다.

전체 영역반응은 카드의 잉크반점 전체를 기초로 하여 반응한 경우에 채점한다. 전체 영역반응의 중앙치는 8개로서 전체 반응수의 중앙치인 23개와 비교할 때 약 1/2에서 1/3 정도가 전체 영역반응에 해당한다. 보통 부분영역 반응은 잉크반점의 부분을 기초로 한 동시에 매우 흔한 반응일 때 채점하며, 82개의 보통 부분영역 반응이 존재한다. 보통 부분영역 반응의 중앙값은 13개로서 전체 반응수의 약 절반에 해당한다. 드문 부분영역 반응은 카드의 잉크반점의 부분을 바탕으로 하고 그 반응이 흔하지 않을 때 채점한다. 5% 미만의 수검자만이 드문 부분영역 반응으로 채점된다. 드문 부분영역 반응의 중앙치는 1개이다. 공백 반응은 흰 공간이 응답에 포함되었을 때 채점한다. 단독으로 채점되지는 않고 전체 영역반응, 보통 부분영역 반응, 드문 부분영역 반응과 함께 채점되어, WS, DS, DdS 등으로 표기된다. 공백 반응의 중앙치는 1개이다.

일반적으로 보통 부분영역반응은 전체 영역반응보다 빈도가 높다. 보통 부분영역반응의 빈도가 전체 영역반응의 빈도보다 낮은 수검자는 관습적인 선호와 동조적인 태도를 덜 보이는 것으로 알려져 있으며, 일반인이 선호하는 방식으로 선택하거나 범인(凡人)의 생활양식을 따르는 것을 선호하지 않는다. 사회가 허용하는 일상적인 취향과는 다른 방식을 선호하고 보다 창의적이고 개별적이며 독창적인 문제해결방식을 선택하는 모습을 전체 영역반응의 비율이 높은 수검자에게서 발견할 수 있다.

Jung의 성격분류법에 의하면 사람은 외부 세계의 정보를 받아들이는 방식에 따라 직관형(intuition)과 감각형(sensing)으로 구분할 수 있다. 감각형은 구체적인 정보를 직접적인 경험에 의해 받아들이는 것을 선호하는 반면, 직관형은 사물의 외현적 모습의 이면에 존재하는 의미를 발견하는 것을 중시한다. 보통 부분영역 반응의 빈도보다 전체 영역반응의 빈도가 높은 수검자는 감각형이라기보다는 직관형일 가능성이 높다.

NEO-PI-R 성격검사가 측정하는 5요인의 성격 중 개방성(openness to experience)은 '상상력이 풍부한', '창의적인', '호기심 많은', '독창적인', '지각적으로 예민한' 등의 항목으로 측정된다. 개방성의 성격점수에서 높은 값을 보이는 수검자는 새로운 지식과 관점에 대해 관심을 갖고 있으며 세상을 운용하는 새로운 원리에 대해 흥미를 보인다. 전체 영역반응의 빈도와 보통 부분영역반응의 빈도의 비율은 개방성 성격과 관련이 있어, 개방성 점수에서 높은 값을 보이는 수검자일수록 전체 영역반응의 빈도가 더 높다.

드문 부분영역 반응은 매우 '드문' 반응이며 일반인에게 잘 보이지 않는 영역의 반응을 할 경우 드문 부분영역 반응으로 채점된다. 드문 부분영역 반응을 빈번히 보이는 것은 '사소한 세부사항'에 대한 집착과 관련된다. 사소한 세부사항은 완벽주의, 일과 생산성에의 몰두, 경직성, 완고함, 인색함, 저장행동 등의 특징을 지닌 강박성 성격장애(obsessive compulsive personality disorder)의 증상 중 하나이어서 드문 부분영역 반응의 빈도가 4개 이상인 것은 강박성 유형 지표(Obsessive Style Index: OBS)의 항목 중 하나이다.

2. 발달질

발달질의 종류는 네 가지이다. 첫째, 통합반응(synthesized response, +)은 분리된 두 가지 이상의 대상이 관련성을 맺고 있는 경우이며, 대상 중 하나 이상은 구체적 형태를 지니고 있어야 한다. 두 번째는 보편반응(ordinary response, o)이다. 이 반응은 하나의 반점영역이 원래 형태를 가지고 있는 단일 대상을 나타내거나 대상묘사가 구체적인 형태를 나타낼 경우에 해당한다. 세 번째는 모호/통합반응(response vague/synthesized, v/+)이다. 이 반응은 두 가지 이상의 분리된 대상이 연관성을 지니고 있으나, 어느 대상도 명확한 형태로 묘사되지 못한 경우에 해당한다. 만약 연관성을 지니고 있는 분리된 두 대상 중 한 대상은 명확한 형태를 지니고 있지만 다른 한 대상이 명확한 형태를 갖고 있지 않을 경우에는 모호/통합반응(response vague/synthesized, v/+)으로 채점하지 않고 통합반응(synthesized response, +)으로 채점한다. 마지막은 모호반응(response vague, v)이다. 이 반응은 명확한 형태를 갖고 있지 못한 단일 대상이 표현된 경우이다.

3. 결정인

결정인(determinant)은 수검자 반응의 원인이 되는 요소를 의미한다. 결정인은

24개가 존재하며, 24개의 결정인은 형태, 운동(movement), 유채색(chromatic color), 무채색(achromatic color), 음영재질(shading-texture), 음영차원(shading-vista), 음영확산(shading-diffuse), 형태차원(form dimension), 쌍 반응(pairs), 반사 반응(reflection) 등의 10개 범주로 묶일 수 있다.

형태(form, F)는 잉크반점의 형태에만 근거하여 반응을 구성한 경우이다. 형태는 유채색, 무채색, 음영재질, 음영차원, 음영확산, 반사반응 등과 함께 결정인을 구성하기도 하며, CF, FC, FC', C'F, TF, FT, VF, FV, YF, FY, rF, Fr 등으로 표기된다.

인간 운동반응(M)은 인간의 활동에 채점하기도 하고, 동물이나 가상적인 인간이 '인간의 활동'을 할 때도 채점한다. '아이가 뛰어 다닌다'는 반응이 인간 운동반응으로 포함될 뿐만 아니라 '원숭이가 춤을 춘다'는 반응과 '거인이 이야기를 한다'는 반응도 인간 운동반응으로 채점될 수 있다. 왜냐하면 춤을 추는 행동과 이야기를 하는 행동은 모두 인간 고유의 행동이라고 간주하기 때문이다. 인간 운동반응에서 '운동'이란 정서적인 활동도 포함한다. 따라서 '슬픈 사슴'과 같이 정서가 표현된 반응도 인간 운동반응으로 채점할 수 있다. 인간 운동반응의 중앙치는 10세 이상의 아동·청소년과 성인의 경우 4개이고, 10세 미만의 경우에는 1~3개 수준이며 연령이 증가할수록 인간 운동반응의 빈도도 높아진다.

인간 운동반응의 기호(M)에는 동물·무생물 운동반응과 마찬가지로 두 종류의 위첨자가 부가되어있다. 운동이 능동적이면 a(active)를 첨자로 붙이고, 운동이 수동적이면 p(passive)를 첨자로 붙인다. 능동적 운동과 수동적 운동을 구분하는 기준이 되는 운동은 말하다(talking)이며 '말하다' 보다 능동적인 운동을 의미하는 '싸우다', '소리치다', '달리다' 등의 반응은 능동적 행동으로 분류하고, '말하다'보다 소극적인 운동을 뜻하는 '잠자다', '쉬다', '앉아 있다' 등의 반응은 수동적 행동에 포함시킨다.

인간 운동반응은 인간의 사고활동을 반영한다. 인간 운동반응의 빈도가 높은 수검자일수록 창조적 사고능력과 추론능력이 뛰어나며 일반적인 지적 능력 또한 높아 인간 운동반응은 일반적인 적응능력과 심리적 자원을 나타내는 것으로 알려져 있다. 또한 충동을 억제하고 좌절을 인내하는 능력과 인간 운동반응이 관련되어 있어, 인간 운동반응의 빈도가 높은 수검자일수록 스트레스 상황에서 적응적인 대처방략을 사용하여 스트레스를 다루는 능력이 뛰어나다. 인간 운동반응의 부정적 측면 중 하나는 인간 운동반응이 내적 공상과 관련된다는 점이다. 직접적인 문제해결방략을 강구하는 대신 백일몽과 같은 내적인 공상으로 스트레스 상황에 대처하려는 태도와 인간 운동반응이 관련된다.

긍정적 측면과 부정적 측면을 동시에 지니고 있는 인간 운동반응의 적응성을 가늠하기 위한 지표 중 하나가 인간 운동반응의 수동성과 능동성이다. 수동적 운동의 빈도가 능동적 운동의 빈도를 상회할 때 인간 운동반응의 부정적 측면이 두드러져 인간 운동반응이 시사하는 수검자의 스트레스 적응력은 반감된다.

인간 운동반응의 빈도가 높은 수검자의 적응능력을 판단하기 위한 또 다른 방편은 그 반응의 형태질을 살펴보는 것이다. 마이너스 형태질(Minus, −)의 인간 운동반응은 공감능력 부족을 반영하므로 인간 운동반응에서 형태질이 낮은 경우에는 타인의 마음을 읽고 이해하는 능력의 부족으로 인한 대인관계 부적응이 시사된다.

동물 운동반응(FM)은 동물이 움직이는 반응을 보일 때 채점하고, 성인의 중앙치는 4개이며, 10세부터 12세 아동의 중앙치는 6개이다. 동물 운동반응은 원하는 바를 이루지 못하는 욕구불만의 상태를 평가하는 것으로 알려져 있다.

무생물 운동반응(m)은 사람과 동물 이외의 대상이 움직임을 보일 때 채점한다. 성인에게 있어 무생물 운동반응의 중앙치는 1개이고 성인과 아동 · 청소년 간 중앙치의 차이는 없다. 무생물 운동반응의 빈도는 수검자가 외부적 환경에 의해 자신의 상황이 결정된다는 무력감을 경험할 때 상승하는 것으로 보고된다. 무생물 운동반응은 동물 운동반응에 비해 안정성이 낮은 변인으로서 시간과 상황에 따라 가변적인 특성이 강하다.

동물 운동반응과 무생물 운동반응은 모두 자발적인 사고 작용이 아니라 침투적인 사고 작용과 관련된다. 떠올리고 싶지 않으나 반복적으로 의식에 침투하는 사고가 많은 수검자일수록 동물 운동반응과 무생물 운동반응의 빈도는 증가한다.

능동 운동반응(a)과 수동 운동반응(p)의 비율인 a : p의 값은 대인관계에서 능동성과 수동성을 나타낸다. 능동 운동반응의 중앙값은 6개이고 수동 운동반응의 중앙값은 2개이므로 수동 운동반응이 능동 운동반응보다 2개 이상 클 가능성은 매우 낮다. 수동 운동반응이 능동 운동반응보다 2개 이상 클 경우, 수검자는 대인관계에서 매우 수동적이고 순종적일 가능성이 크다.

유채색 반응은 형태-색채반응(FC), 색채-형태반응(CF), 순수색채반응(C), 색채명명반응(Cn) 등 4가지 종류가 있다. 형태-색채반응에서는 수검자의 반응의 주원인이 형태이고 색채는 보조적인 역할을 하며, 색채-형태반응에서는 수검자 반응의 주요 역할을 색채가 맡고 형태는 정교화의 역할만을 담당한다. 순수색채반응에서 수검자는 형태를 배제하고 순전히 색채로만 반응을 형성하고, 색채명명반응에서 수검자는 색채의 이름을 사용하여 반응한다.

유채색 반응은 정서조절과 관련된 일련의 심리적 개념을 반영한다. 정서조절이란 정서경험, 정서인식, 정서이해, 정서표현 등을 아우르는 개념이다. 정서경험은 내외적 사건에 노출된 후의 무의식적인 정서 체험을 의미하고, 정서인식은 정서가 체험되었다는 것을 의식적으로 아는 것을 뜻한다. 정서이해는 체험되고 인식된 정서의 종류와 원인을 아는 것을 말하고, 정서표현은 경험된 정서에 대해서 타인에게 드러내는 것을 의미한다.

부족한 정서 경험, 인식, 이해, 표현을 말해주는 지표는 WSumC이다. WSumC는 순수색채반응, 색채-형태반응, 형태-색채반응의 빈도를 조합하여 만든 지표이다(WSumC = C×1.5 + FC×0.5 + CF×1.0). 성인의 경우, C의 중앙값은 0이고, FC의 중앙값은 4이며, CF의 중앙값은 2이기 때문에 WSumC의 중앙값은 대략 4.5 정도이다. 만약 WSumC의 값이 2.5 이하이면 수검자는 정서 경험, 인식, 이해, 표현이 부족한 상태이다.

부족한 정서 경험, 인식, 이해, 표현을 보여주는 또 다른 변인은 정서비율(Affective Ratio, Afr)이다. 정서비율은 8번, 9번, 10번 카드의 반응수를 1~7번 카드의 반응수로 나누어 산출한다. 정서비율의 중앙값은 .67이며, 이 값이 .50미만을 보이는 수검자는 정서 경험, 인식, 이해, 표현의 부족을 보여준다.

형태-색채반응에 대한 순수색채반응과 색채형태반응의 비율은 정서를 '상황에 적절하게' 표현하는 능력과 관련된다. CF와 C의 합이 FC보다 2개 이상 많은 경우(CF+C 〉 FC+1), 수검자는 정서표현을 자제해야 할 때 억제하지 못하거나, 극적이고 강렬한 정서 경험과 표현을 하여 정서표현이 변덕스럽고 피상적이라는 평가를 타인으로부터 받을 가능성이 크다. 반면 FC가 CF와 C의 합보다 4개 이상 많은 경우(FC 〉 CF+C+3), 수검자는 적절한 정서표현을 해야 할 때 제대로 하지 못하고, 정서적 표현과 경험을 억제하며, 차갑고 거리감이 있고 재미가 없는 사람이라는 평가를 받을 가능성이 크다.

무채색 반응, 음영재질 반응, 음영차원반응, 음영확산반응 등을 합친 지표를 Sumshd([sʌmʃeɪdɪŋ])이라고 칭한다. 이 중 무채색 반응(C´, C´F, FC´)은 울적한 감정을 반영하고 그 중앙값은 1개이다. 음영재질반응(FT, T, TF)은 친밀한 접촉과 관련된 부정적 감정과 관련되며 중앙값은 1이다. 음영확산반응(Y, YF, FY)은 스트레스와 관련된 무망감과 무력감을 반영하며 중앙값은 0이다. 음영차원반응(V, VF, FV)은 자기비판적 태도와 관련된 부정정서를 반영하며 중앙값은 0이다. 이들 값을 합친 Sumshd은 수검자가 경험하고 있는 부정정서의 총합을 뜻하며 그 중앙값은 3개이다.

억제비율(Constriction Ratio)은 유채색반응과 무채색반응의 비율을 의미한다. 일반적으로 WSumC의 중앙값은 4.5이고 SumC´의 중앙값은 1이기 때문에 유채색반응이 무채색반응보다 적은 경우는 극히 드물다. 무채색반응이 유채색반응의 빈도보다 높은 수검자는 부정정서의 표현을 억제하고 부정정서의 경험을 회피하는 모습을 보인다. 이는 부정정서 인식과 이해의 곤란과 대인관계 회피를 낳고 결국 부족한 정서경험으로 이어지게 된다.

형태차원(Form Dimension, FD)은 잉크반점의 음영이 아닌 크기나 모양에 의해 깊이, 거리 및 차원이 결정된 반응을 의미한다. FD 반응은 연령과 관련이 있다. 5~9세의 FD 반응의 중앙값은 0이고, 10~11세의 66% 그리고 12세 이상의 75%가 FD 반응을 보고하며, 청소년과 성인의 FD 반응의 중앙값은 1~2이다. FD 반응은 자기인식(self-awareness)을 반영한다. 1~2개의 FD 반응을 보고하는 성인 수검자는 자신의 욕구를 잘 인식하고 자신의 행동이 타인에게 미칠 영향을 잘 알며 자신의 행동과 모습을 충분히 검색하는 능력을 지녔다(Weiner, 2003). FD 반응을 전혀 보이지 않는 성인 수검자는 자신에 대한 인식이 부족하고 자신을 잘 이해하지 못하며 자신의 행동이 타인에 미치는 영향에 대해 둔감한 사람이며, FD

반응이 3개 이상인 성인 수검자는 타인에게 비치는 자신의 행동에 과도하게 민감하여 대인관계에서 충분히 이완되기 어렵고 대화 상대를 불편하게 만들 가능성이 있다.

4. 형태질

형태질(form quality)은 잉크반점에 대한 반응이 잉크반점의 실제 모습과 얼마나 부합하는지를 평가하는 값으로서 수검자의 현실 검증력과 지각적 정확성을 반영하며 4개의 범주(o, u, -, +)로 구분된다. 보통 형태질(ordinary, o)은 쉽게 알아챌 수 있는 보편적인 반응을 뜻하며 전체 영역반응(W)과 보통 부분영역반응(D)에서 9500명의 반응기록 중 2%(190명) 이상이 보고한 865개 항목이 포함되고, 드문 부분영역반응(Dd)에서 9500명의 반응기록 중 50명 이상 보고한 146개 항목이 포함된다. 보통 형태질의 중앙치는 17이다.

드문 형태질(unusual, u)은 쉽게 알아챌 수 있으나 드문 반응을 뜻하며 전체 영역반응(W)과 보통 부분영역반응(D)에서 9500명의 반응기록 중 2%(190명) 미만이 보고한 1611개 항목이 포함되고, 드문 부분영역반응(Dd)에서 9500명의 반응기록 중 50명 미만이 보고한 565개 항목이 포함된다. 드문 형태질의 중앙치는 3이다. 마이너스 형태질(minus, -)은 쉽게 알아챌 수 없는 동시에 드문 반응을 뜻하며 전체 영역반응(W)과 보통 부분영역반응(D)에서 1395개 항목이 포함되고, 드문 부분영역반응(Dd)에서 436개 항목이 포함된다. 마이너스 형태질의 중앙치는 1이다. 보통-정교화 형태질(ordinary-elaborated, +)은 쉽게 알아챌 수 있는 보편적인 반응 중에서 세부묘사를 정교하게 한 경우로서, 중앙치는 1이다.

왜곡형태 비율(Distorted Form, X-%)은 전체반응에서 형태질이 마이너스인 반응이 차지하는 비율을 의미한다. 예를 들어, 전체반응 수가 23개이고 전체 마이너스 반응 빈도의 합이 1개일 때 왜곡형태 비율의 값은 .04(1/23)이다. 일반적으로 왜곡형태 비율의 값이 .20을 초과하는 수검자는 부정확한 지각에서 비롯되는 잘못된 판단과 행동을 할 가능성이 높고 자신에 대한 부정확한 인식과 타인의 행동과 의도에 대한 오지각(誤知覺)으로 인하여 일상생활에 어려움을 겪을 가능성이 크다.

확장형 적절형태 비율(Form Appropriate Extended, XA+%)은 전체반응에서 형태질이 +, o, u인 반응이 차지하는 비율을 뜻한다. 예를 들어, 전체반응 수가 23개이고 FQ+, FQo, FQu의 합이 21개이면 XA+%의 값은 .91(21/23)이다. 일반적으로 XA+%이 .77을 상회하면 주변의 사람과 자기 자신을 정확하게 인식한다. 만약 마이너스 반응 수가 3개이고 비형태 반응 수(C, Cn, C', T, V, Y, FD)가 4개이며 총 반응 수가 20개이면, X-%의 값은 .15(3/20)이지만, XA+%의 값은 .65(13/20)이다.

일반영역 적절형태 비율(Form Appropriate-Common Areas, WDA%)은 W와 D 영역 반응 중에서 x, o, u인 반응이 차지하는 비율을 뜻한다.

[사례 1]

전체반응 수: 23개
W 반응 수: 8개 (+: 1, o: 5, u: 1, -: 1)
D 반응 수: 12개 (+: 1, o: 8, u: 2, -: 1)
Dd 반응 수: 3개 (+: 0, o: 3, u: 0, -: 0)
XA+%: 21 / 23 = .91 (〉 .77)
WDA%: 18 / 20 = .90 (〉 .80)

[사례 1]에서, 전체반응 수가 23개이고 W 반응 수, D 반응 수, Dd 반응 수가 각각 8개(+: 1, o: 5, u: 1, -: 1), 12개(+: 1, o: 8, u: 2, -: 1), 3개(+: 0, o: 3, u: 0, -: 0)이다. 확장형 적절형태 비율의 값은 .91이고 일반영역 적절형태 비율의 값은 .90이다. 이 경우 확장형 적절형태 비율도 기준값 .77을 넘고 일반영역 적절형태 비율 또한 기준점 .80을 상회하여 수검자의 지각능력이 양호함을 보여준다.

[사례 2]

전체반응 수: 23개
W 반응 수: 8개 (+: 0, o: 3, u: 1, -: 4)
D 반응 수: 12개 (+: 1, o: 5, u: 2, -: 4)
Dd 반응 수: 3개 (+: 0, o: 0, u: 0, -: 3)
XA+%: 12 / 23 = .52 (〈 .77)
WDA%: 12 / 20 = .60 (〈 .80)

[사례 2]에서 전체반응 수가 23개이고 W 반응 수, D 반응 수, Dd 반응 수가 각각 8개(+: 0, o: 3, u: 1, -: 4), 12개 (+: 1, o: 5, u: 2, -: 4), 3개 (+: 0, o: 0, u: 0, -: 3)이고, 확장형 적절형태 비율의 값은 .52이며, 일반영역 적절형태 비율의 값은 .60이다. 이 경우 확장형 적절형태 비율의 값도 기준값 .77에 미치지 못하고 일반영역 적절형태 비율의 값 또한 기준점 .80에 이르지 못하여 수검자의 지각적 정확성이 낮음을 보여준다.

[사례 3]

전체반응 수: 23개
W 반응 수: 8개 (+: 1, o: 4, u: 1, -: 2)
D 반응 수: 12개 (+: 1, o: 9, u: 1, -: 1)
Dd 반응 수: 3개 (+: 0, o: 0, u: 0, -: 3)
XA+%: 17 / 23 = .73 (〈 .77)
WDA%: 17 / 20 = .85 (〉 .80)

[사례 3]에서 전체반응 수가 23개이고 W 반응 수, D 반응 수, Dd 반응 수가 각각 8개(+: 1, o: 4, u: 1, -: 2), 12개(+: 1, o: 9, u: 1, -: 1), 3개(+: 0, o: 0, u: 0, -: 3)이고, 확장형 적절형태 비율은 .73(17/23)이며, 일반영역 적절형태 비율은 .85(17/20)이다. 이 경우 확장형 적절형태 비율은 임계치 .77에 미치지 못

하지만 일반영역 적절형태 비율은 기준점 .80을 상회한다. 확장형 적절형태 비율과 일반영역 적절형태 비율의 엇갈리는 결과는 사례 3의 수검자가 Dd 영역에서 마이너스 형태질 반응을 상대적으로 많이 보였기 때문이며, 정상적 현실검증능력을 지니고 있으나 사소한 부분에 집착하는 수검자의 특성이 반영된 결과이다.

5. 평범반응

로샤 검사에서는 13개의 평범반응(popular response)이 존재한다. 평범반응은 3명의 수검자 중 한 명 이상 응답하는 반응을 의미하며 일반 수검자는 평균 4개에서 7개 사이의 반응을 한다. 평범반응의 개수가 0~3개 사이일 때는 두 가지 가능성이 존재한다. 하나는 수검자가 다른 사람이 보듯이 보지 않으려고 하는 것이고 또 다른 하나는 수검자가 다른 사람이 보듯이 볼 수 없는 경우이다. 이 두 가지 가능성 중에 어느 것이 참인지를 파악하기 위해서는 추가적인 정보가 필요하다.

평범반응의 개수가 3개 이하인 것이 타인이 보듯이 보지 않으려는 태도를 수검자가 가지고 있다는 점을 시사한다면 Xu%의 값(Xu%의 평균구간: .08 < Xu% < .22)이 .22 이상이어야 하며, 동시에 X-%의 값은 .20 미만이고 XA+%의 값 또한 .77 이상이어야 한다. 평범반응의 개수가 3개 이하인 것이 타인이 보듯 수검자가 볼 수 없는 수검자의 능력을 반영한다면 X-%의 값은 .20 이상이고 XA+%의 값 또한 .77 미만이어야 한다.

[사례 1]

전체반응 수: 24개
+ 반응 수: 2개
o 반응 수: 17개 (P = 5)
u 반응 수: 4개
- 반응 수: 1개
XA+%: 23 / 24 = .96 (> .77)

X-%: 1 / 24 = .04 (〈 .20)

Xu%: 4 / 24 = .16 (.08 〈 Xu% 〈 .22)

[사례 1]에서 평범반응의 수는 5개로서 평균범위(3 〈 P 〈 8)에 속하고, XA+%의 값은 임계치인 .77 이상이다. 또한 X-%의 값은 .04로서 임계치인 .20 미만이며, Xu%의 값은 .16으로서 임계치인 .08 이상이고 .22 이하이다. 이 사례의 수검자는 타인이 볼 수 있는 것을 자신도 볼 수 있는 능력을 지니고 있는 동시에 타인이 보는 것을 자신도 보려고 노력하는 태도를 지닌 사람이라고 할 수 있다.

[사례 2]

전체반응 수: 24개

\+ 반응 수: 2개

o 반응 수: 13개 (P = 2)

u 반응 수: 8개

\- 반응 수: 1개

XA+%: 23 / 24 = .96 (〉 .77)

X-%: 1 / 24 = .04 (〈 .20)

Xu%: 8 / 24 = .33 (〉 .22)

[사례 2]에서 평범반응의 수는 2개로서 평균범위(3 〈 P 〈 8)에 미치지 못하고, Xu%의 값은 .33으로서 임계치인 .22 이상이다. 반면, XA+%의 값은 .96으로서 임계치인 .77 이상이며 X-%의 값은 .04로서 임계치인 .20 미만이다. [사례 2]의 수검자는 타인이 볼 수 있는 것을 자신도 볼 수 있는 능력을 지니고 있으나 타인이 보는 것을 자신은 보려하지 않으려는 태도를 지닌 사람이라고 할 수 있다.

[사례 3]

전체반응 수: 24개
+ 반응 수: 0개
o 반응 수: 9개 (P = 2)
u 반응 수: 8개
- 반응 수: 7개
XA+%: 17 / 24 = .70 (〈 .77)
X-%: 7 / 24 = .29 (〉 .20)

[사례 3]에서 평범반응의 수는 2개로서 평균범위(3 〈 P 〈 8)에 미치지 못한다. 아울러, XA+%의 값은 .70으로서 임계치인 .77 미만이며 X-%의 값은 .29로서 임계치인 .20 이상이다. [사례 3]의 수검자는 타인이 볼 수 있는 것을 자신도 볼 수 있는 능력을 지니고 있지 않는 사람이라고 할 수 있다.

6. 반응내용

로샤 검사는 아래와 같이 26개의 반응내용을 담고 있다.

Whole Human H
수검자가 실제 사람의 전체 모습을 보고했을 때 H로 채점한다. 이순신 장군과 세종대왕과 같이 역사적인 실존인물을 지각했을 때에는 H로 채점한다. H의 중앙값은 3이다.

Whole Human, Fictional or Mythological (H)
실제 존재하는 인물이 아니라 소설이나 극에서만 존재하는 가상의 인물, 혹은 신화에 등장하는 반인반수(半人半獸)의 인물을 표현했을 때에는 (H)로 채점한다. (H)의 중앙값은 1이다.

Human Detail Hd
전체 인간의 모습을 묘사한 것이 아니라 신체의 일부분을 표현하였을 때에는 Hd로 채점한다. Hd의 중앙값은 0이다.

Human Detail, Fictional or Mythological (Hd)
수검자가 가상의 인물의 부분 모습을 표현하였을 때 (Hd)로 채점하며 (Hd)의 중앙값은 0이다.

모든 인간반응의 총합 수, 즉 H, (H), Hd, (Hd)를 다 합산한 값을 SumH라 칭하며 SumH의 중앙값은 5이며, SumH의 값이 3 이하일 때에는 인간에 대한 수검자의 관심이 현저히 부족하거나 수검자에게 대인관계는 불편한 것임을 보여준다.

일반적으로 H의 빈도는 (H), Hd, (Hd)의 빈도를 합한 것보다 높다. 만약 후자의 빈도가 전자의 빈도보다 높다면, 수검자가 대인관계에서 불편감을 경험하거나 수검자가 성장기에 동일시의 어려움을 겪었을 가능성을 시사한다. 성장 과정에서 행동과 사고의 지침이 될 만한 성인에 대해 적절한 모델링을 하지 못하고 실제 존재하지 않는 가상적인 성인을 대상으로 동일시를 추구하게 되는 수검자는 로샤 검사에서 전체 인간반응에 비해 가상적인 인간반응과 부분적인 인간반응을 보다 빈번히 보고한다.

Human Experience Hx
슬픔, 기쁨, 분노 등의 정서반응과 냄새, 소리, 촉감 등의 감각경험이 묘사되었을 때 Hx로 채점한다. Hx의 중앙값은 0이다.

Whole Animal A
수검자가 전체 동물을 묘사하였을 때 A로 채점하며 A의 중앙값은 8이다.

Whole Animal, Fictional or Mythological (A)
실제 존재하는 동물이 아니라 소설이나 극에서만 존재하는 가상의 동물, 혹은 신화에 등장하는 가상의 동물을 표현했을 때에는 (A)로 채점한다. (A)의 중앙치는 0

이다.

Animal Detail Ad
수검자가 동물의 부분을 묘사하였을 때 Ad로 채점한다. Ad의 중앙값은 2이다.

Whole Animal, Fictional or Mythological (Ad)
실제 존재하는 동물이 아니라 소설이나 극에서만 존재하는 가상의 동물, 혹은 신화에 등장하는 가상의 동물의 부분을 표현했을 때에는 (Ad)로 채점한다. (Ad)의 중앙값은 0이다.

Anatomy An
내부 장기, 근육, 뼈 등의 내부 기관을 묘사하였을 때 An으로 채점한다. An의 중앙값은 0이다.

Art Art
동상, 보석, 촛대, 인장(印章), 샹들리에(chandelier) 등의 예술작품을 묘사하였을 때 Art로 채점한다. Art의 중앙값은 1이다.

Anthropology Ay
수검자가 고려시대 의복, 신라시대 왕관, 조선시대 갓 등 역사적·문화적 의미를 지닌 반응을 하였을 때 Ay로 채점한다. Ay의 중앙값은 0이다.

Blood Bl
수검자가 인간의 피나 동물의 피를 보고하였을 때 Bl로 채점한다. Bl의 중앙값은 0이다.

Botany Bt
수검자가 식물의 전체 혹은 일부분을 묘사하였을 때 Bt로 채점한다. Bt의 중앙값은 3이다.

Clothing Cg

수검자가 모자, 바지, 재킷, 넥타이, 벨트 등 인간이 몸에 입는 의복을 묘사하였을 때 Cg로 채점한다. Cg의 중앙값은 1이다.

Clouds Cl

수검자가 구름을 묘사하였을 때 Cl로 채점하며 구름과 유사한 안개, 노을을 표현하였을 때에는 Na로 채점한다. Cl의 중앙값은 0이다.

Explosion Ex

수검자가 폭탄, 불꽃, 폭파 등 폭발을 묘사하였을 대 Ex로 채점한다. Ex의 중앙값은 0이다.

Fire Fi

수검자가 불이나 연기를 묘사하였을 때 Fi로 채점한다. Fi의 중앙값은 0이다.

Food Fd

수검자가 인간이 먹을 수 있는 것이나 동물이 먹을 수 있는 것을 묘사할 때 Fd로 채점한다. Fd의 중앙값은 0이다.

Geography Ge

수검자가 지도를 묘사하였을 때 Ge로 채점한다. Ge의 중앙값은 0이다.

Household Hh

식기와 가구를 포함하여 가정에서 실용적 목적으로 사용되는 생활용품을 묘사할 때 Hh로 채점한다. 가구 중에서 샹들리에와 같이 심미적 가치가 있는 것은 Art로 채점하며, 모피로 만든 카펫은 Ad로 채점한다. Hh의 중앙값은 1이다.

Landscape Ls

산, 섬, 바위, 늪, 사막, 언덕, 동굴 등 풍경을 묘사할 때 Ls로 채점한다. Ls의 중앙값은 1이다.

Nature Na

태양, 달, 하늘, 바다, 강, 눈, 비, 노을, 무지개, 별 등 Bt와 Ls로 채점되지 않는 자연반응을 Na로 채점한다. Na의 중앙값은 0이다.

Bt, Cl, Ge, Ls, Na 등의 반응은 함께 사회적 위축과 대인관계 소외를 반영하는 고립 지표(Isolation Index, ISOL, [Bt+2Cl+Ge+Ls+2Na/R]를 형성한다. ISOL의 평균은 .20이며, 이 값이 .33을 초과하는 수검자는 사회적 상호작용으로부터 회피하려는 경향이 강하며, 타인과의 상호작용의 기회가 적다.

Science Sc

비행기, 자동차, 악기, 오토바이, 배, 우주선, 기차, 전화, TV, 컴퓨터, 무기, 로켓 등 직간접적인 과학적 산물이나 공상과학과 관련된 반응은 Sc로 채점한다. Sc의 중앙값은 1이다.

Sex Sx

질, 남근, 고환, 유방, 월경, 성관계, 유산, 엉덩이 등 성적인 행동과 관련 있는 반응은 Sx로 채점한다. Sx 반응은 An, Hd, H 등과 함께 채점하는 경우가 많다. Sx의 중앙값은 0이다.

X-ray Xy

수검자가 X선 반응을 했을 때 Xy로 채점하며, 비록 수검자가 뼈나 장기(臟器)를 포함하는 반응을 하였더라도 An로 채점하지 않는다. Xy의 중앙값은 0이다.

7. 조직화 활동

조직화 활동(organizational activity)이란 잉크반점의 개별요소를 효과적이고 효율적으로 조직화하는 것을 의미한다. 수검자의 조직화 활동을 가늠하기 위해서 Z빈도(Zf)와 Z점수의 총합(ZSum) 그리고 Z빈도를 통해 추정한 ZSum인 Zest 등의 세 지표가 산출된다. 로샤 검사의 반응 중 일부는 Z점수를 부과할 수 있으며, Z점수는 ZW(전체 영역반응에 대한 Z점수), ZA(붙어있는 두 영역 반응에 대한 Z점수), ZD(떨어져 있는 두 영역 반응에 대한 Z점수), ZS(공백영역 통합 반응에 대한 Z점수) 등의 4가지로 구분된다. ZW는 수검자가 전체 영역반응을 하고 발달질이 +, v/+, o 일 때 부과하는 Z점수이다. ZA는 수검자가 붙어있는 두 영역을 개별 대상으로 인식하고 두 대상 사이에 의미 있는 관련성이 존재할 때 부과하는 Z점수이다. ZD는 수검자가 떨어져있는 두 영역을 개별 대상으로 인식하고 두 대상 사이에 의미 있는 관련성이 존재할 때 부과하는 Z점수이다. ZS는 수검자가 잉크반점과 공백영역을 통합하여 반응하였을 때 부과하는 Z점수이다.

〈표 6-1〉에서 카드별 ZW, ZA, ZD, ZS 등을 소개하였다. 평균적으로 Z점수의 4분류 중에서 가장 높은 점수에 해당하는 것은 공백영역 통합 반응의 Z점수(4.70)이고 떨어져 있는 두 영역 반응의 Z점수(4.50), 전체 영역반응의 Z점수(3.45), 붙어있는 두 영역 반응의 Z점수(2.95)가 그 뒤를 잇는다. 이는 공백영역을 포함하여 조직화하는 것이 가장 어렵고 붙어있는 두 영역을 조직화하는 것이 가장 쉽다는 점을 보여준다.

<표 6-1> 카드별 조직화 점수

카 드	전체 영역반응	붙어있는 두 영역 반응	떨어져 있는 두 영역 반응	공백영역 통합 반응
I	1.0	4.0	6.0	3.5
II	4.5	3.0	5.5	4.5
III	5.5	3.0	4.0	4.5
IV	2.0	4.0	3.5	5.0
V	1.0	2.5	5.0	4.0
VI	2.5	2.5	6.0	6.5
VII	2.5	1.0	3.0	4.0
VIII	4.5	3.0	3.0	4.0
IX	5.5	2.5	4.5	5.0
X	5.5	4.0	4.5	6.0
평균	3.45	2.95	4.50	4.70

평균 Zf의 값은 11.84(SD = 2.78)이며 Zf의 정상범위는 9에서 14 사이이다. Zf가 8이하인 경우, 수검자는 필요한 수준보다 훨씬 낮은 수준으로 인지적 활동에 노력을 기울이고 있는 상태이며, Zf 점수가 15점 이상인 경우에는 수검자가 필요한 수준보다 훨씬 열심히 인지적 정보처리에 노력을 기울이는 상태이다.

최적의 ZSum의 값은 Zf로부터 추정되는 값으로서 〈표 6-2〉를 통해 산출된다. 아래 표에서 2점부터 50점까지의 Zf의 값은 각각 최적의 ZSum에 해당하는 2.5점에서 173.0의 Zest값과 대응된다. 만약 Zf의 값이 14라면 그에 해당하는 최적의 ZSum의 값은 45.5이며, Zf의 값이 39라면 그에 대응하는 Zest의 값은 134.0이다.

Zd 점수는 ZSum과 Zest의 차를 통해 구해지는 값으로서 -3에서 3 사이의 범위에 있으면 평균 점수로 간주한다. Zd 점수가 -3 미만인 경우 우리는 그 수검자를 과소통합자라 칭하며 과소통합자의 수검자는 상황을 충분히 고려하지 않고 신중히 살피지 않은 상태에서 성급하게 결정을 내리는 경향이 있다. Zd 점수가 3을 초과할 경우 우리는 그 수검자를 과대통합자라 부르며 과대통합자의 수검자는 정확성을 위해서 최대한의 인지적 노력을 기울이고 가능한 한 많은 정보를 수집하려는 경향이 있다.

<표 6-2> Z빈도(Zf)별 Zest의 값

Zf	Zest	Zf	Zest	Zf	Zest	Zf	Zest	Zf	Zest
1	-	11	34.5	21	70.0	31	105.5	41	141.0
2	2.5	12	38.0	22	73.5	32	109.5	42	144.5
3	6.0	13	41.5	23	77.0	33	112.5	43	148.0
4	10.0	14	45.5	24	81.0	34	116.5	44	152.0
5	13.5	15	49.0	25	84.5	35	120.5	45	155.5
6	17.0	16	52.5	26	88.0	36	123.5	46	159.0
7	20.5	17	56.0	27	91.5	37	127.0	47	162.5
8	24.0	18	59.5	28	95.0	38	130.5	48	166.0
9	27.5	19	63.0	29	98.5	39	134.0	49	169.5
10	31.0	20	66.5	30	102.5	40	137.5	50	173.0

8. 특수점수

비일상적인 언어표현과 부적절한 논리사용과 관련된 15개 특수점수가 존재하며, 이 중 6개의 특수점수를 합산한 값이 WSum6(Weighted sum of first six categories)이다. 각 반응은 심각도에 따라 수준 1(Level 1)과 수준 2(Level 2)로 구분가능하다. WSum6에 포함되는 6개의 특수점수는 아래와 같다.

DV(Deviant Verbalizations, 이탈된 언어표현)는 수검자가 수검자 이외의 사람은 사용하지 않는 신조어를 만들어 내는 조어증(neologism)과 동일하거나 유사한 의미를 지닌 두 어휘를 함께 사용하는 중복표현(redundancy)을 의미한다. 예를 들어, 아이들이 서로 말다툼하고 있는 것을 표현하기 위해서 '아이들이 서로 구따지따하고 있어요'라고 묘사하며 신조어인 '구따지따하다'를 사용하는 것이 조어증이며, '세 명의 삼총사 거미가 걸어가고 있어요'라는 반응에서 유사한 의미를 지닌 '세 명'과 '삼총사'를 함께 사용하는 것이 중복표현이다. 심각도에 따라 수준 1 DV과 수준 2 DV로 구분된다.

DR(Deviant Responses, 이탈된 반응)은 하나의 문장을 구성하는 두 개의 구가 서로 관련이 없거나 억지스럽게 연결된 부적절한 구(inappropriate phrase)와 수검자가 원래 말하려고 하는 바를 즉각 표현하지 못하고 주제에서 벗어난 표현과 내용으로 장황하게 설명하는 우회적인 반응(circumstantial response)을 뜻한다. 예를 들어, '이것은 박쥐인데요, 만약 이 그림에 동굴이 있다면요'라고 반응한 것이 부적절한 구이고, '이것은 박쥐인데요. 제가 어렸을 때 살았던 집 근처에 동굴이 있었어요. 박쥐는 동굴에 많아요. 아이들은 동굴에 가서 노는 것을 좋아해요'라고 반응하는 것이 우회적인 반응이다. 심각도에 따라 수준 1 DR과 수준 2 DR로 구분된다.

INCOM(Incongruous Combination, 어울리지 않는 조합)은 하나의 잉크반점 영역을 구성하는 두 부분이 어울리지 않은 조합을 보이는 경우를 의미한다. 예를 들어, '노란 눈을 가진 남자'라는 반응에서는 노란색의 눈은 실제 존재하지 않으므로 노란색이라는 색깔과 눈이라는 신체기관은 어울리지 않으며, '뱀 머리를 한 여자'라는 반응에서는 뱀의 머리를 지닌 여자는 실제 존재하지 않으므로 뱀의 머리와 여성의 신체는 어울리지 않는다.

FABCOM(Fabulized Combination, 우화적 조합)은 분리된 두 개의 잉크반점 영역이 현실적으로 가능하지 않는 방식으로 관련을 맺는 것을 뜻한다. 예를 들어, '참새들이 춤을 추고 있다'라는 반응에서는 두 개의 잉크반점 영역('두 마리의 참새')이 현실적으로 가능하지 않는 방식('춤을 추고 있다')으로 관련을 맺고 있으며,

'롤러코스터를 타고 있는 고양이'라는 반응에서도 두 개의 잉크반점 영역('롤러코스터'와 '고양이')이 실제로는 관찰되기 어려운 방식으로 관계를 맺고 있다.

CONTAM(Contamination, 오염 반응)은 두 가지 이상의 이미지가 영화의 필름이 겹쳐지듯이 중첩되는 것을 의미한다. 예를 들어, '곤충 두꺼비'라는 반응을 할 때 '곤충'에 해당하는 잉크반점 영역과 '두꺼비'에 해당하는 잉크반점 영역이 중첩되는 경우이며, 이 때 수검자는 '곤충'과 '두꺼비'의 두 대상을 보고하지 않고 '곤충 두꺼비'라는 하나의 대상을 보고한다.

ALOG(Inappropriate Logic, 부적절한 논리)는 수검자가 자신의 반응을 정당화하기 위해서 비논리적이고 비합리적인 방식으로 설명하는 경우를 뜻한다. '여기는 제주도에요. 카드의 남쪽에 있잖아요', '거북이에요. 토끼 옆에 있잖아요' 등의 반응이 ALOG에 해당한다.

PSV(Perseveration, 반응반복)은 카드 내 반응반복, 카드 간 반응반복, 기계적 반응반복 등 세 가지 유형으로 구분된다. 카드 내 반응반복은 동일한 카드에서 채점 기호의 특수점수를 제외한 위치, 발달질, 결정인, 형태질, 내용, Z점수 등의 요소에서 동일한 반응이 나타나는 것을 의미한다. 카드 간 반응반복은 이전 카드에서 등장했던 반응이 다른 카드에서 다시 등장하는 경우를 의미하며, 채점 기호가 동일하지 않아도 되지만 수검자가 두 반응이 동일한 반응이라는 표현을 사용해야 한다. 예를 들어, 카드 I에서 '두 사람이 서로 싸우고 있다'라고 응답한 뒤, 카드 III에서 '아까 싸우던 두 사람이 이제 화해하였다'라고 반응한다면 이는 카드 간 반응반복에 해당한다. 마지막으로 기계적 반응반복은 카드가 바뀌었음에도 불구하고 이전에 다른 카드에서 보고한 반응을 기계적으로 짧고 간단하게 반복하는 경우를 의미하며, 인지적 손상을 입거나 검사에 대해서 저항적인 수검자가 흔히 보이는 반응양식이다.

AB(Abstract Content, 추상내용)는 Hx와 관련된 추상내용과 상징적 표현과 관련된 추상내용으로 나뉜다. Hx로 채점하는 반응 중에서 형태가 없는 인간 운동반응에 해당하는 '이 카드는 분노를 의미한다'라고 응답했을 경우 이 반응은 AB로 채점할 수 있다. '사회주의 혁명을 상징하는 조각'과 같이 구체적이고 분명한 상징적 표현을 한 경우에도 AB로 채점하며, 이 경우 반응 내용에 '상징적' 혹은 '상징하는'이라는 표현이 사용되는 경우가 흔하다.

AG(Aggressive Movement, 공격 운동)는 인간 운동반응, 동물 운동반응, 무생물 운동반응 등의 운동반응에 싸움, 다툼, 공격, 논쟁, 파괴 등의 분명한 공격적 내용이 포함되어야 채점 가능하다. 능동적이고 적극적인 공격행동이 포함되어야 공격 운동으로 채점할 수 있으므로 '싸움이 시작되어 얻어맞고 있는 곰'이라는 반응은 공격 운동으로 채점되지 않고, 파괴를 동반하지 않은 폭발 역시 공격 운동으로 채점되지 않는다.

AG 반응은 분노감정, 자기주장(assertiveness), 경쟁심 등을 반영한다. AG 반응의 중앙값은 1이다. AG 반응에서 높은 값을 보고하는 수검자는 분노의 감정과 공격성을 지닌 사람일수도 있고, 일상생활에서 타인에게 영향을 끼치기를 원하는 자기주장적인 성격을 지닌 사람일수도 있으며, 자신이 이끄는 집단과 자신이 맡아야 하는 과업에 대한 책임이 주어진 경우에도 AG 반응은 상승할 수 있다.

AG 반응의 의미는 COP 반응과 S반응을 결부시켜 해석할 수 있다. COP 반응의 빈도와 AG 반응의 빈도가 함께 높을 때 우리는 수검자가 평소 타인과의 협력행동을 통해 다져진 사회적 유대관계를 바탕으로 자기 주장적 행동을 취할 것으로 예상할 수 있다. 또한 S반응의 빈도가 낮으면서 AG 반응의 빈도가 높을 때 AG 반응은 분노에 가득 찬 공격행동이 아니라 부정적 감정을 동반하지 않은 주도적 행동양식을 반영한다.

COP(Cooperative Movement, 협동 운동)는 인간 운동반응, 동물 운동반응, 무생물 운동반응이 적극적이고 협동적인 운동반응을 포함할 때 채점한다. '서로 쳐다보고 있는 두 사람'의 반응은 적극적인 협동행동을 담고 있지 않으므로 COP 반응에 해당하지 않는 반면, '두 사냥꾼이 함께 다른 동물과 싸우고 있다'는 반응은 적극적인 협동행동을 나타내고 있으므로 COP 반응에 속한다.

COP 반응의 중앙값은 2이다. COP 반응에서 높은 값을 보이는 수검자는 타인과의 상호작용에 대해 긍정적 태도를 지니고 있으며 자발적으로 상호작용에 참여하려는 노력을 보인다. 반면 COP 반응을 보이지 않는 수검자는 타인과의 상호작용에 대하여 부정적 태도를 지니고 있고 타인과의 상호작용에 참여하지 않으려 하며 타인이 좋아하는 사람이 되기 어렵다(Weiner, 2003).

MOR(Morbid Content, 병적 내용)은 죽은, 파괴된, 손상된, 상처 입은, 깨어진, 폐허가 된, 오염된 대상이 반응에 포함되었거나 대상에 대해 우울한 감정이나 특징을 부여한 경우에 채점한다. 예를 들어, '깨어진 찻잔', '폐허가 된 도시', '상처 입은 늑대' 등의 반응과 '슬픈 사슴', '울고 있는 사람' 등의 반응이 MOR 반응에 속한다.

성인의 경우 MOR 반응의 중앙값은 0이다. MOR 반응에서 높은 값을 보이거나 MOR 반응의 피해자와 자신을 동일시한 경우 수검자는 자신과 자신의 신체에 대해 부정적인 태도를 갖고 있는 것으로 간주한다. 만약 MOR 반응을 보이더라도 수검자가 그 반응의 피해자와 동일시하지 않고 가해자와 동일시할 경우, MOR 반응이 지닌 상기의 의미는 퇴색한다. 예를 들어, '머리를 관통한 총알'이라는 반응에서 총알의 피해자와 동일시하는 수검자일 경우에 이 반응은 부정적 자기개념을 반영하지만, 수검자가 총탄을 발사한 가해자와 동일시한 경우에 이 반응은 부정적 자기개념을 나타낸다고 보기 어렵다(Weiner, 2003).

GHR(Good Human Representation, 좋은 인간표상)과 PHR(Poor Human Representation, 나쁜 인간표상)은 인간과 관련된 반응[H, Hd, (H), (Hd), Hx], 인간 운동반응(M), COP와 AG를 포함하는 동물운동 반응(FM)에 대해 부여하며 다음의 7단계를 거쳐 채점한다.

1단계. H반응 중에서 아래 조건 모두에 부합할 때 GHR로 채점한다.

1) 형태질이 FQ+, FQo, FQu에 해당함
2) DR, INCOM, FABCOM, CONTAM, ALOG로 채점되지 않음
3) AG, MOR로 채점되지 않음

예) *Do Mao H GHR*

2단계. 아래 두 조건 중 어느 한 조건에만 부합하더라도 PHR로 채점한다.

1) 형태질이 FQ-, FQnone에 해당함

2) 형태질이 FQ+, FQo, FQu에 해당하지만 ALOG, CONTAM, INCOM2, FABCOM2, DR2, DV2로 채점되는 경우

예) *Do Ma- Hd PHR*

3단계. 위 단계에 해당하지 않은 반응 중에서 AG 반응이 포함되지 않으면서 COP 반응을 보이는 경우에는 GHR로 채점한다.

예) *Do Mao Hd COP, GHR*

4단계. 위 단계에 해당하지 않은 반응 중에서 아래 세 조건 중 어느 한 조건에만 부합하더라도 PHR로 채점한다.

1) FABCOM으로 채점되는 경우

2) MOR로 채점되는 경우

3) An로 채점되는 경우

예) *Do Mpo Hd INCOM, MOR, PHR*

5단계. 위 단계에 해당하지 않은 반응 중에서 카드 III, IV, VII, IX에서 평범반응을 하였을 때 GHR로 채점한다.

예) *Wo FDo (H) P 2.0 GHR* *(Card IV)*

6단계. 위 단계에 해당하지 않은 반응 중에서 아래 네 조건 중 어느 한 조건에만

부합하더라도 PHR로 채점한다.

1) AG로 채점되는 경우
2) INCOM으로 채점되는 경우
3) DR로 채점되는 경우
4) Hd로 채점되는 경우

예) *D+ FMa.CFo (2) A,Bl 3.0 AG, PHR*

7단계. 위 단계에 해당하지 않은 모든 반응은 GHR로 채점한다.

예) *Do Fo (Hd) GHR*

정상인에게 있어 GHR의 중앙값은 5이고 PHR의 중앙값은 1인데 비해, 우울증 환자의 경우 GHR과 PHR의 중앙값은 각각 2와 3이며, 조현병 환자의 경우 GHR의 중앙값은 2에 불과하지만 PHR의 중앙값은 5에 이른다. 일반적으로 GHR의 값이 높을수록 적응적인 대인관계를 맺을 가능성이 크며, PHR의 값이 높을수록 갈등적인 대인관계를 가질 가능성이 커진다. 정상인의 경우 GHR이 PHR보다 작은 값일 가능성은 13%에 불과하지만, 우울증 환자의 경우에는 59%이며 조현병 환자의 경우에는 88%에 달한다(Exner, 2003).

PER(Personal, 개인화)은 수검자가 자신의 반응을 언급하는 가운데 자신의 반응을 정당화하기 위하여 개인적 지식이나 경험을 표현하는 경우이며, 인칭 대명사 '나'를 주로 사용한다. 예를 들어, '제 아버지가 어릴 때 제게 이것을 만들어주셨어요', '저는 TV에서 그것을 본 적이 있어요', '제가 수강한 개론 교과서에서 그것을 본 적이 있어요' 등의 반응이 PER에 해당한다.

CP(Color Projection, 색채 투사)는 수검자가 무채색 잉크반점을 유채색으로 반응할 때 채점한다. 일반적으로 무채색으로만 구성된 카드 IV과 V에 대한 수검자의 반응에서 CP 반응이 주로 관찰되며, 수검자가 음영을 두고 색채를 보고하여 결정인은 음영확산(shading-diffuse)일 가능성이 크다.

9. 구조적 요약

구조적 요약(the structural summary)은 상단부와 하단부로 구분되며, 반응영역, 결정인, 형태질, 내용, 접근방식, 특수점수 등이 상단부 구조적 요약을 이루며, 핵심 영역, 관념화 영역, 정서 영역, 중재 영역, 처리과정 영역, 대인관계 영역, 자기지각 영역, 특수지표 등이 하단부 구조적 요약을 구성한다.

반응영역과 관련하여 Zf, ZSum, Zest 등의 3가지 조직화 활동 정보, W, D, W+D, Dd, S 등 5개의 영역기호 정보, +, o, v/+, v 등의 4가지 발달질 정보 등이 포함된다. 결정인과 관련하여 혼합 결정인의 종류와 24개 단일 결정인의 빈도가 기술된다. 형태질과 관련하여 FQx, MQual, W+D로 구성된 가로줄과 +, o, u, -, none로 구성된 세로줄로 이루어진 3X5의 직사각형 행렬이 제시되며 총 15개의 형태질 빈도가 소개된다. 내용과 관련하여 27개의 내용변인이 포함되며, 접근방식과 관련하여서는 각 카드별로 반응영역의 순서가 기록된다. 특수점수 칸에는 DV, INC, DR, FAB, ALOG, CON 등의 인지적 특수점수가 수준 1과 수준 2로 나뉘어 그 빈도가 소개되어 있고 동시에 이 점수의 합(Raw Sum6)과 가중점수합(Wgtd Sum6)이 표기된다. 인지적 특수점수 이외, AB, AG, COP, CP, GHR, PHR, MOR, PER, PSV 등 9개 특수점수의 빈도가 특수점수 칸에 포함된다.

핵심 영역(core section)에는 구조적 요약지의 하단부 좌측 상단에 위치한 16개 항목이 기술된다. 이 중 R, FM, m, SumC', SumT, SumV, SumY 등 7개는 단순빈도를 계산한 것이고 Lambda(L), Erlebnistypus(EB), Experience Actual(EA), EB Pervasive(EBPer), Experience Base(eb), Experienced Stimulation(es), D, Adjusted es(Adj es), Adjusted D(Adj D) 등 9개는 비율과 비율에 의한 산출물이다.

R은 전체 반응수를 의미한다. 성인의 경우 R의 중앙값은 23이며 아동과 청소년의 경우에는 전체 반응수가 다소 적어서 18~21개의 값을 나타낸다.

Lambda(L)는 전체 반응에서 순수 형태 반응이 차지하는 비율을 의미하며 아래와 같은 방식으로 산출한다.

$$L = \frac{F\ (\text{순수형태반응의 수})}{R - F\ (\text{전체반응의 수} - \text{순수형태반응의 수})}$$

Lambda(L)는 수검자가 세상의 다양한 정보를 받아들이는 통로를 어느 정도 열어두고 생활하는 지를 반영한다. Lambda(L) 값이 높을수록 수검자가 세상으로 향한 창을 좁게 열고 세상과 소통하고 있는 상태를 의미하며 Lambda(L) 값이 낮을수록 수검자가 세상으로 향한 창을 넓게 열고 세상과 소통하고 있는 상태를 뜻한다. Lambda(L) 값이 높은 수검자는 될 수 있는 한 삶을 단순하게 구성하고 일상의 모습을 동일하게 유지하려고 노력하는 반면, Lambda(L) 값이 낮은 수검자는 삶의 다양한 측면에 접하기를 원하면서 일상의 삶을 가능한 한 생동감 있고 가변적으로 이끌어가길 원하는 사람이다.

Lambda(L) 값이 .30에서 .99 사이에 존재하면 수검자가 적당한 수준으로 세상의 자극과 정보를 받아들이면서 생활하고 있음을 의미하고, Lambda(L) 값이 .30보다 적으면 수검자가 세상으로부터 과도한 자극과 정보에 노출되어 있음을 뜻하며, Lambda(L) 값이 .99보다 크면 수검자가 세상으로부터 받아들여야 할 자극과 정보를 지나치게 적게 받아들이고 있는 상태인 것으로 여겨진다.

EB는 M과 WSumC의 관계를 나타낸 값이다. M은 인간운동반응의 빈도이며, WSumC는 아래 공식을 통해 산출된다.

$$WSumC = (0.5) \times FC + (1.0) \times CF + (1.5) \times C$$

EA는 EB를 구성하는 두 요소를 합한 값이며 사람이 지니고 있는 심리적 자원을 반영한다. EBPer는 WSumC와 M의 비율이 적절하지 않고 M에 비해 WSumC

가 과도하게 많거나 WSumC에 비해 M의 빈도가 지나치게 높은 경우에 해당한다. EBPer는 다음의 세 조건이 충족될 때만 산출한다.

1. EA 값이 4.0 이상이어야 한다.
2. Lambda 값이 1.0 보다 작아야 한다.
3. EA 값이 4.0 이상 10.0 미만일 경우, M과 WSumC 중 어느 한 값이 다른 값보다 2점 이상 커야 하며, EA 값이 10.0 이상일 경우, M과 WSumC 중 어느 한 값이 다른 값보다 2.5점 이상 커야 한다.

EBPer는 EB를 구성하는 두 값 중 큰 점수에서 작은 점수를 나누어서 산출한다. 예를 들어, EA가 12.0이고 Lambda가 .34일 때 EB가 3:9이면 EBPer의 값은 3.0이지만, EB가 6:6이면 EBPer의 값은 산출되지 못하고 N/A로 표기된다.

M이 WSumC를 초과하여 EBPer가 산출되는 경우, 수검자는 감정을 통해 경험을 처리하는 사람이라기보다는 사고를 통해 경험을 처리하는 사람이며, 감정을 표현하고 행동으로 해결해야하는 상황에서도 과도하게 심사숙고하고 지나치게 계획지향적 태도를 보이는 사람이다. 반면, WSumC가 M을 초과하여 EBPer가 산출되는 경우, 수검자는 사고를 통해 경험을 처리하는 사람이라기보다는 감정을 통해 경험을 처리하는 사람이며, 심사숙고하고 진지하게 계획을 수립해야 할 상황에서도 지나치게 감정을 표현하고 행동으로써 문제를 해결하려는 사람이다(Weiner, 2003).

Experience Base(eb)는 FM과 m의 합과 C', T, V, Y의 합의 비율을 의미하며, Experienced Stimulation(es)는 eb를 구성하는 좌항과 우항을 합한 값을 뜻한다. D(D score)는 EA와 es의 차를 산출한 뒤 표준편차 점수인 2.5를 기준으로 삼아 앞에서 구한 차이값을 표준점수로 변환시킨 값이다. EA와 es의 차가 +2.5에서 −2.5 사이에 위치하면 D의 값은 0이고, EA와 es의 차가 +3.0과 +5.0 사이에 있으면 D의 값은 +1이며, EA와 es의 차가 −3.0과 −5.0 간에 놓이면 D의 값은 −1에 해당한다. 〈표 6-3〉와 같이 D 점수는 EA와 es 간 차이 정보를 사용하여 산출한다.

Adjusted es(Adj es)는 es값에서 m, Y, YF, FY의 빈도를 뺀 값이다. m, Y, YF,

FY 등의 변인은 상황에 따라 쉽게 변화하는 값이므로 es의 빈도 중에서 가변적인 변인의 값을 뺀 값이라고 할 수 있다. Adjusted D(Adj D)는 EA와 Adj es의 차를 구한 뒤 이를 〈표 6-3〉에 대입하여 구한 값이다.

<표 6-3> D 점수 산출방법

EA - es	D 점수
+13.0 ~ +15.0	+5
+10.5 ~ +12.5	+4
+8.0 ~ +10.0	+3
+5.5 ~ +7.5	+2
+3.0 ~ +5.0	+1
+2.5 ~ -2.5	0
-3.0 ~ -5.0	-1
-5.5 ~ -7.5	-2
-8.0 ~ -10.0	-3
-10.5 ~ -12.5	-4
-13.0 ~ -15.0	-5

관념화 영역(ideation section)은 9개의 항목으로 구성되어 있고, 이 중 5개(MOR, Sum6, 수준 2의 인지적 특수점수, M-, 형태 없는 M)는 구조적 요약지의 상단부에 속한 값을 변환한 값이며, WSum6는 구조적 요약 상단부에 있는 값을 반복한 것이다. 남은 3개의 항목은 'Active : Passive Ratio (a : p)', 'M Active : Passive Ratio (Ma : Mp)', '주지화 지표(The Intellectualization Index, 2AB+Art+Ay)'이다.

2AB+Art+Ay는 AB의 반응수에 2를 곱하고 Art와 Ay의 반응수를 합한 값이며 이를 주지화 지표라고 칭한다. 주지화 지표의 중앙치는 1이며, 4이상의 빈도를 보이는 수검자는 부정적인 정서를 경험할 때 주지화 방어를 자주 사용할 가능성이

크다. 주지화 지표에서 높은 값을 나타내는 수검자는 감정을 겉으로 드러내어도 좋은 상황에서도 이를 숨기고 덤덤하게 행동하여 친밀함을 원하는 상대방을 실망하게 하며 결국에는 서먹한 대인관계 양상을 보일 가능성이 크다(Weiner, 2003).

M Active : Passive Ratio (Ma : Mp)는 스트레스 상황에서 문제 중심적이며 건설적인 대처방식을 취하는지 아니면 공상적이고 환상적인 사고를 통해서 회피하려는 태도를 보일 것인지를 가늠하는 변인이다. 성인의 경우 M값의 중앙치는 4이고 Ma와 Mp의 비율은 3 : 1 수준이므로 Ma의 중앙치는 3이고 Mp의 중앙치는 1이다. Ma가 Mp보다 높은 값을 보이는 수검자는 스트레스 상황에서 문제 중심적 대처를 보이는 사람이지만, Mp가 Ma보다 높은 빈도를 나타내는 수검자는 공상적·환상적 대처양상을 보일 가능성이 크다(Weiner, 2003).

정서 영역(affect section)은 7개의 항목으로 구성되어 있고, 이 중 3개(Pure C, S, CP)는 구조적 요약지의 상단에 속한 수치를 변환한 것이며, 남은 4개의 항목은 'Form-Color Ratio (FC : CF+C)', 'Constriction Ratio (SumC' : WSumC)', 'Affective Ratio (Afr)', 'Complexity Ratio (Blends : R)'이다.

색채투사(color projection: CP)는 무채색 카드를 보고 유채색 반응을 하는 경우이다. CP는 우울 정서를 회피하기 위해 부인의 방어기제를 사용하여 심리적 안정감과 자존감을 유지하는 수검자에게 나타난다. CP의 내용이 '피를 흘리는'과 같은 반응보다는 '빨간색 꽃'과 같이 대체로 긍정적이라는 사실은 CP가 부정적인 정서를 무의식적으로 회피하려는 경향성과 관련 있다는 가설을 지지한다. 성인의 경우 CP의 중앙치는 0이며, 일반인에게 매우 드물게 보고되는 변인이다(Weiner, 2003).

Col-Shd Bld는 개념적으로 CP와 정반대의 내용을 가진다. CP가 스트레스 상황에서 자신의 부정정서의 존재를 인정하지 않는 태도를 반영한다면, Col-Shd Bld는 긍정적인 상황에서 자신의 긍정정서의 상승을 방해하는 '즐거움을 냉각시키는 생각하기(kill-joy thinking)'를 반영한다(Bryant & Veroff, 2007). 성인의 경우 Col-Shd Bld의 중앙치는 0이며, 일반인에게 매우 드물게 보고되는 변인이다.

Complexity Ratio (Blends : R)는 전체반응에서 blends 반응이 차지하는 비율을 의미한다. 성인의 경우, blends 반응의 중앙치는 5이며 전체 반응의 약 1/5은

blends 반응이다. Blends 반응에서 높은 값을 보이는 수검자는 지적으로 우수하거나 아니면 현재 심리적 갈등과 욕구가 많은 상태이다. 일반적으로 수검자의 지능과 우울점수는 blends 반응의 빈도와 상관관계를 지녀, 지능과 우울점수가 높을수록 blends 반응의 빈도도 많아진다(Exner, 2000; Groth-Marnet, 1999; Rose, Kaser-Boyd, & Maloney, 2001).

중재 영역(mediation section)은 평범반응(popular responses, P), 왜곡형태 비율(Distorted Form, X-%), 확장형 적절형태 비율(Form Appropriate Extended, XA+%), 일반영역 적절형태 비율(Form Appropriate-Common Areas, WDA%), 관습형태 사용 비율(Conventional Form Use, X+%), 비일상형태 사용 비율(Xu%) 등의 6개의 항목으로 구성되어 있다.

처리과정 영역(processing section)은 Zf, PSV, DQ+, DQv, Zd, 'Economy Index(W : D : Dd)', 'Aspiration Ratio(W : M)' 등의 7개 항목으로 구성된다.

Economy Index(W : D : Dd)는 전체영역반응, 드문 부분영역반응, 보통 부분영역반응의 비율을 의미한다. 카드 I, IV, V에서 W 반응은 힘들이지 않고 보고할 수 있는 반응이지만, 카드 III, IX, X에서 W 반응을 보고하는 것은 매우 힘들고 노력을 많이 요구한다. 따라서 모든 카드에 W 반응을 하는 것은 성과 없는 수고일 가능성이 크다. 반면, 카드 V를 제외한 대부분의 카드에서 D 반응을 보고하는 것을 그다지 힘든 일이 아니고 노력도 많이 요구되지 않는다. 또한 대부분의 카드에서 Dd 반응을 보고하는 것은 D 반응을 보고하는 것보다 에너지를 더 요구하는 일이다. 따라서 D 반응의 중앙값은 전체 반응의 절반 이상인 13개 정도이고, W 반응의 중앙값은 전체 반응의 1/3 정도인 9개이며, Dd 반응의 중앙값은 1개에 불과하다(Exner, 2000; Groth-Marnet, 1999; Rose et al., 2001).

기대치보다 현저히 많은 수의 W 반응을 보이며 현저히 적은 수의 D 반응을 보이는 수검자는 과도하게 조직화하려고 노력하는 특성을 지니고 있고, 강박성향을 보유하고 있거나, 자신의 성취를 타인에게 드러내려고 할 가능성이 크다. 예상보다 훨씬 적은 수의 W 반응을 보고하며 훨씬 많은 수의 D 반응을 보이는 수검자는 과제에 들이는 에너지의 수준이 현저히 저하되어 있어, 우울증을 현재 갖고 있거나 실수를 하지 않으려는 안전지향적 성향을 지니고 있을 가능성이 크다(Exner, 2000; Groth-Marnet, 1999; Rose et al., 2001).

일반성인의 경우, Aspiration Ratio(W : M) 값은 1.5:1에서 2.5:1 사이에 위치한다. W : M 값은 개인의 성취욕구와 관련되며 M의 값이 동일한 두 수검자의 성취욕구는 W 반응에 비례한다. 다만 M 값은 수검자의 EB 값과 관련을 맺고 있어서 외향형 수검자가 내향형 수검자에 비해 M 값을 더욱 적게 보고하기 때문에 W 반응을 사용하여 성취욕구를 가늠할 때에는 M 값과 함께 수검자의 EB style (내향형, 외향형, 양향형)을 살펴보아야 한다(Exner, 2000; Groth-Marnet, 1999; Rose et al., 2001).

대인관계 영역(interpersonal section)은 COP, AG, 'GHR : PHR', 'a : p', Food, SumT, Human Content, Pure H, PER, Isol Indx 등 10개 항목으로 구성된다.

T 반응은 타인에게 가까이 다가가서 접촉하는 것에 대한 흥미를 반영한다. 성인의 경우, T 반응의 중앙값은 1이고, T 반응이 0이거나 1보다 많은 경우는 상대적으로 드물다. T 값이 0인 수검자는 18%에 불과하며, 외래 우울증 환자의 64%, 그리고 입원한 조현병 환자의 74%가 T 반응을 하지 못하였다. T 반응을 보고하지 못하는 수검자는 친밀한 관계를 원하지 않으며 자신의 공간에 타인이 들어왔을 때 매우 불편하게 느낀다. T 값이 2 이상인 수검자는 대인관계에서 정서적으로 충족되지 못한 느낌을 빈번히 경험하며 관계에 대한 욕구가 상대적으로 강하다. 또한 대상상실과 관련된 스트레스 경험 이후에 T 값은 상승되기도 하여 증가된 T 값이 반응성 우울(reactive depression)의 지표로 사용된다(Weiner, 2003).

자기지각 영역(self-perception section)은 Fr+rF, FD, MOR, An+Xy, SumV, 'H : (H)+Hd+(Hd)', 'Egocentricity Index(3r+(2)/R)' 등의 7개 항목으로 구성된다.

자기중심성 지표(Egocentricity Index, 3r+(2)/R)는 자신에 대한 주의·관심과 타인에 대한 주의·관심의 균형을 측정하는 지표이고, 이 값은 평균은 약 .40이며, .33과 .44 사이에 대부분의 수검자가 위치한다. 아동과 청소년은 성인보다 자기중심성 지표의 값이 높다. 5세 아동의 평균값은 .69이고, 10세 아동의 평균값은 .54이며 16세 청소년의 평균값은 .43이다. 3r+(2)/R의 값이 .33 미만인 수검자는 일반인보다 자신에게 주의와 관심을 덜 기울이는 사람이다. 자기중심성 지표가 .33 미만인 수검자는 자신이 타인보다 덜 유능하고 덜 매력적이며 덜 가치가 있다고 생각한다. 따라서 자기중심성 지표는 우울지표(depression index, DEPI)의 한 항목이다.

자기중심성 지표가 .44보다 큰 수검자는 일반인보다 자신에게 주의와 관심을 더 기울이는 사람이다. 3r+(2)/R의 값이 .44 이상인 수검자는 보통 반사반응(Fr+rF)을 동반한다. 반사반응은 자신에 대한 긍정적 평가를 반영하며, 일반적으로 자신에게 긍정적 평가를 부여하는 사람일수록 자신에게 주의와 관심을 기울이므로, 반사반응과 자기중심적 지표는 정적 상관을 갖는다. 자기중심적 지표에서는 .44 이상의 값을 보이지만 반사반응은 보이지 않는 수검자는 자신에 대해 긍정적 평가를 갖고 있지 않으나 자신에게 주의와 관심을 더 기울이는 사람으로서 이 또한 DEPI의 한 항목이다(3r+(2)/R 〉 .44 그리고 Fr+rF = 0).

'H : (H)+Hd+(Hd)'는 자기개념과 관련해서는 정체감(identity)을 측정하는 변인이다. 정체감은 동일시의 산물이다. 개인은 아동기와 청소년기를 거쳐 오면서 모델이 될 만한 사람에 대한 동일시의 과정을 겪는다. 동일시의 대상이 될 사람을 성장기에 만나지 못하여 정체감의 혼란을 경험한 수검자는 H의 값이 (H)+Hd+(Hd)의 값보다 낮다.

특수지표(Special Indices)는 지각사고 지표(perceptual-thinking index, PTI), 우울 지표(depression index, DEPI), 대처결여 지표(coping deficit index, CDI), 자살 지표(suicide constellation, S-CON), 과경계 지표(hypervigilance index, HVI), 강박성 지표(Obsessive Style Index, OBS) 등 6개의 지표로 이루어져 있다.

지각사고 지표는 사고장애의 수준을 평가하는 지표로서 사용되고 있고 0점에서 5점 사이의 값으로 보고된다. 조현병으로 진단된 환자의 56% 정도가 이 지표에서 4점 이상을 나타내었는데 반해 성격장애로 진단된 환자의 0%, 기분장애로 진단된 환자의 2%만이 이 지표에서 4점 이상의 값을 보였다(Exner, 2003). 지각사고 지표를 구성하는 항목은 아래와 같다.

1. XA% 〈 .70이고 WDA% 〈 .75
2. X-% 〉 .29
3. LVL2 〉 2이고 FAB2 〉 0
4. R 〈 17이고 WSUM6 〉 16 혹은 R 〉 16이고 WSUM6 〉 16
5. M- 〉 1 혹은 X-% 〉 .40

우울 지표는 14개의 변인과 7개의 항목으로 구성되어 있으며 0점에서 7점 사이의 값으로 보고된다. 14개 변인 중 5개는 우울증상의 정서적 측면(FV+VF+V 〉 0, Col-Shd Blends 〉 0, S 〉 2, Sum Shading 〉 FM+m, Sum C' 〉 2)과 관련되고, 6개는 우울증상의 인지적 측면(FD 〉 2, 3r+(2)/R 〉 .44, Fr+F = 0 Afr 〈 .46, MOR 〉 2, 2AB+Art+Ay 〉 3)에 해당하며, 2개는 우울증상의 대인관계적 측면(COP 〈 2, [Bt+2C1+Ge+Ls+2Na]/R 〉 .24)과 연관된다. 우울 지표를 구성하는 항목은 아래와 같으며 절단점은 5점이다(Exner, 2003).

1. FV+VF+V 〉 0 혹은 FD 〉 2
2. Col-Shd Blends 〉 0 혹은 S 〉 2
3. 3r+(2)/R 〉 .44 그리고 Fr+rF = 0
   혹은 3r+(2)/R 〈 .33
4. Afr 〈 .46 혹은 Blends 〈 4
5. Sum Shading 〉 FM+m 혹은 Sum C' 〉 2
6. MOR 〉 2 혹은 2AB+Art+Ay 〉 3
7. COP 〈 2 혹은 [Bt+2C1+Ge+Ls+2Na]/R 〉 .24

대처결여 지표는 11개 변인과 5개 항목으로 구성되어 있으며 0점에서 5점 사이의 값으로 산출된다. 11개 변인 중 6개는 대인 지각·행동(COP 〈 2, AG 〈 2, Passive 〉 Active+1, Pure H 〈 2, Isolate/R 〉 .24, Food 〉 0)과 관련되고, 3개는 정서(Weighted Sum C 〈 2.5, Afr 〈 .46, Sum T 〉 1)와 연관되며, 2개는

자원 및 제어(EA 〈 6, AdjD 〈 0)에 해당한다. 대처결여 지표의 구체적 항목은 아래와 같으며 절단점은 4점이다(Exner, 2003).

1. EA 〈 6 혹은 AdjD 〈 0
2. COP 〈 2 그리고 AG 〈 2
3. Weighted Sum C 〈 2.5 혹은 Afr 〈 .46
4. Passive 〉 Active+1 혹은 Pure H 〈 2
5. Sum T 〉 1 혹은 Isolate/R 〉 .24 혹은 Food 〉 0

자살 지표는 12개 항목으로 구성되어 있으며 0점에서 12점 사이의 값이 부과될 수 있다. 자살 지표의 구체적 항목은 아래와 같으며 절단점은 8점이다(Exner, 2003).

1. FV+VF+V+FD 〉 2
2. Color-Shading Blends 〉 0
3. 3r+(2)/R 〈 .31 혹은 3r+(2)/R 〉 .44
4. MOR 〉 3
5. Zd 〉 +3.5 혹은 Zd 〈 -3.5
6. es 〉 EA
7. CF+C 〉 FC
8. X+% 〈 .70
9. S 〉 3
10. P 〈 3 혹은 P 〉 8
11. Pure H 〈 2
12. R 〈 17

과경계 지표는 8개 항목으로 구성되어 있고 0점에서 8점 사이의 점수가 부과되며 절단점 점수는 4점이다. 구체적인 항목 내용은 아래와 같으며, 이중 첫 번째 항목(FT+TF+T = 0)은 절단점에 반드시 포함되어야 하는 필수항목이다(Exner,

2003).

1. FT+TF+T = 0
2. Zf 〉 12
3. Zd 〉 +3.5
4. S 〉 3
5. H+(H)+Hd+(Hd) 〉 6
6. (H)+(A)+(Hd)+(Ad) 〉 3
7. H+A : Hd+Ad 〈 4 : 1
8. Cg 〉 3

HVI 지표에서 높은 값을 보이는 수검자는 친밀한 타인을 잠재적으로 위협적인 사람이라고 간주하고 적절한 거리를 두어 위험을 해결하려는 태도를 지녔다. HVI 지표를 구성하고 있는 항목 중에서 'H+(H)+Hd+(Hd) 〉 6'는 HVI 상승 수검자가 지니는 타인에 대한 관심을 반영하고, '(H)+(A)+(Hd)+(Ad) 〉 3'에는 타인을 상상적인 상으로 간주함으로써 자신을 보호하려는 HVI 상승 수검자의 욕구가 숨겨져 있으며, 전체 타인에 초점을 두기보다는 부분적인 모습에 주안점을 두어 비판과 투사의 대상으로 삼으려는 수검자의 태도가 'H+A : Hd+Ad 〈 4 : 1'에 포함되어 있다. 아울러, 두터운 의복으로써 자신을 보호하려는 욕구와 두터운 의복에 숨어서 숨겨진 의도를 숨기려는 타인상을 드러내는 'Cg 〉 3'의 항목이 HVI 지표에 포함되어 있다(Weiner, 2003).

강박성 지표는 5개 항목으로 구성되어 있고 0점에서 5점 사이의 점수가 부여된다. 강박성 지표에서 절단점을 통과하기 위한 조건은 4가지이다. 첫째, 아래 5가지 조건을 모두 만족한다. 둘째, (1)번부터 (4)번까지 항목 중에서 2개 이상을 충족하는 동시에 FQ+의 빈도가 4개 이상일 경우이다. 셋째, (1)번부터 (5)번까지 항목 중에서 3개 이상을 충족하는 동시에 X+%가 .89를 초과하는 경우이다. 마지막으로, FQ+의 빈도가 4개 이상인 동시에 X+%가 .89를 초과하는 경우이다(Exner, 2003).

(1) Dd 〉 3
(2) Zf 〉 12
(3) Zd 〉 +3.0
(4) Populars 〉 7
(5) FQ+ 〉 1

10. 카드속성

로샤 카드에 대한 수검자의 반응은 카드속성과 수검자의 투사내용의 합이다. 로샤 반응의 해석자는 로샤 카드에 대한 수검자의 반응을 검토할 때, 카드속성의 영향과 투사내용의 영향을 엄밀히 구분한다. 로샤 카드에 대한 수검자의 반응에서 카드속성이 미친 영향을 덜어내는 작업은 로샤 반응의 해석 과정에서 중요한 부분을 차지한다. 로샤 반응 중에서 투사내용을 명료하게 살펴보기 위해서는 카드속성에 대한 이해가 필요하다(김재환 등, 2014).

1번 카드의 카드속성: 1번 카드의 두드러진 속성 중 하나는 첫 번째 카드라는 점이다. 새롭고 낯선 자극과 상황에 처했을 때 수검자가 택하는 대처 양식과 반응 태도를 1번 카드에 대한 반응을 통해서 알 수 있다. 익숙한 대상에 대해서는 편안함을 느끼지만 그렇지 않은 대상에 접했을 때 쉽게 정서적 동요를 보이며 심리적 불편감을 경험하는 수검자에게 1번 카드는 쉽지 않을 가능성이 크며 부정적인 로샤 반응을 나타낼 가능성이 높다. 1번 카드의 두 번째 속성은 어둡고 칙칙한 색깔을 지니고 있다는 점이다. 1번 카드의 색깔은 우울하고 침울한 상태에 있거나 성격적으로 우울성향을 지니고 있는 수검자에게 특히 불쾌하고 고통스런 감정을 자극할 수 있다.

2번 카드의 카드속성: 2번 카드의 현저한 속성 중 하나는 빨간색 반점이 포함되어 있다는 점이다. 빨간색 반점은 수검자로 하여금 혈액, 사고, 상처, 외상 등을 연상하도록 이끈다. 신체적 상처에 대한 경험이 존재하고 외상 경험에 의한 충격으로 고통을 경험한 바 있는 수검자들은 2번 카드에서 부정적인 반응을 할 가능성이 크다. 2번 카드의 또 다른 특성은 성(性)적인 속성이다. 성기나 성적 반응을 연상하도록 하는 반점 영역(예, D4: 남성의 성기, D3, Dd24: 여성의 질)은 성적 학대 경험을 지닌 수검자나 성적 주제에 대한 심리적 갈등을 가진 수검자로 하여금 부정적인 반응을 유발할 수 있다.

3번 카드의 카드속성: 3번 카드의 대표적인 속성은 상호작용하는 두 사람이 표현된다는 것이다. 3번 카드에는 두 명의 '사람'이 등장하고 이 두 사람은 함께 무엇인가를 하는 것처럼 보일 가능성이 매우 크다. 사람 사이의 상호작용에 대해서 부정적인 견해를 지니고 있거나 부정적인 타인상을 지니고 있는 수검자는 3번 카드에서 반응하는 데 어려움을 겪을 가능성이 크다.

4번 카드의 카드속성: 4번 카드가 지니고 있는 특성 중 대표적인 것은 권위와 권위적인 대상을 상징한다는 점이다. 4번 카드를 접한 대부분의 수검자는 4번 카드가 웅장하고 거대하고 힘 있는 무엇을 의미한다고 생각하며, 강하고 육중하고 압도하는 느낌을 공통적으로 경험한다. 자율성을 억압하는 통제적인 양육방식과 온정에 대한 욕구를 무시하는 냉담한 양육패턴을 성장기에 체험하였다고 보고하는 수검자들은 4번 카드에서 온정 없는 통제를 행하는 강한 양육자의 모습을 떠올릴 수 있으며, 이는 수검자의 반응을 어렵게 할지도 모른다.

5번 카드의 카드속성: 5번 카드가 지니고 있는 특성 중 대표적인 것은 편안함과 평화로움이다. 이는 5번 카드 내에 포함되어 있는 속성이기도 하겠지만 앞서 수검자에게 소개된 4개 카드가 갖고 있는 불안의 요소가 만들어낸 것이기도 하다. 5번 카드는 이전 카드에 비해 가볍고, 평화스러우며, 안정적인 느낌을 주기 때문이다. 5번 카드에서 반응하기를 어려워하는 수검자는 드물다. 만약 5번 카드에서 수검자가 반응의 어려움을 보인다면 5번 카드가 그 어려움의 원인이라기보다는 이전 카드에서 이월되어온 불안이 원인일 가능성이 크다.

6번 카드의 카드속성: 6번 카드가 지니고 있는 속성 중 두드러진 것은 재질(texture)이다. 6번 카드에서 대부분의 수검자는 재질 반응을 하게 되며 재질 반응을 통해서 수검자의 친밀감(intimacy)에 대한 태도를 짐작할 수 있다. 중요한 타인과의 접촉 경험에 대해서 회피 경향을 지니고 있거나 분리 상황에 대해서 두려움을 갖고 있는 수검자는 6번 카드에서 어려움을 보일 가능성이 크다. 6번 카드가 보이는 또 다른 속성은 성적인 특성이다. 6번 카드의 D6 영역과 D12 영역은 각각 남근과 질로 보일 가능성이 크다. 성과 관련된 심리적 갈등을 현재 경험하고 있거나 과거 성과 연관된 외상 경험이 있는 수검자는 6번 카드에서 부정적인 반응을 보일 가능성이 크다.

7번 카드의 카드속성: 7번 카드가 갖고 있는 속성 중 중요한 것은 여성성이다. 4번 카드의 특성이 남성성에 있다면 7번 카드는 4번 카드와 정확히 대척점에 있다. 7번 카드는 부드럽고, 따뜻하며, 약한 느낌을 수검자에게 느끼도록 유도한다. 7번 카드를 접한 수검자는 수검자가 지금껏 경험한 다양한 종류의 여성, 즉 할머니, 외할머니, 어머니, 누나, 여교사 등을 무의식적으로 떠올리도록 자극할 수도 있다. 여성과 관련된 심리적 갈등을 경험한 적이 있거나 현재 여성과의 관계에서 어려움을 경험하고 있는 수검자는 7번 카드에서 부정적인 반응을 보일 가능성이 다분하다.

8번 카드의 카드속성: 8번 카드가 지니고 있는 특성 중 대표적인 점은 카드가 여러 부분으로 나뉘어져 있다는 점이다. 8번 카드가 지닌 이와 같은 구조적 특성은 다양한 색채와 결부되어 8번 카드를 '복잡성'의 특성을 지니도록 한다. 개별적인 대상들을 한 가지로 조직화하거나 복잡한 대상을 다루는 데 어려움을 느끼는 수검자는 8번 카드에서 반응하는 데 불편함을 겪을 수 있다. 8번 카드가 갖고 있는 또 하나의 특성은 '부드러움'이다. 8번 카드는 파스텔 색조로 이루어져 있기 때문이다. 8번 카드가 지니고 있는 색조의 특성은 선명하게 드러나는 좌우 동물형상과 맞물려 8번 카드가 반응하기 쉬운 카드처럼 여겨지도록 한다.

9번 카드의 카드속성: 9번 카드의 속성 중 두드러진 것은 뚜렷한 구조를 갖고 있지 않는 비구조성과 명확한 내용을 담고 있지 않은 모호성이다. 대부분의 수검자는 9번 카드를 응답할 때 형태를 지닌 구체적 대상으로 명명하는 데 어려움을 느낀다. 항상 잘 짜인 틀 속에서 행동하고 활동하는 것을 선호하는 수검자일수록 9번 카드에서 반응하는 데 어려움을 갖는다.

10번 카드의 카드속성: 10번 카드는 명확히 인식할 수 있는 여러 개의 대상이 있는 반면 전체 카드가 수많은 부분들로 구성되어 있는 이중적 특성을 지닌다. 겉으로 쉽게 드러나는 대상들을 보고하는 데 만족하는 수검자에게 10번 카드는 그다지 어려운 카드가 될 수는 없으나 개별적 대상을 충분히 조직화하고 싶은 동기가 큰 수검자에게 10번 카드는 힘든 카드가 될 수도 있다. 10번 카드의 또 다른 속성은 이 카드가 전체의 마지막 카드라는 점이다. 수검자의 성격특성은 과제를 매조지하는 방식에서 유추할 수 있으며, 수검자가 마지막 카드인 10번 카드를 반응하는 방식을 통해 수검자의 특성을 짐작할 수 있다.

제7장 주제통각검사

1. TAT의 이론

주제통각검사(Thematic Apperception Test: TAT)는 Murray(1943)에 의해 개발된 투사법 검사의 하나이다. 지각이 감각에 근거한 인식이라면 통각은 지각된 대상에 대해 의미를 부여하는 과정을 뜻한다. TAT 검사는 로샤 검사와는 달리 모호한 그림이 아닌 상대적으로 분명한 사회적 장면을 자극으로 사용한다.

주제통각검사를 통해 검사자가 측정하려고 하는 것은 수검자의 욕구(need)와 압력(pressure)이다. 욕구는 수검자의 행동과 사고 및 감정을 하나의 방향으로 나아가도록 이끄는 내적인 힘을 의미하며, 압력은 수검자의 욕구가 실현되지 못하도록 막는 제약을 의미한다.

TAT는 30개의 흑백카드와 1장의 공백카드로 구성되어 있다. 카드의 뒷면에는 4개의 영어 알파벳이 적혀져 있는데 이는 검사를 수행하는 수검자의 연령과 성별을 의미한다. 예를 들어, F는 14세 이상의 여성을 의미하고 M은 14세 이상의 남성을 뜻한다. 아울러 G는 14세 미만의 여성을 뜻하며 B는 14세 미만의 남성을 의미한다. 공백카드를 포함한 11장의 카드(1, 2, 4, 5, 10, 11, 14, 15, 16, 19, 20)는 숫자만이 적혀져 있고, 20장의 카드는 숫자와 문자가 함께 적혀져 있다.

Murray(1943)는 다음과 같은 지시문을 사용하였다.

지금부터 이야기를 만들어내는 검사를 시작합니다. 한 번에 한 장씩 여러 장의 카드를 보여드리겠습니다. 각각의 그림을 보면서 이야기를 만들어 내십시오. 그 그림의 장면이 있기 전에 어떤 일이 있었고 지금 어떤 일이 벌어지고 있으며 앞으로 어떤 일이 전개될 것인지에 대해서도 이야기해 주십시오. 그림 속의 인물이 어떤 생각을 하고 있으며 어떤 감정을 느끼고 있는지에 대해서도 말씀해 주십시오. 머리에 떠오르는 대로 자유롭게 이야기해주시면 됩니다. 각 카드에 대해서 약 5분의 시간이 주어집니다. 자 여기 첫 번째 카드가 있습니다.

Lindzey(1952)에 의하면 TAT 검사에는 6가지 기본적인 전제가 존재한다.

(1) 그림의 이야기를 완성해나가는 과정에서 수검자의 동기, 성격 및 갈등이 드러난다.
(2) 수검자는 이야기에 등장하는 한 사람과 동일시하게 된다.
(3) 수검자의 동기, 성격 및 갈등은 상징적이고 간접적인 방식으로 드러난다.
(4) 수검자의 이야기 중에서 수검자의 동기, 성격 및 갈등을 보다 잘 드러내는 이야기가 존재하고, 보다 덜 드러내는 이야기가 존재한다.
(5) 카드에서 분명히 드러나지 않는 내용의 이야기가 카드에서 명백히 드러나는 내용의 이야기보다 수검자의 동기, 성격 및 갈등을 더 잘 설명해준다.
(6) 여러 카드에서 반복적으로 출현하는 이야기가 수검자의 동기, 성격 및 갈등을 더 잘 보여준다.

2. TAT의 내용

각 카드별로 자주 보고되는 내용 및 사례는 다음과 같다.

도판 1: 탁자 위에 놓여있는 바이올린을 보며 한 소년이 생각을 하고 있다.

이 도판에서 반복적으로 보고되는 반응은 부모와의 관계이다(김재환 등, 2014;

최정윤, 2010). 과잉기대와 권위주의적 양육태도를 보이는 부모와 높은 자율성을 지닌 자녀와의 갈등은 이 도판에서 흔히 보고되는 주제이다. 예를 들어, 다가오는 바이올린 연주회에 참여하기로 예정된 아이가 충분하지 않은 연주 실력으로 인하여 고민하며 부모의 기대를 충족하지 못할까봐 염려하는 모습이 자주 보고된다.

이 도판에서는 자주 수검자의 성취욕구를 엿볼 수 있다(김재환 등, 2014; 최정윤, 2012). 바이올린 연주는 흔히 수검자의 성취과제로 상징되며, 바이올린에 대한 수검자의 태도를 통해 수검자의 성취욕구가 드러난다. 어떤 수검자는 바이올린 연주에 대해 적극적인 태도를 보이는 아이를 묘사함으로써 높은 성취욕구를 드러낼 것이며, 다른 수검자는 바이올린 연주에 대한 아이의 욕구를 방해하는 외부적 환경을 묘사함으로써 높은 성취욕구와 이를 가로막는 외부의 압력을 표현할 것이다.

이 도판에서는 성적인 의미가 투사되기도 한다(김재환 등, 2014). 이 경우, 바이올린은 여성의 신체를 암시하고, 아이는 여성의 신체를 품는 남성, 그리고 바이올린 연주는 성관계를 상징한다. 또한 이 도판에서 수검자가 보이는 반응은 수검자의 성적 자기개념, 그리고 그에 따른 수검자의 이성 관계와 관련되기도 한다. 예를 들어, 수검자는 바이올린 연주에 대해서 서툰 아이를 묘사하여 이성친구나 배우자와의 관계에서 자신감을 잃어버린 상태를 드러낼 수 있다.

이 도판에서 바이올린은 수검자의 신체상(身體像: body image)을 상징할 수도 있다(김재환 등, 2014). 바이올린에 대한 수검자의 묘사를 통해 자신의 신체에 대한 수검자의 태도를 엿볼 수 있다. 수검자는 '망가진', '고장 난', '소리가 나지 않는' 등의 수식어를 통해 바이올린을 묘사함으로써 자신의 부정적인 신체상을 표현할 수 있다.

도판 2: 젊은 여자가 책을 들고 서 있고, 한 남자는 들에서 일을 하고 있으며, 한 아주머니가 나무에 등을 대고 서 있다.

이 도판에서는 세 인물이 등장하는 데 어떤 등장인물에 수검자가 동일시하는지에 따라 다른 주제와 관련된다. 책을 들고 서 있는 젊은 여자에 수검자가 동일시할 때에는 수검자의 성취와 연관된 보고를 할 경우가 많다(김재환 등, 2014; 최정윤, 2012). 예를 들어, '상위 학교에 진학하고자 열심히 노력하는 딸과 이에 대해

곱지 않은 시선을 보내고 있는 가족'으로 묘사할 때에는 수검자의 높은 성취욕구와 이를 방해하는 가족의 압력이 반영되고, '상위 학교에 진학하고 싶은 욕구는 있으나 고된 집안일을 가족에게 지우는 마음의 부담'으로 표현할 때에는 수검자가 성취욕구를 충족하는 과정에서 발생하는 심리적 갈등이 반영된다.

수검자가 나무에 등을 대고 서 있는 아주머니에 동일시할 경우에는 임신과 육아 혹은 결혼에 대한 수검자의 태도가 드러나기도 한다(김재환 등, 2014; 최정윤, 2010). 예를 들어, 결혼적령기에 있거나 결혼과 출산에 대한 부담감과 두려움을 갖고 있는 여성은 '임신을 한 뒤에 힘들어하는 아주머니'나 '무료한 결혼 생활에 싫증이 난 아주머니'로 보고할 수 있다.

이 도판에 그려진 인물 중에서 들에서 일을 하고 있는 남성은 흔히 남성성(男性性: masculinity)을 상징한다(김재환 등, 2014; 최정윤, 2010). 사회적으로 바람직하다고 간주하는 남자다움과 스스로 거리가 있다고 생각하는 남성 수검자나 이성관계에 대한 두려움과 이성애와 관련된 심리적 갈등을 겪고 있는 여성 수검자는 이 도판의 남성 인물에 대해서 지나치게 부정적으로 묘사하거나 과도하게 긍정적으로 표현하는 편향을 보일 것이다.

도판 3BM: 한 사람이 소파에 얼굴을 파묻고 있으며 그 사람 옆에는 권총이 놓여있다.

이 도판에 있어 특징적인 요소 중 하나는 사람 옆에 놓여있는 권총의 존재이다. 권총이 상징하는 자해와 타해의 이미지로 인하여 이 도판은 타인에 대한 공격성, 심리적 외상 경험 및 자살사고를 보여주는 도판으로 인식되었다(김재환 등, 2014; 최정윤, 2012).

권총과 주인공의 관계, 수검자가 주인공과 동일시하는지의 여부에 따라서 도판의 내용이 상징하는 바가 달라진다. 만약 주인공이 권총으로 살인을 한 이후에 소파에 얼굴을 파묻고 있으며 수검자가 그 주인공과 동일시한다면 그것은 타인에 대한 수검자의 공격성과 공격행동에 대한 태도가 반영된 묘사라고 할 수 있고, 만약 주인공이 도판에 등장하지 않는 상상의 피해자와 동일시를 하였거나 주인공이 권총을 사용하여 스스로 생명을 앗아간 경우라면 타인에 의해 상처받은 수검자의 심리적 고통감과 자살에 대한 사고가 드러난 것이라고 볼 수 있다.

도판 3GF: 한 여성이 고개를 숙인 채 오른 손으로 얼굴을 가리고 있으며 반쯤 열린 여닫이문에 왼손을 대고 있다.

이 도판에서는 부부간의 갈등이나 부모와 자녀간의 갈등에서 유래하는 수검자의 우울감이 드러난다(김재환 등, 2014; 최정윤, 2010). 이 도판에서 도출되는 이야기의 주제는 여닫이문 안쪽에 위치한 가족 구성원과의 갈등이며 도판에서 시사되는 과거 상황에 대한 묘사는 갈등의 구체적 모습을 표현한다. 여성 수검자는 대체로 도판의 주인공에 쉽게 동일시되며 수검자는 가족 갈등의 피해자로 묘사된다.

도판 4: 한 여성이 한 남성을 바라보며 왼손으로 그 남성의 오른쪽 어깨를 잡고 있고, 그 남성은 여성을 바라보지 않은 채 다른 곳을 바라보며 여성의 만류를 뿌리치고 어디론가 가려는 자세를 취하고 있다.

이 도판에 등장하는 인물 중 남성은 성격이 급하고 충동적인 사람으로 쉽게 인식되며, 여성과 남성은 사회적으로 용인되는 부부관계나 이성관계가 아니라 불륜관계로 지각되기 쉽다(김재환 등, 2014; 최정윤, 2010). 이 도판에 대한 여성 수검자의 이야기 속에는 배우자에 대한 불만족과 이성관계에 대한 불안이 표출된다. 예를 들어, 수검자가 실제 도판의 내용과는 달리 “남편이 아내에게 선물을 사주려고 하는데, 여자가 가격이 비싸다고 말리고 있어요”라고 보고한다면, 이 반응은 수검자가 배우자에 대해 갖고 있는 불만족감을 억압하는 양상을 보인 것이다.

이 도판의 남성 머리 옆쪽에 나신의 여성이 있다. 일반적인 수검자에게 그 여성은 눈에 띄지 않거나 벽에 붙어있는 그림으로 묘사를 하지만 삼각관계에서 유발되는 심리적 갈등을 경험하였거나 현재 경험하고 있는 수검자에게는 삼각관계를 담은 도판으로 지각될 수 있다(김재환 등, 2014).

도판 5: 한 중년 여성이 문을 반쯤 열고 들어오지 않은 채로 방 안쪽을 쳐다보고 있다.

이 도판에서 드러나는 수검자의 심리적 갈등의 대표적인 것은 부모와 자녀 간의 심리적 갈등이다(김재환 등, 2014; 최정윤, 2010). 이 도판에서 가장 흔하게 보고되는 것은 '어머니가 몰래 아이의 방문을 엿보고 있고 아이는 어머니에게 숨겨야 할 일을 하고 있다'는 내용의 이야기이며 자율성을 확보하고자 하는 수검자의 노력과 간섭과 통제로 인하여 마음의 안정을 취하고자 하는 부모의 노력이 맞부딪혀 생기는 심리적 갈등이 이 도판을 통해 드러난다.

이 도판에서 관찰되는 또 다른 심리적 갈등은 성적 갈등이다(김재환 등, 2014; 최정윤, 2010). 사춘기에 흔히 경험하게 되는 성적 변화와 성적 경험을 부모가 알아챌까봐 두려워하는 마음과 자녀의 성적 경험을 인정하지 않고 성인으로 대우해주지 않았던 부모에 대한 분노감정, 그리고 두려움과 분노의 감정이 치환된 수치심이 이 도판을 통해 드러난다.

도판 6BM: 한 중년 여성이 창밖을 바라보고 있고, 젊은 남성이 약간 고개를 숙인 채 그 여성의 옆에 서 있다.

이 도판에서 자주 드러나는 심리적 갈등의 주제는 모자관계이다(김재환 등, 2014). 이 도판에 대한 반응으로 흔한 것 중 하나는 '어머니에게 어떤 잘못을 한 아들이 그 잘못에 대해서 이야기를 하는 장면'이거나 '먼 길을 떠나려는 아들이 어머니에게 떠나기 전에 마지막 이야기를 하는 장면'이다. 이 도판에 대한 수검자의 반응을 통해 수검자가 어머니를 대하는 태도, 모자갈등의 양상, 가족갈등에서 차지하는 어머니의 역할 등을 파악할 수 있다.

이 도판에서 아버지는 등장하지 않으나 수검자 중에서는 아버지의 존재에 대해 언급하는 경우가 있으며 이를 통해 오이디푸스적 갈등을 엿볼 수 있다(김재환 등, 2014; 최정윤, 2010). 남근기에 고착된 수검자는 이 도판에서 아버지의 죽음이나 실종을 언급함으로써 오이디푸스 갈등을 드러내기도 한다.

도판 6GF: 한 젊은 여성이 소파에 앉아 있고, 그 여성의 뒤에서 한 남성이 파이프 담배를 문 채 그녀를 바라보고 있다.

이 도판에서 흔히 관찰되는 수검자의 반응은 남성이 의도적으로 여성에게 접근하여 유혹하거나 남성이 불순한 의도로서 여성에게 말을 거는 장면이며, 이 장면에서 여성이 남성의 행동에 어떻게 반응하며 남성의 도발적 행동에 어떻게 대처하는지를 통해서 수검자의 남성에 대한 태도와 이성 관계에 대한 관점을 엿볼 수 있다(김재환 등, 2014; 최정윤, 2010).

도판 7BM: 다른 곳을 쳐다보고 있는 한 젊은 남자를 다른 남자가 응시하고 있다.

이 도판에 등장하는 두 남자의 연령 차이가 있으므로 이 도판에서 관찰되는 수검자의 반응을 통해 권위자에 대한 수검자의 태도를 엿볼 수 있다(김재환 등, 2014). 예를 들어, '직급이 높은 사람이 말도 안 되는 억지를 부리며 아랫사람을 누르는 장면'이라고 반응하면서 수검자가 겪고 있는 권위갈등을 표출하기도 하며, '나이 차이는 있지만 친구처럼 지내는 관계'라고 반응하면서 권위갈등을 무의식적으로 부인하는 모습을 드러내기도 한다.

이 도판의 두 인물은 조심스럽게 의견을 나누는 모습을 보이므로 이 도판에서 보고되는 수검자의 반응을 통해 권위자에 대한 편집성향을 살펴볼 수 있다(최정윤, 2010). 예를 들어, "영화 마진 콜(margin call)의 등장인물처럼 회사가 자기 살자고 전 경제를 망치려고 하고 있어요"라고 반응하며 권력기관과 유력재벌에 대한 피해의식을 드러내기도 하며, "이 두 사람은 매우 친한 사이인데 지금 허심탄회하게 서로의 흉금을 터놓고 있어요"라고 반응하며 대인관계에서 발생하는 사소한 의심과 거짓말의 가능성마저도 인정하지 않는 모습을 나타낼 수도 있다.

도판 7GF: 한 중년 여성이 책을 보고 있고 그 옆에서 한 소녀가 인형을 안고서 다른 곳을 쳐다보고 있다.

이 도판에서는 수검자의 모녀갈등 양상이 드러나기 쉽다(김재환 등, 2014; 최정윤, 2010). 이 도판에서 흔히 보고되는 반응은 '어머니가 책을 딸에게 읽어주려고

하고 있는데 딸이 화가 나서 다른 곳을 바라보고 있는 장면' 혹은 '엄마가 딸에게 이야기를 하고 있는데 딸이 들으려고 하지 않는 장면'이다. 수검자는 어머니에 동일시가 되거나 딸에 동일시가 되어서 자신을 인정하지 않는 자녀에 대한 서운함이나 자율성을 허용하지 않는 양육자에 대한 분노감을 표현하기도 한다.

도판 8BM: 한 소년이 정면을 응시하고 있고 소년의 옆에 장총이 세워져 있다. 소년의 뒤쪽으로 한 사람이 누워있고 그 사람을 둘러싼 여러 사람이 있으며 그들 중 한 명은 칼을 들고 있다.

이 도판에서는 수검자의 공격성과 성취동기가 자주 표현된다(김재환 등, 2014; 최정윤, 2010). 도판에서 묘사된 장총과 수술용 칼은 공격성을 암시하고 누워있는 사람에게 칼을 대는 모습은 선망하는 직업으로서의 의사를 연상시킨다. 장총과 칼을 통해 암시된 공격성을 성취동기로 승화시키려는 수검자의 의지가 이 도판에서 드러날 수 있다.

도판 8GF: 한 젊은 여성이 턱을 괴고서 먼 곳을 응시하며 생각에 잠겨 있다.

이 도판에서 미래의 자기상(自己像)이 자주 드러난다(최정윤, 2010). 이 도판에서 흔하게 보고되는 반응 중에는 '먼 곳을 바라보면서 미래에 대한 공상을 하는 장면'이나 '업무 도중에 휴식을 취하며 미래에 대한 생각을 하는 장면'이 포함된다. 이 도판에서의 수검자 반응을 통해서 수검자의 현재상(現在像)과 소망하는 미래상(未來像) 간의 간극과 미래의 희망에 도달하는 데 방해가 되는 압력의 내용에 대한 정보를 얻을 수 있다.

이 도판에서는 수검자의 자기애 성향이나 연극성 성향이 드러나기도 한다(김재환 등, 2014). 주목과 관심의 욕구가 높은 수검자나 웅대한 자기상의 욕구를 지닌 수검자는 흔히 '그림의 모델이 된 자신의 모습'이나 '사진을 찍기 위해 포즈를 취하는 모습'으로 반응하며, 배우나 연예인 혹은 모델로 주인공의 직업을 설명한다.

도판 9BM: 네 명의 젊은 남성이 풀밭에 누워 있다.

이 도판에서는 사회적 관계, 교우 관계, 업무에 대한 태도 등이 자주 표현된다(김재환 등, 2014; 최정윤, 2010). 이 도판에서 흔하게 보고되는 반응은 '일을 하다가 잠시 쉬고 있는 사람', '힘든 일을 마치고 오수를 즐기는 사람들', '업무 중에 휴식을 취하는 일군들' 등이다. 이 도판의 반응을 통해서 여러 사람과 함께 어울리는 생활에 대한 부담감, 함께 일하고 있는 동료들에 대하여 경험하는 불만족감, 현재 담당하고 있는 업무와 현재의 직장에 대한 수검자의 시각을 엿볼 수 있다.

도판 9GF: 수건과 책을 손에 들고 있는 한 젊은 여성이 해변가에서 드레스를 손으로 잡고 뛰어가고 있는 다른 젊은 여성을 나무 뒤에서 쳐다보고 있다.

이 도판에서는 동성 여성 사이에서 발생할 수 있는 경쟁심과 삼각관계 구도에 대한 수검자의 태도가 자주 드러난다(최정윤, 2010). 성장기에 자매간 갈등 경험이 있거나 부모로부터의 차별대우 경험을 지닌 수검자는 경쟁심과 질투심을 자극하는 본 도판을 보고 흔히 음해와 공작이 점철된 이야기를 자세히 상술하거나, 정반대로 평온하고 평화로운 상황으로 본 도판을 표현함으로써 갈등을 부인하거나 억압하기도 한다.

이 도판에서는 신데렐라 콤플렉스가 표현되기도 한다(김재환 등, 2014). 수검자는 이 도판에 등장하는 두 인물 중 한 인물은 부정적인 성격을 지닌 높은 계급의 여성으로, 나머지 인물을 긍정적인 성격을 지닌 낮은 계급의 여성으로 묘사함으로써 남성에 의탁하여 편안한 삶을 꾀하려는 수검자의 태도 혹은 그러한 태도에 대한 억압과 부인의 양상을 빈번히 드러낸다.

도판 10: 한 여성과 한 남성이 선 채로 서로를 안고 있다.

대부분의 수검자는 이 도판에 등장하는 두 인물에 대해서 이성관계 혹은 부부관계라고 지각하며 '떨어져 있던 부부 혹은 연인이 재회하는 장면' 혹은 '부부 혹은 연인이 하기 싫은 이별을 하는 장면'으로 주로 보고한다(김재환 등, 2014). 두 인물을 부녀지간 혹은 모자지간으로 보고하는 비율은 상대적으로 드물다. 이성관계나 부부관계라고 보고하는 경우보다 부녀지간이나 모자지간으로 보고할 때 도판에 대한 반응이 수검자의 성향, 동기 및 갈등을 담을 확률은 더 높다.

도판 11: 깎아지른 듯 높이 솟은 절벽 사이로 산길이 나 있고 길 옆 벽 모양의 바위에는 용의 형상을 한 동물의 목과 머리가 돌출되어있다.

이 도판은 탐색욕구와 원시적 공포를 함께 담고 있다(최정윤, 2010). 수검자는 이 도판에서 미지의 세계를 탐사하는 모습을 발견하기도 하고 '용'의 모습을 한 위협적인 존재에 의해 공격받을 것에 대한 두려움을 느끼기도 한다. 탐색의 욕구와 공격의 공포는 도판이 지니고 있는 동전의 양면처럼 보이며, 공포를 느끼게 하는 대상에 접근하고 싶은 수검자의 마음이 이 도판을 통해 자주 드러난다.

도판 12M: 한 젊은 남자가 눈을 감은 채 침대에 누워 있고, 그의 옆에서 한 노인이 허리를 구부린 채 그 젊은 남자의 얼굴에 손을 갖다 댄다.

이 도판은 권위자에 대한 수검자의 태도가 빈번히 드러나는 카드이다(최정윤, 2010). 권위자에게 자신의 몸을 의탁하고 자신의 신변을 의지하고 싶은 욕구와 권위자가 자신을 차별하고 몰이해하며 존중하지 않을 것이라는 의심이 이 도판에 함께 담겨져 있다. 권위자에게 의지하고 싶은 욕구와 권위자에 대한 의심이 팽팽하게 힘겨루기를 하고 있는 이야기가 이 도판에서 자주 등장한다.

도판 12F: 한 젊은 여성이 전면에 있고 그 여성의 뒤쪽에 숄을 둘러쓴 노파가 있다.

이 도판에 등장하는 두 여성은 현실 속의 여성과 환상 속의 여성으로 분할되기도 하며, 선을 상징하는 여성과 악을 상징하는 여성으로 구분되기도 한다(최정윤, 2010). 모녀 관계로 지각되는 경우에도 어머니가 악의 이미지를 갖고 딸이 선의 이미지를 갖는다. 이 도판은 통합되지 않는 자기상 혹은 타인상이 드러나는 카드이다. 좋은 엄마와 나쁜 엄마가 동일한 엄마라는 사실과 좋은 나와 나쁜 나가 항상 함께 존재한다는 사실을 수용하기 어려워하는 수검자는 흔히 이 도판에서 분리된 자기상과 타인상을 드러낸다.

도판 12BG: 숲 속 강가에 빈 나룻배가 하나 정박되어 있다.

이 도판의 두드러진 특징은 인물이 존재하지 않는다는 점이다. 그렇지만 수검자는 이 장면의 이전 혹은 이후 장면의 이야기를 덧붙이면서 인물을 등장시키는데, 그 이야기를 통해서 수검자의 사회적 회피 성향과 대인관계 불편의 정도를 확인할 수 있다.

도판 13MF: 한 젊은 남성이 손을 얼굴에 올린 채 서 있고, 그의 뒤쪽에 한 젊은 여성이 가슴을 드러낸 채 침대에 누워 있다.

이 도판은 흔히 남성과 여성 모두에게 상대 성(性)에 대한 부정적 태도를 드러내도록 이끈다(김재환 등, 2014). 여성에 대한 남성 수검자의 적개심을 표현하도록 하고 남성에 대한 여성 수검자의 두려움을 표출하도록 한다. 이 도판은 수검자의 성적 억압의 정도, 여성 수검자에게는 성과 관련된 수치감, 남성 수검자에게는 성과 관련된 죄책감을 가늠하는 데 유용하다.

도판 13B: 한 소년이 통나무 집 문턱에 앉아 있다.

이 도판에서 수검자는 빈번히 애착대상으로 떨어지거나 분리되는 상황에 대한 공포와 두려움을 드러낸다(김재환 등, 2014). 분리불안을 경험하였거나 현재 경험하고 있는 아동 수검자는 본 도판을 접하고 유치원에서 양육자와 떨어지거나 시장을 가려는 양육자와 헤어질 때 경험했던 공포를 떠올릴 수 있다.

도판 13G: 한 소녀가 와선형(渦旋形) 계단을 올라가고 있다.

이 도판에 대한 수검자의 반응을 통해서 외로움과 고독에 대한 수검자의 태도를 가늠할 수 있다(최정윤, 2010). 적지 않은 수검자들은 이 도판에서 '낯선 계단을 혼자서 올라가는 장면' 혹은 '일행과 동떨어져 낯선 곳에서 헤매는 모습' 등의 반응을 보인다. 외로움을 경험하고 있는 수검자가 의지할 사람을 간절히 원하는 상황인지 아니면 고독이 주는 괴로움을 상쇄하기에 충분한 독립의 의지를 갖춘 수검자인지를 이 도판을 통해 가늠할 수 있다.

도판 14: 컴컴한 방안에서 빛이 들어오는 창문을 열고, 한 사람이 한 발을 올려놓은 채 창밖을 바라보고 있다.

이 도판에 대한 수검자의 반응을 통해서 공상의 내용과 미래의 전망을 짐작할 수 있다(김재환 등, 2014). 수검자는 도판의 주인공이 밖을 보면서 미래에 대한 생각을 한다고 주로 보고한다. 수검자는 주인공의 생각과 마음상태를 통해서 자신이 처한 현실적 제약이 해제되는 미래 모습을 표현할 수 있다.

이 도판에 대한 반응 속에서 수검자의 자살사고가 드러나기도 한다(최정윤, 2012). 수검자는 주인공의 자살사고와 함께 자살사고의 원인이 되는 상황에 대한 설명을 하여 수검자가 지니고 있는 자살의 동기를 짐작하도록 이끈다. 자신의 억울함과 분통함을 타인에게 알리고자 자살을 꾀하는지, 죽음을 통해서 가해자에게 죄책감을 주고자 자살을 계획하고 있는지, 아니면 자살로써 현실의 고통을 없애려고 하는지 등 자살동기에 대한 정보를 본 도판이 우리에게 알려줄 수 있다.

도판 15: 한 남자가 두 손을 모은 채 묘비 앞에 서 있다.

이 도판에 대한 수검자의 반응은 흔히 수검자의 적대감과 적대감에 대한 죄책감과 관련된다(최정윤, 2010). 수검자는 이 도판에서 '자신이 평소 싫어했던 사람의 묘지 앞에 있는 장면' 혹은 '자신과 다투었던 사람이 죽은 것에 대해서 마음 아파하는 장면' 등으로 빈번히 묘사한다. 이 도판에 대한 반응을 통해 수검자는 타인의 불행이 자신의 잘못된 행동으로부터 야기되었다는 사고를 드러내기도 한다.

이 도판은 빈번히 죽음에 대한 수검자의 공포를 표현하도록 이끈다(김재환 등, 2014). 일상생활에서 발생하는 다양한 일에 의미를 경험하지 못하거나 여러 인간

관계에 회의를 품는 수검자에게 있어 그 무의미와 회의 경험의 이면에 죽음에 대한 공포가 존재할 수 있다. 묘지가 등장하는 이 도판에서는 죽음을 대하는 수검자의 태도가 자주 드러나고 죽음에 대한 두려움이 일상생활에 미치는 다양한 악영향이 흔히 표현된다.

도판 16: 백지카드

수검자는 이 백지카드에 평소 마음에 두고 있는 백일몽을 이야기하며, 백일몽의 내용은 최근에 수검자가 경험한 부정적 사건과 관련되어 있을 가능성이 크다(김재환 등, 2014).

도판 17BM: 한 남자가 밧줄을 잡고 공중에 매달려 있다.

이 도판은 현재 수검자를 구속하고 있는 상황으로부터 벗어나고자 하는 욕구를 드러내도록 이끈다(김재환 등, 2014). 주인공의 행동방향은 모호하여 줄에 매달려 올라가는 것처럼 보이기도 하고 내려오는 것처럼 여겨지기도 한다. 어느 경우이든 주인공이 무엇인가로부터 도망가는 것처럼 수검자는 지각한다. 주인공이 도망치려고 노력하는 대상과 수검자가 벗어나려고 애쓰는 상황은 유사할 것이다.

도판 17GF: 강 위에 아치 모양의 다리가 있고 다리 난간에는 한 사람이 서 있으며 강 위에는 태양이 빛나고 있다.

이 도판은 흔히 실현될 가능성이 없는 수검자의 공상과 환상의 내용을 짐작하도록 이끈다(김재환 등, 2014). 수검자는 이 도판에서 '이미 떠나가 버린 옛 연인에 대해 그리워하는 장면' 혹은 '미래에 지금의 지배계층이 몰락한 뒤 새로운 세력이 집권한 장면' 등으로 빈번히 묘사한다. 이 도판에 대한 반응을 통해 수검자는 현실의 고통이 사라져버린 미래의 모습을 꿈꾸기도 한다.

우울증을 경험하는 수검자는 이 도판을 통해서 자살사고를 드러내기도 한다(김재환 등, 2014; 최정윤, 2010). 수검자는 이 도판에서 '실직을 한 뒤에 집에 돌아가지 못하고 강물에 뛰어내릴 것을 고민하는 장면', '실연을 한 뒤에 연인을 잊지 못하고 자살을 하려는 모습' 등으로 자주 표현한다. 이 도판에 대한 수검자의 반응에는 수검자에게 닥친 현실의 불행이 감당할 수 없을 만큼 크고 지대하다는 점을 타인에게 알리고 싶은 욕구가 빈번히 담긴다.

도판 18BM: 한 남자를 뒤에서 누가 잡고 있다.

이 도판은 흔히 피해의식에 따른 분노감정을 표현하도록 이끈다(김재환 등, 2014; 최정윤, 2012). 수검자는 이 도판에서 '누군가 어떤 사람을 뒤에서 공격하는 장면'이나 '술에 취한 사람이 강도에 의해서 공격을 받고 있는 장면' 등으로 자주 묘사한다. 이 도판에 대한 수검자의 반응에는 이면에 악의를 숨기고 있는 타인에 대한 두려움과 자신을 공격하려는 사람들의 나쁜 의도에 대한 의심이 빈번히 담겨진다.

이 도판의 반응에서 알코올 중독이나 음주에 대한 수검자의 태도가 자주 드러난다(김재환 등, 2014; 최정윤, 2010). 수검자는 이 도판의 주인공에 대해서 '만취가 된 직장 남성', '술에 취해 가정을 돌보지 않는 아버지' 등으로 빈번히 묘사한다. 수검자는 이 도판의 반응을 통해 무능하고 분별없는 아버지에 대한 원망과 자신의 유능성을 증명하기 힘든 직장생활에 대한 고통을 자주 표현한다.

도판 18GF: 목이 뒤로 젖혀져 있는 한 여자의 머리를 다른 여자가 손으로 받친 채 서 있으며, 두 여자의 뒤로 계단이 보인다.

이 도판의 반응에서 모녀관계의 갈등이 드물지 않게 표현된다(김재환 등, 2014; 최정윤, 2010). 이 도판에서 반복적으로 등장하는 내용은 '평소 딸에게 차별대우를 하던 어머니가 딸의 죽음 앞에서 오열하는 장면', '갑자기 딸이 계단에서 굴러 떨어지고 어머니가 놀라서 달려와 안는 장면' '딸을 목 졸라 죽이려는 어머니' 등이다. 이 반응들에서 수검자는 대부분 딸에 동일시를 하여 '미움과 피해를 입는 수검자', '용서를 구하는 어머니를 둔 수검자', '죽음으로써 진실을 알리는 수검자'의 모습을 세상에 알리고자 한다.

이 도판에서는 수검자의 의존욕구가 드러나기도 한다(김재환 등, 2014). '따뜻한 엄마가 아픈 아이를 안아주는 장면', '애처롭게 아이를 바라보는 엄마의 모습' 등이 이 도판을 접한 수검자가 흔히 보이는 반응 가운데 일부이다. 중요한 타인으로부터 정서적 지지와 도구적 지지를 얻고자하는 수검자의 바람과 공감과 인정이 부족한 양육자로부터 유래하는 가족 압력이 도판의 반응에서 흔히 표현된다.

도판 19: 눈 덮인 오두막 위로 구름이 떠간다.

이 도판에서는 힘든 환경적 압력에 대한 수검자의 태도가 빈번히 드러난다(최정윤, 2010). 예를 들어, '매우 추운 겨울, 갑작스러운 폭설에 오두막 속에 갇히게 된 사람들은 오두막 안에서 회의를 하며 살아나갈 궁리를 하는 장면'이라는 반응에서는 환경적 제약을 의지로써 극복하려는 수검자의 성취동기가 엿보인다. 이 도판에서 환경적 제약과 그에 대한 극복을 주제로 이야기를 풀어나가는 수검자는 어려운 일을 극복하고 성취를 이루는 자신의 모습을 가장 바람직한 자기상이라 여긴다.

이 도판에서는 안전에 대한 욕구(safety needs)가 흔히 드러난다(최정윤, 2010). '추운 겨울 한 가운데 있는 따뜻한 오두막' 혹은 '눈보라가 불어오는 산 속에 있는 피신처' 등은 안전욕구와 관련된 대표적인 반응들이다. 위험과 위협으로부터 보호받을 수 있고 다가오는 재난으로부터 자신을 지킬 수 있는 피신처를 원하는 수검자의 욕구를 본 도판의 반응에서 관찰할 수 있다.

도판 20: 한밤중에 한 사람이 가로등을 등지고 서 있다.

이 도판에서는 고독과 외로움에 대한 수검자의 태도가 드물지 않게 드러난다(김재환 등, 2014). 이 도판에서 수검자가 자주 보이는 반응은 '어떤 사람이 누군가를 기다리는 장면', '밤중에 혼자서 산책하는 장면' 등이다. 수검자는 이 도판을 통해 타인과 교류하며 함께 하고 싶은 친화욕구(affiliation needs)를 빈번히 드러낸다.

이 도판의 반응을 통해서 위험과 위협에 대한 수검자의 태도가 표현되기도 한다(김재환 등, 2014). 이 도판이 지니고 있는 전반적인 음울한 분위기와 전체적인 불

명확한 내용은 수검자로 하여금 위협감을 제공할 수 있다. 수검자는 이 도판을 통해 돌봄과 지원을 받고자 하는 구원욕구(succorance needs)를 빈번히 드러낸다.

제8장 NEO-PI-R 검사

NEO-PI-R(Revised NEO Personality Inventory) 검사는 외향성, 신경성, 성실성, 친화성, 개방성 등으로 구성되어 있다. 이 척도의 원판은 Costa와 McCrae에 의해 1978년에 개발되었고 1992년에 개작되었다. 이 척도는 총 240문항으로 구성되어 있고 5개의 성격은 각각 6개의 하위요인으로 이루어져있다.

NEO-PI-R 검사는 MMPI 검사와 마찬가지로 경험적인 접근을 통해 제작되었다. 연구자의 이론적인 가정 없이 수많은 임의의 문항을 대단위의 참가자에게 실시한 뒤 요인분석의 방법을 통해 5개 요인이 도출되었다. NEO-PI-R 검사에 포함된 5개의 요인은 우리에게 지금까지 알려진 다양한 성격변인을 아우르는 가장 포괄적인 틀로서 인정받고 있다.

수많은 사람들의 행동이나 특징에 대해 요인분석을 한 결과 추출된 NEO-PI-R 검사의 5가지 성격특성은 매우 다양한 인간의 행동 특성을 설명할 수 있다. 수검자들이 스스로 평가하여 보고한 NEO-PI-R 검사 점수는 오랜 시간이 흐른 뒤에도 일정하게 유지되었다. 한 연구에서 사람들은 12년 동안 세 번(첫해에 1회, 6년 후에 2회, 12년 후에 3회) NEO-PI-R 검사를 실시했다. 세 번째 보고한 점수(12년 후의 점수)와 처음 보고한 점수 사이에는 .68에서 .85의 높은 상관관계를 보였으며 이 정도의 수치는 6일의 차이를 두고 보고한 점수 간 상관계수와 비슷하다(John & Srivastava, 1999). 또한 자신이 보고한 자신의 성격과 타인이 보고한 자신의 성격 간의 상관계수도 높게 나타났으며, 그 타인이 가까운 사이일수록 상관계수의 크기는 더욱 컸다(Goldberg, 1999).

1. 외향성

외향성이 높은 사람의 주요 특징은 에너지 수준이 높고, 긍정정서를 갖고 있을 가능성이 높으며, 긍정적인 사건이나 대상을 추구하는 경향을 지닌다. 또한 외향성 점수가 높은 수검자는 대인관계에서 자신의 의견을 강하게 주장하고, 다른 사람과 함께 있는 상황을 선호하며, 말수가 타인에 비해 많은 편이다.

외향성을 구성하는 문항은 아래와 같다.

나는 모임을 좋아하는 사람이다.
나는 다른 사람의 주목을 받는 것을 꺼리지 않는다.
나는 사람들 사이에 있으면 편안하다.
나는 대화를 먼저 시작하는 편이다.
나는 모임에서 많은 사람들과 이야기를 한다.
나는 말을 많이 하지 않는다. (역채점)
나는 행동하기 전에 많이 생각한다. (역채점)
나는 다른 사람이 나를 주목하는 것을 좋아하지 않는다. (역채점)
나는 낯을 가리는 사람이다. (역채점)
나는 사람이 많은 곳에서 말을 잘 하지 않는다. (역채점)

외향성의 핵심 특성은 보상에 대한 반응성이라 할 수 있으며 중뇌의 도파민 회로가 관여하는 것으로 알려져 있다. 외향성 수준이 높은 수검자는 긍정적인 자극을 접할 때 외향성 수준이 낮은 수검자에 비해 긍정정서를 더 빈번히 그리고 더 많이 경험한다. 예를 들어, 외향성이 높은 수검자는 뛰어난 외모의 이성, 맛있는 음식, 권력과 금력 등과 같은 긍정적 자극을 접했을 때 외향성이 낮은 수검자에 비해 보다 강력한 긍정정서를 경험한다. 따라서 외향성의 수검자는 긍정적인 자극에 보다 자주 노출되기 위해 많은 노력을 기울인다.

외향성이 높은 수검자는 보다 큰 보상을 추구하여 이를 획득할 가능성이 높은 반면 육체적 위험을 감수하는 성향을 지니며 안정적인 가족관계를 유지하는 데 어려움을 겪을 가능성이 크다(Nettle, 2007). 외향성 수준이 높은 수검자는 그렇지 않은 수검자에 비해 더 높은 지위에 오르고, 더 많은 재산을 얻으며, 더 나은 외모의 배우자와 혼인할 가능성이 높다. 반면, 외향성 수준이 높은 수검자는 외향성 수준이 낮은 수검자에 비해 음주운전을 많이 할 가능성이 크고, 외도의 가능성이 높으며, 사고로 인한 사망의 가능성도 더 크다.

2. 신경성

신경성은 분노, 불안, 우울 등의 부정정서를 많이 경험하는 경향성을 뜻하며 정서적 불안정성(emotional instability)은 신경성의 또 다른 이름이다. 신경성 점수가 높은 수검자는 스트레스에 취약하여 일상적 상황을 위협적으로 지각하고 사소한 좌절 상황을 절망적으로 인식한다. 신경성이 높은 수검자는 부정정서를 쉽게 경험하고 동시에 경험된 부정정서는 매우 오랫동안 지속된다. 신경성 점수가 높은 수검자가 경험하는 부정정서는 사고과정과 행동양상에도 영향을 미쳐, 신경성 점수가 높을수록 합리적 사고능력과 판단능력이 감소되고 우유부단한 행동양상이 증가한다.

신경성의 문항은 다음과 같다.

내 기분은 자주 변한다.
나는 쉽게 스트레스를 받는다.
나는 많은 것을 걱정한다.
나는 다른 사람보다 쉽게 불안해진다.
나는 쉽게 화를 낸다.
나는 거의 슬픔에 빠지지 않는다(역채점).
나는 항상 이완되어 있다(역채점)

신경성의 핵심 특성은 위협에 대한 반응성이라 할 수 있다. 변연계의 편도 혹은 해마가 신경성의 작용에 관여하는 것으로 보인다. 신경성 수준이 높은 수검자는 부정적인 자극을 접할 때 신경성 수준이 낮은 수검자에 비해 부정정서를 더 빈번히 그리고 더 많이 경험한다. 예를 들어, 신경성이 높은 수검자는 연인과의 이별, 낮은 학점, 사업의 실패, 질병의 이환 등과 같은 부정적 자극에 접했을 때 신경성이 낮은 수검자에 비해 보다 강한 부정정서를 경험한다. 따라서 신경성의 수검자는 부정적인 자극에 보다 덜 노출되기 위해 많은 노력을 기울인다.

신경성이 높은 사람들은 주위 상황에 대해 항상 경계하는 태도를 지녀 위험에 빠지는 일이 적고 자신의 부족한 면을 극복하고자 노력하는 모습을 보이는 반면 사소한 스트레스에 과민하여 항상 근심하는 모습을 보이며 우울증에 취약하다(Nettle, 2007). 신경성 수준이 높은 수검자는 그렇지 않은 수검자에 비해 사고와 말썽을 덜 경험하고, 학업적 · 직업적 실패의 빈도가 낮으며, 자만하거나 오만한 태도를 보일 가능성이 보다 적다. 반면, 신경성 수준이 높은 수검자는 신경성 수준이 낮은 수검자에 비해 삶에서 경험하는 정신적 스트레스의 양이 더 많고, 심리적 원인에서 기인하는 신체적 질병에 이환될 가능성이 보다 크며, 심리상담소와 심리클리닉에 방문하는 빈도가 보다 많다.

3. 성실성

성실성(conscientiousness) 수준이 높은 수검자는 주어진 임무에 충실히 행동하고, 자제력이 높아 유혹에 쉽게 빠지지 않으며, 이미 세워진 목표를 향해 흔들림 없이 나아가는 특성을 지닌다. 성실성 점수가 높은 수검자는 자신의 충동을 조절하는 데 어려움이 없고 즉흥적으로 행동하기 보다는 계획에 맞추어 행동한다.

성실성을 구성하는 구체적 문항은 아래와 같다.

나는 항상 준비되어 있다.
나는 세밀한 부분에 주의를 기울인다.
나는 미루는 것을 좋아하지 않는다.
나는 질서와 순서를 좋아한다.
나는 계획을 따른다.
나는 내 일을 정확하게 한다.
나는 내가 할 일을 가끔 회피한다(역채점).

나는 정리 정돈하는 것이 귀찮게 여겨진다(역채점).
나는 어떤 물건을 사용한 다음에 원래 자리에 두는 것을 자주 잊는다(역채점)

성실성의 핵심 특성은 충동 억제 반응이다. 배외 전전두 피질 영역이 성실성과 관련되는 것으로 여겨진다. 성실성 수준이 높은 수검자는 즉각적으로 작은 이익을 주지만 장기적으로 큰 이익을 잃게 되는 선택지와 단기적으로는 작은 이익을 얻지 못하지만 장기적으로는 큰 이익을 얻게 되는 선택지가 놓여 있을 때 단연코 후자를 집어 드는 사람이다.

높은 성실성을 보이는 수검자는 모든 일을 철두철미한 계획 하에 진행하여 원하는 일을 성취하는 반면, 상대적으로 순발력이 부족하여 갑자기 닥치는 일에 대해서 신속히 대응하기 어려워한다(Nettle, 2007). 성실성 수준이 높은 수검자는 그렇지 않은 수검자에 비해 장기간 목표를 세워 꾸준히 진행해야 할 시험이나 프로젝트를 더 선호하고, 목표에 따라 업무를 진행하는 과정에서 개입되는 외부적 유혹에 대해 보다 단호히 거부하며, 설정한 목표를 성취하는 자신의 능력을 보다 굳건히 믿는다. 반면, 성실성 수준이 높은 수검자는 성실성 수준이 낮은 수검자에 비해 목표 추진 중에 갑자기 개입되는 돌발변수에 대한 대처능력이 보다 낮고, 사회적 제도나 공유하는 집단적 사고에 순종하는 태도를 보이며, 워커홀릭이나 강박성 성향자가 될 가능성이 존재한다(Benet-Martínez & Ozer, 2006).

4. 친화성

친화성 점수가 높은 수검자는 조화로운 인간관계에 대해 관심이 많고 다른 사람과 잘 지내는 것을 가치 있게 여긴다. 친절, 관대성, 배려심 등의 단어들이 친화성 점수가 높은 사람을 묘사하는 데 주로 사용된다. 친화성 수치가 높은 수검자는 인간 본성에 대해 낙관적인 태도를 지니며 다른 사람의 행동의 이면에 이타적인 의도가 숨어 있다고 간주한다.

친화성을 측정하는 구체적 항목은 아래와 같다.

나는 사람들에 대해 관심이 많다.
나는 다른 사람의 감정에 쉽게 하나가 된다.
나는 부드러운 마음을 지녔다.
나는 다른 사람을 위해서 시간을 낸다.
나는 다른 사람의 감정을 느낀다.
나는 다른 사람과 함께 있을 때 편안하다.
나는 사실 다른 사람에 대해 큰 관심이 없다(역채점).
나는 다른 사람에게 쓴 소리를 하는 편이다(역채점).
나는 타인에 대해서 걱정을 거의 하지 않는다(역채점).

친화성의 핵심 특성은 타인에 대한 존중이다. 친화성 수준이 높은 수검자는 타인의 마음을 정확하게 읽고 타인의 감정에 공감하는 특성을 보인다. 높은 친화성의 사람들은 타인이 경험하고 있는 정서의 종류와 그 원인에 대한 이해에 능하고, 타인의 정서 경험과 자신의 정서 경험을 공유하는 능력이 뛰어나다.

친화성이 높은 사람들은 대인관계가 조화로우며 안정적인 경우가 흔한 반면, 자신을 타인에게 내세워야 하는 상황에서 뒷걸음치기 쉬우며 높은 사회적 지위를 얻는 데 어려움을 보인다(Nettle, 2007). 친화성 수준이 높은 수검자는 갈등 상황에서 투쟁과 대결을 통하기 보다는 협력과 협조를 통해 갈등을 해결해 내는 데 능숙하고, 타인과의 관계에서 자신을 드러내는데 익숙하지 않으며, 사고가 아닌 정서를 결정의 준거로 삼는 경우가 많다. 반면, 친화성 수준이 높은 수검자는 악의적 의도를 지닌 사람으로부터 조종을 받거나 속임을 당할 가능성이 크고, 냉혹한 경쟁사회에서 자신에게 이로운 결정과 선택을 하는데 어려움을 겪을 수 있다.

5. 개방성

개방성 점수가 높은 수검자는 지적 대상에 대한 호기심이 많고 미적 대상에 대해서 민감성이 높으며 세상을 운용하는 원리에 대해서 관심이 많다. 개방성 수치가 높은 수검자는 낮은 수검자에 비해 창의적이고 비관습적(非慣習的)인 생각에 흥미를 느끼며 인간 감정의 원리에 대해 관심이 크다.

개방성을 측정하는 구체적 문항은 다음과 같다.

나는 상상력이 풍부하다.
나는 어휘를 많이 알고 있다.
나는 참신한 아이디어를 갖고 있다.
나는 무엇인가 새로운 것을 쉽게 익히는 편이다.
나는 추상적인 관념을 이해하기가 어렵다(역채점).
나는 추상적인 것에 관심이 없다(역채점).

개방성의 핵심특성은 정신적 연상(association)의 폭이 넓고 깊다는 점이다. 개방성 수준이 높은 수검자는 그렇지 않은 수검자에 비해 어떤 낱말이나 심상에 접했을 때 그것과 연관된 낱말 혹은 심상을 보다 쉽게 떠올릴 수 있다(Nettle, 2007). 예를 들어, 개방성이 높은 수검자가 낮은 수검자에 비해 상징시(象徵詩)를 보다 쉽게 즐기는데, 그 이유는 상징시를 구성하는 낱말과 심상이 개념적으로 멀리 떨어져 있음에도 개방성이 높은 수검자의 뛰어난 연상 능력으로 인해 의미적으로 먼 거리의 두 낱말 사이의 공간을 쉽게 메울 수 있기 때문이다. 아래는 상징시로 분류할 수 있는 시인 이상(李霜)의 〈꽃나무〉라는 시의 전문이다.

꽃나무

벌판 한복판에 꽃나무 하나가 있소.
근처에는 꽃나무가 하나도 없소.
꽃나무는 제가 생각하는 꽃나무를 열심으로 생각하는 것처럼
열심으로 꽃을 피워가지고 섰소.
꽃나무는 제가 생각하는 꽃나무에게 갈 수 없소.
나는 막 달아났소.
한 꽃나무를 위하여 그러는 것처럼
나는 참 그런 이상스러운 흉내를 내었소.

개방성이 낮은 수검자에게는 특별한 관련이 없어 보이는 여러 개의 낱말들(꽃나무, 이상한, 달아난, 흉내)로 이 시는 구성되어 있어 개방성이 낮은 수검자는 그 시를 의미 없는 낱말의 연쇄로 여긴다. 반면 개방성이 높은 수검자는 이 시를 구성하는 여러 개의 낱말들을 서로 관련 있는 것처럼 여기며, 꽃나무, 이상한, 달아난, 흉내 등의 개념 사이의 빈 공간을 연상 능력을 발휘하여 채워 넣을 수 있다.

개방성이 높은 수검자는 뛰어난 예술적 감수성과 확산적 사고방식을 갖는 경우가 흔한 반면, 타인이 이해하기 어려운 기이한 믿음을 지닌 경우가 많고 상대적으로 정신증(psychosis)에 취약하다(Nettle, 2007). NEO-PI-R 척도의 개방성 소척도는 이 점에서 MMPI-2 검사의 8번 척도와 관련 있다. MMPI-2 검사의 8번 척도 점수의 상승은 사고장애 및 정신증의 이환과 연관되는 동시에 창의성 및 창발성의 발현과도 관련을 맺는다. 예술가와 극작가 군(群)에서 정신증 이력을 지닌 사람을 만나는 것이 드물지 않은 것도 개방성의 장단점을 시사한다.

6. Well-Being 스타일

수검자의 외향성과 신경성 점수를 두 축으로 사용하여 4가지 종류의 웰빙 유형을 파악할 수 있다. 비관형(gloomy pessimists), 감정형(overly emotional), 낙관형(upbeat optimists), 억제형(low-keyed) 등이 4가지의 웰빙 유형을 구성한다(Costa & McCrae, 2000).

비관형은 신경성이 평균보다 높으며 외향성은 평균보다 낮은 경우이다. 비관형의 수검자가 영위하는 일상생활에서 수검자를 고양시킬 즐거운 일은 찾기 어려우나, 수검자를 고통스럽게 할 괴로운 일은 도처에 존재한다. 비관형의 수검자가 부정적인 사건을 경험하면 우울증과 같은 심리적 장애를 겪을 가능성이 커진다.

감정형은 신경성이 평균보다 높으며 외향성도 평균보다 높은 경우이다. 감정형의 수검자는 일상생활에서 정서변화가 심하며, 정서변화의 높은 진폭은 대인관계 부적응에 영향을 준다. 정서형의 비일관적(非一貫的)이고 불안정적인 대인관계 양상은 진솔하지 않고 깊이 없는 상호작용을 유발한다.

억제형은 신경성 점수가 평균 이하이고 외향성 점수 또한 평균 이하인 경우이다. 억제형 수검자는 큰 스트레스와 심리적 고통을 경험하지 않지만 동시에 즐겁고 신나는 사건을 경험하는 일도 드물다. 억제형 수검자가 보이는 빈약하고 무딘 감정표현은 대인관계 부적응으로 이어져, 억제형 수검자 주변의 사람들은 그를 재미없고 무미건조한 사람으로 묘사한다.

낙관형은 신경성 점수가 평균 이하이고 외향성 점수는 평균 이상인 경우이다. 낙관형의 수검자는 일상생활에 대해 감사하는 마음을 갖고 있고 대체로 즐거운 기분을 유지한다. 아울러 낙관형의 수검자는 스트레스 상황에서 일시적인 고통과 정서적인 동요를 경험하지만 곧 정상적인 생활 양상으로 돌아온다.

7. 방어 스타일

수검자의 개방성과 신경성 점수를 두 축으로 하여 4가지 종류의 방어 스타일을 분류할 수 있다. 비적응형(maladaptive), 예민형(hypersensitive), 둔감형(hyposensitive), 적응형(adaptive) 등이 4가지의 방어 스타일을 구성한다(Costa & McCrae, 2000).

비적응형은 신경성이 평균보다 높으며 개방성은 평균보다 낮은 경우이다. 비적응형의 수검자는 일상생활의 스트레스에 대처하기 위해서 부적응적 방어 양식을 보여 정서적 고통을 증폭시킨다. 또한 자신이 경험하고 있는 심리적 고통의 기전에 대한 통찰의 수준이 낮고, 자신의 심리적 고통을 언어로 표현할 수 있는 정서 조절능력이 미비하다.

예민형은 신경성이 평균보다 높으며 개방성도 평균보다 높은 경우이다. 예민형의 수검자는 스트레스 사건에 접하기도 전에 이미 경계태세를 갖추고 잔뜩 긴장되어 있다. 또한 스트레스 사건이 미칠 부정적 결과에 대해서 미리 상상하는 습관을 지니고 있으며, 기이하고 이상한 생각으로 인하여 때때로 심리적 고통을 받기도 한다.

둔감형은 신경성 점수가 평균 이하이고 개방성 점수 또한 평균 이하인 경우이다. 둔감형의 수검자는 일상적인 생활에서 스트레스를 야기할 만한 사건에 거리를 두고 단조롭고 무미건조한 삶의 태도를 보인다. 가끔씩 발생하는 스트레스 사건에 접할 때에도 그 사건이 지니는 잠재적 중요성을 낮게 평가하고, 사소한 문제로 치부하며, 그 사건으로부터 주의를 돌릴 수 있는 다른 대상을 찾는다.

적응형은 신경성 점수가 평균 이하이고 개방성 점수는 평균 이상인 경우이다. 적응형의 수검자는 스트레스 사건에 대해 적응적이고 창조적으로 대처하며 자신의 정서적 고통을 회피하지 않고 정확하게 인식하는 모습을 보인다.

8. 분노조절 스타일

수검자의 친화성과 신경성 점수를 두 축으로 사용하여 4가지 종류의 분노조절 스타일을 파악할 수 있다. 흥분형(temperamental), 소심형(timid), 냉혈형(cold-blooded), 온화형(easy-going) 등이 4가지의 분노조절 스타일을 구성한다(Costa & McCrae, 2000).

흥분형은 신경성 점수가 평균보다 높으며 친화성 점수는 평균보다 낮은 경우이다. 흥분형의 수검자는 위해 상황에서 쉽게 분노감을 경험하며 가해 당사자에 대해서 복수의 의도를 품는 사람이다. 이 유형의 수검자는 언어적 공격성과 행동적 공격성을 타인에게 드러내어 자신의 분노감을 표현한다.

소심형은 신경성 점수가 평균보다 높으며 친화성 점수도 평균보다 높은 경우이다. 소심형의 수검자는 위해 상황에서 쉽게 분노감을 경험하지만 가해자에게 앙갚음의 행동을 하는 것을 주저하는 사람이다. 이 유형의 수검자는 자신의 분노감정을 겉으로 표현하기보다는 안으로 내현화하는 경향이 있다.

냉혈형은 신경성 점수가 평균 이하이고 친화성 점수 또한 평균 이하인 경우이다. 냉혈형의 수검자는 위해 상황에서 큰 분노감을 경험하지 않는다. 냉혈형의 수검자가 보이는 공격행동은 대체로 반응적이라기보다는 도구적인 성격을 지닌다. 이 유형에 속하는 수검자는 타인의 가해행동에 대한 반응으로 공격성을 표출하기보다는 어떤 이익을 얻기 위해서 공격성을 표현하는 경우가 더 많다.

온화형은 신경성 점수가 평균 이하이고 친화성 점수는 평균 이상인 경우이다. 온화형의 수검자는 위해 상황에서 큰 분노감을 경험하지 않으면서 타인에게 자신의 분노감을 표현하는 경우도 드물다. 대인관계에서 드물게 분노감정을 경험할 때에도 가해자에 대해 공감의 태도를 보이고 가해자의 공격 의도에 대해 용서하는 자세를 취한다.

9. 충동조절 스타일

수검자의 성실성과 신경성 점수를 두 축으로 사용하여 4가지 종류의 충동조절 스타일을 파악할 수 있다. 과소통제형(undercontrolled), 과다통제형(overcontrolled), 이완형(relaxed), 절제형(directed) 등이 4가지의 충동조절 스타일을 구성한다(Costa & McCrae, 2000).

과소통제형은 신경성 점수가 평균보다 높으며 성실성 점수는 평균보다 낮은 경우이다. 과소통제형의 수검자는 욕구를 억제하는 것이 필요하며 자신에게 이익이 될 것이라는 점을 잘 인식하고 있음에도 불구하고 스스로의 충동을 억제하는 데 빈번히 실패하는 사람이다. 이 유형에 포함되는 수검자는 자신의 약한 충동억제력으로 인해 개인적 기능이나 사회적 기능에 장애가 발생할 것이라는 걱정을 가질 수 있다.

과다통제형은 신경성 점수가 평균보다 높으며 성실성 점수도 평균보다 높은 경우이다. 과다통제형의 수검자는 타인에게 자신을 완벽하게 보이고자 하는 동기가 과도하게 커서 적정 수준 이상의 노력을 들여 충동과 욕구를 억제하는 사람이다. 이 유형에 속하는 수검자는 과도하고 이상적인 목표 설정으로 인하여 결국 실패와 좌절을 경험할 가능성이 크며 이로 인하여 후회와 자책감에 시달릴 수도 있다.

이완형은 신경성 점수가 평균 이하이고 성실성 점수 또한 평균 이하인 경우이다. 이완형의 수검자는 자신이 원하는 목표 달성을 위해 욕구와 충동을 억제해야 한다는 의식 자체가 적은 사람이다. 이 유형의 수검자는 충동 억제에 실패한다고 할지라도 이에 대해 심리적 불편을 느끼지 않는다.

절제형은 신경성 점수가 평균 이하이고 성실성 점수는 평균 이상인 경우이다. 절제형의 수검자는 자신이 정한 목표 달성을 방해하는 욕구와 충동을 적절한 방식으로 통제하고 억제하는 능력을 지닌 사람이다. 이 유형의 수검자가 정한 목표는 충분히 달성 가능한 목표이기 때문에 성실히 노력했을 때 성취할 가능성이 크며, 만약 그 목표 달성에 실패하였을 경우에도 자책하거나 좌절할 가능성은 적다.

10. 흥미 유형

수검자의 개방성과 외향성 점수를 두 축으로 사용하여 4가지 종류의 흥미 유형을 도출할 수 있다. 관습적 사회형(mainstream consumers), 창의적 사회형(creative interactors), 관습적 개인형(homebodies), 창의적 개인형(introspectors) 등이 4가지의 흥미 유형을 구성한다(Costa & McCrae, 2000).

관습적 사회형은 개방성 점수가 평균보다 낮으며 외향성 점수는 평균보다 높은 경우이다. 관습적 사회형에 속하는 수검자는 새롭고 독특한 대상이 아닌 일반 대중이 선호하는 대상에 흥미를 느끼고 여러 사람들과 함께 참여하며 그 대상을 즐기는 행동을 보인다.

창의적 사회형은 개방성 점수가 평균보다 높으며 외향성 점수도 평균보다 높은 경우이다. 창의적 사회형에 포함된 수검자는 보편적으로 많은 사람들이 선호하는 대상이 아닌 독특하고 새로운 대상에 대해 흥미를 느끼며, 그 대상을 좋아하는 소수의 사람들과 교류하면서 흥미를 지속하는 특성을 지녔다.

관습적 개인형은 개방성 점수가 평균 이하이고 외향성 점수 또한 평균 이하인 경우이다. 이 유형에 속하는 수검자는 특별하고 새로운 대상에 대해 흥미를 느끼기보다는 일반적이고 대중적인 취향을 지니고 있다. 아울러 관습적 개인형의 수검자는 타인과 교류하기보다는 개인적 시간을 마련하여 자신이 흥미를 느끼는 대상을 향유한다.

창의적 개인형은 개방성 점수가 평균 이상이고 외향성 점수는 평균 이하인 경우이다. 이 유형에 포함된 수검자는 대중적이고 보편적인 취향을 지니지 않고 특별하고 새로운 대상에 대해서 흥미를 느낀다. 창의적 개인형에 속한 수검자는 개인적 공간과 시간에서 흥미를 느끼는 대상을 향유한다.

11. 대인관계 유형

수검자의 친화성과 외향성 점수를 두 축으로 사용하여 4가지 종류의 대인관계 유형을 도출할 수 있다. 참여적 자기중심형(leaders), 참여적 타인중심형(welcomers), 회피적 타인중심형(competitors), 회피적 자기중심형(the unassuming) 등이 4가지의 대인관계 유형을 구성한다(Costa & McCrae, 2000).

참여적 자기중심형은 외향성 점수가 평균보다 높으며 친화성 점수는 평균보다 낮은 경우이다. 이 유형에 포함된 수검자는 개인적 공간에서 생활하는 것보다 사회적 상황에 참여하는 것을 선호하는 사람이다. 참여적 자기중심형에 속하는 수검자는 사회적 상황에서 다른 사람들이 자신을 주목하고 자신의 생각과 의도가 사회적 상황에서 관철되는 것을 원한다.

참여적 타인중심형은 외향성 점수가 평균보다 높으며 친화성 점수도 평균보다 높은 경우이다. 이 유형에 속하는 수검자는 개인적인 공간에 머무르는 것보다는 타인과 소통할 수 있는 사회적 장면을 선호한다. 참여적 타인중심형에 포함된 수검자는 타인의 감정에 대해 관심이 많고 타인의 이야기를 듣는 것을 즐긴다.

회피적 자기중심형은 외향성 점수가 평균 이하이고 친화성 점수 또한 평균 이하인 경우이다. 이 유형에 속하는 수검자는 타인의 감정과 생각에 대해서 관심이 적고 타인과 정서를 교류하는 것에 큰 즐거움을 느끼지 못한다. 아울러 회피적 자기중심형의 수검자는 타인과 함께 하는 사회적 장면보다는 혼자서 생활하는 개인적이고 독립적인 공간을 선호한다.

회피적 타인중심형은 외향성 점수가 평균 이하이고 친화성 점수는 평균 이상인 경우이다. 이 유형에 포함된 수검자는 타인의 의도를 신뢰하고 타인의 고통을 공감하는 특성을 지녔다. 또한 회피적 타인중심형의 수검자는 타인과 교류할 수 있는 사회적 상황보다는 개인적이고 독립적인 공간을 선호한다.

12. 활동 유형

수검자의 성실성과 외향성 점수를 두 축으로 사용하여 4가지 종류의 활동 유형을 도출할 수 있다. 활력적 목표부재형(funlovers), 활력적 목표지향형(go-getters), 억제적 목표부재형(the lethargic), 억제적 목표지향형(plodders) 등이 4가지의 활동유형을 구성한다(Costa & McCrae, 2000).

활력적 목표부재형은 외향성 점수가 평균보다 높으며 성실성 점수는 평균보다 낮은 경우이다. 이 유형에 포함된 수검자는 삶이 지향하는 분명한 목적이 없고 장기적인 목표가 뚜렷하지 않은 사람이다. 활력적 목표부재형에 속하는 수검자는 일시적인 흥분과 즉각적인 쾌감을 제공하는 상황을 선호하고, 인내와 끈기가 필요한 장기적 목표 달성 과정에서는 불편함을 느낀다.

활력적 목표지향형은 외향성 점수가 평균보다 높으며 성실성 점수도 평균보다 높은 경우이다. 이 유형에 속하는 수검자에게는 현재 지향하는 분명한 삶의 지침과 장기적인 목표라고 칭할 수 있는 의미 있는 대상이 존재한다. 또한, 활력적 목표지향형에 포함된 수검자는 의미 있는 목표에 도달하기 위해서 최선의 노력을 경주하는 모습을 보인다.

억제적 목표부재형은 외향성 점수가 평균 이하이고 성실성 점수 또한 평균 이하인 경우이다. 이 유형에 속하는 수검자는 매력적이고 의미 있는 장기적 목표를 갖고 있지 않으며 일상생활의 사소한 외적 요구가 만들어내는 단기적 목표에 반응하는 데 급급하다. 아울러 억제적 목표부재형의 수검자는 목표를 달성하기 위한 활동에 자발적으로 참여하지 않는다.

억제적 목표지향형은 외향성 점수가 평균 이하이고 성실성 점수는 평균 이상인 경우이다. 이 유형에 포함된 수검자는 정해진 목표를 정해진 시간에 맞추어 성실히 수행해 나가는 책임감을 지닌 사람이다. 반면 목표를 수행해나가는 데 있어 활력과 에너지를 관찰하기는 어려우며 목표달성 과정에서 민첩하고 기민한 모습을 보여주지는 못한다.

13. 태도 유형

수검자의 개방성과 친화성 점수를 두 축으로 4가지의 태도 유형을 도출할 수 있다. 주지적 진보형(free-thinkers), 주정적 진보형(progressives), 주지적 보수형(resolute believers), 주정적 보수형(traditionalists) 등이 4가지의 태도 유형을 구성한다(Costa & McCrae, 2000).

주지적(主知的) 진보형은 개방성 점수가 평균보다 높으며 친화성 점수는 평균보다 낮은 경우이다. 이 유형에 포함된 수검자는 전통적 가치에 대한 믿음이 적고 감성적 판단에 대한 신뢰가 부족하다. 주지적 진보형에 속하는 수검자는 비판적인 사고를 통해 문제를 바라보고자 노력하며, 문제 상황과 결부된 타인의 감정을 충분히 고려하지 않는다.

주정적(主情的) 진보형은 개방성 점수가 평균보다 높으며 친화성 점수도 평균보다 높은 경우이다. 이 유형에 속하는 수검자는 인간 본성에 대해서 신뢰하고 인간을 계발시키는 다양한 과정이 효과적인 결과를 나을 수 있다는 믿음을 지니고 있다. 또한, 주정적 진보형에 포함된 수검자는 다양한 사회적 문제들은 노력을 통해 극복할 수 있고 보다 나은 삶의 조건이 개혁을 통해서 성취될 수 있다고 생각한다.

주지적 보수형은 개방성 점수가 평균 이하이고 친화성 점수 또한 평균 이하인 경우이다. 이 유형에 속하는 수검자는 인간 본성에 대해 회의적인 태도를 지니고 있으며 인간의 계발을 위한 노력이 큰 성과를 거둘 수 있을 것이라는 믿음을 갖고 있지 않다. 아울러 주지적 보수형의 수검자는 엄격한 규칙 적용과 엄정한 법 집행이 사회질서를 유지하는 가장 중요한 방법이라고 생각한다.

주정적 보수형은 개방성 점수가 평균 이하이고 친화성 점수는 평균 이상인 경우이다. 이 유형에 포함된 수검자는 현재 우리가 누리고 있는 번영을 유지하기 위해서 가장 필요한 것은 공동체의 구성원이 법과 질서를 준수하는 것이라는 믿음을 지니고 있다. 아울러 주정적 보수형에 속한 수검자는 가족, 충효 등의 전통적인 가치가 현재에도 여전히 유효하며 일상의 삶을 안정적으로 유지하는 데 핵심적인 가치라고 생각한다.

14. 학습 유형

수검자의 개방성과 성실성 점수를 두 축으로 4가지의 학습 유형을 도출할 수 있다. 단속적 숙달지향형(dreamers), 지속적 숙달지향형(good students), 단속적 수행지향형(reluctant scholars), 지속적 수행지향형(by-the-bookers) 등이 4가지의 학습 유형을 구성한다(Costa & McCrae, 2000).

단속적(斷續的) 숙달지향형은 개방성 점수가 평균보다 높으며 성실성 점수는 평균보다 낮은 경우이다. 이 유형에 포함된 수검자에게 학습이란 흥미롭고 새로운 지식을 자발적으로 축적하는 것이다. 다만 단속적 숙달지향형에 해당하는 수검자는 학습에 대한 지속적인 욕구가 충분하지 않고 배움에 대한 끈기 있는 노력이 부족하다.

지속적 숙달지향형은 개방성 점수가 평균보다 높으며 성실성 점수도 평균보다 높은 경우이다. 이 유형에 속하는 수검자는 외부적인 보상을 위해 학업적 노력을 경주하기보다는 내재적인 만족을 위해 배움을 지속하는 사람이다. 지속적 숙달지향형에 해당하는 수검자는 한 번 정해진 학업 목표를 성취하는 과정에서 외부의 유혹이나 장애물이 개입된다고 하더라도 중지하지 않고 끊임없이 학업 노력을 지속하는 특성을 지녔다.

단속적 수행지향형은 개방성 점수가 평균 이하이고 성실성 점수 또한 평균 이하인 경우이다. 이 유형에 속하는 수검자는 내재적인 학습 동기가 존재하기보다는 외부적 보상을 얻고 사회적 기대에 부응하기 위해 학업에 임한다. 단속적 수행지향형에 포함되는 수검자는 한 번 형성된 학습 목표를 달성하는 과정에서 쉽게 유혹에 휩쓸리고 외부적 방해물에 휘둘려서 학업 성취에 어려움을 겪을 가능성이 크다.

지속적 수행지향형은 개방성 점수가 평균 이하이고 성실성 점수는 평균 이상인 경우이다. 이 유형에 포함된 수검자는 학습 목표를 내재적인 만족감에 두기보다는 외재적인 보상과 사회적 기대 부응에 둔다. 지속적 수행지향형에 속한 수검자는 학업 목표를 달성하는 과정에서 외부적인 방해물이 개입된다고 하더라도 이에 동요하지 않고 끝까지 학습 노력을 지속하는 끈기를 지녔다.

15. 가치 유형

수검자의 친화성과 성실성 점수를 두 축으로 4가지의 가치 유형을 도출할 수 있다. 유락적 박애형(well-intentioned), 과업적 박애형(effective altruists), 유락적 실리형(undistinguished), 과업적 실리형(self-promoters) 등이 4가지의 가치 유형을 구성한다(Costa & McCrae, 2000).

유락적(遊樂的) 박애형은 친화성 점수가 평균보다 높으며 성실성 점수는 평균보다 낮은 경우이다. 이 유형에 포함된 수검자는 타인에 대한 관심이 높고 타인의 복리에 도움이 되는 활동에 참여하는 것을 가치 있게 여긴다. 다만 유락적 박애형에 해당하는 수검자는 자신의 가치를 실현할 수 있는 끈기 있는 노력이 상대적으로 부족하여, 타인에게 현실적인 도움을 주기보다는 동기를 부여하는 역할을 주로 담당한다.

과업적 박애형은 친화성 점수가 평균보다 높으며 성실성 점수도 평균보다 높은 경우이다. 이 유형에 속하는 수검자는 타인의 행복과 복리를 위해 현실적인 도움을 줄 수 있는 과업에 임하는 것을 가치 있는 일이라고 생각한다. 과업적 박애형의 수검자는 체계적인 계획과 오랜 노고가 필요한 봉사활동을 통해 자신의 과업을 실현한다.

유락적 실리형은 친화성 점수가 평균 이하이고 성실성 점수 또한 평균 이하인 경우이다. 이 유형에 속하는 수검자는 개인 각자가 자신의 이익을 추구하며 일상생활에서 만족감을 느끼면서 생활하는 것이 무엇보다 가치 있는 일이라고 여긴다. 아울러 자신의 이익과 행복을 추구하는 과정에서 지나친 인내와 끈기를 요구하는 것은 오히려 스스로의 행복 추구를 방해할 수 있는 일이라고 생각한다.

과업적 실리형은 친화성 점수가 평균 이하이고 성실성 점수는 평균 이상인 경우이다. 이 유형에 포함된 수검자는 타인과의 경쟁을 통해 개인적 이익을 추구하는 것이 무엇보다 가치 있는 일이라고 여긴다. 과업적 실리형의 수검자는 목표 달성과 과업 수행을 위해 끈기와 인내를 발휘하여 소속되어 있는 업무 현장에서 성공적인 결과를 이끌어낼 가능성이 크다.

제9장 PAI

성격평가질문지(Personality Assessment Inventory: PAI)는 344개 문항과 22개 척도로 구성된 검사이다(Morey, 1991). 22개 척도는 4개의 타당도 척도(validity scales), 11개의 임상 척도(clinical scales), 5개의 치료고려 척도(treatment consideration scales), 2개의 대인관계 척도(interpersonal scales) 등으로 이루어져 있다. PAI는 고등학생 이상 연령을 대상으로 개발되고 표준화되었으며 고등학생 남·여·전체, 대학생 남·여·전체, 성인 남·여·전체, 65세 이상 성인 남·여·전체, 환자 등 5개 규준으로 구성된다. 또한 중·고등학생에게 PAI를 실시하기 위해 PAI-A가 개발되었으며, PAI-A는 중학생 규준, 고등학생 규준, 중·고등학생 규준, 비행청소년집단 규준, 단축형 규준 등 5가지 규준으로 이루어져 있다(김재환 등, 2014).

■ 11개의 임상 척도: SOM, ANX, ARD, DEP, MAN, PAR, SCZ, BOR, ANT, ALC, DRG

- Somatic Complaints: SOM-C, SOM-S, SOM-H
- Anxiety: ANX-C, ANX-A, ANX-P
- Anxiety-Related Disorders: ARD-O, ARD-P, ARD-T
- Depression: DEP-C, DEP-A, DEP-P

- Mania: MAN-A, MAN-G, MAN-I
- Paranoia: PAR-H, PAR-P, PAR-R
- Schizophrenia: SCZ-P, SCZ-S, SCZ-T
- Borderline Features: BOR-A, BOR-I, BOR-N, BOR-S
- Antisocial Features: ANT-A, ANT-E, ANT-S
- Aggression: AGG-A, AGG-V, AGG-P

- 4개의 타당도 척도: ICN, INF, NIM, PIM
- 5개의 치료고려 척도: AGG, SUI, STR, NON, RXR
- 2개의 대인관계 척도: DOM, WRM

1. 임상척도

(1) 신체적 호소(somatic complaints: SOM)

SOM 척도에서 높은 값을 보이는 수검자가 호소하고 있는 다양한 신체적 증상은 심리적 기원을 가질 가능성이 크므로 심리적 갈등을 경험할 때 신체증상이 심해질 것으로 예상된다. 아울러 수검자가 호소하고 있는 다양한 신체적 증상은 이차적 이득을 동반할 것으로 예상되며, 이차적 이득의 획득이 가능해지는 시점에서 발현할 가능성이 클 것으로 짐작된다. SOM 척도는 건강염려증(health concerns: SOM-H), 신체화 장애(somatization: SOM-S), 전환 장애(conversion: SOM-C) 등 3개의 하위 척도로 이루어진다.

SOM-H 척도에서 높은 값을 보이는 수검자는 신체적 증상이나 감각을 비현실적으로 부정확하게 인식하여 자신이 심한 병에 걸렸다는 집착과 공포를 가지고 있을 가능성이 크다. 그리고 SOM-S 척도에서 높은 값을 보이는 수검자는 장기간 지속되어 온 다양한 종류의 신체적 증상을 호소할 것이 예상된다. 수검자는 신체적 변화에 주의를 많이 기울이고 신체감각을 증폭하여 지각하며 신체적 증상의 원인을 질병으로 잘못 해석할 가능성이 높다. 또한 SOM-C 척도에서 높은 값을 보이는 수검자는 신체마비나 감각이상과 같이 신경학적 손상을 시사하는 소수의 신체적 증상을 호소할 것이 예상되며 신체적 증상이나 결함이 시작되거나 악화되기 전에 심리적 갈등이나 스트레스가 선행할 가능성이 크다.

(2) 불안(anxiety: ANX)

ANX 척도에서 높은 값을 보이는 수검자는 인지적·생리적·정서적 불안 증상을 경험할 가능성이 크다. ANX 척도는 인지적 불안(cognitive: ANX-C), 정서적 불안(affective: ANX-A), 생리적 불안(physiological: ANX-P) 등의 하위척도로 구성된다. ANX-C 척도에서 높은 값을 보이는 수검자는 사소한 문제에 대해서도 지나치게 걱정하고 부정적인 사건이 생기지 않을까 염려하는 경향을 보일 가능성이 크다. 그리고 ANX-A 척도에서 높은 값을 보이는 수검자는 위협적인 상황에 처해있으며 긴장상태로 인하여 불쾌감과 정서적 고통을 경험하고 있다. 또한 ANX-P 척도에서 높은 값을 보이는 수검자의 신체는 신경계의 교감반응이 활성화되어 동공이 확대되고 혈압이 상승하며 호흡이 가빠지고 근육이 긴장되며 땀이 나는 상태이다.

(3) 불안관련장애(anxiety-related disorder: ARD)

ARD 척도는 강박장애(obsessive compulsive: ARD-O), 공포증(phobias: ARD-P), 외상후 스트레스 장애(traumatic stress: ARD-T) 등의 3개의 장애를 선별할 수 있는 척도로 구성되어 있다. ARD-O 척도에서 높은 값을 보이는 수검자는 반복적으로 의식에 침투하는 고통스런 생각, 충동 또는 심상에 해당하는 강박사고와 불안을 감소시키기 위해서 반복적으로 나타내는 행동을 뜻하는 강박행동을 함께 경험하고 있을 가능성이 크다. 그리고 ARD-P 척도에서 높은 값을 보이는 수검자는 특정한 대상이나 상황에 한정하여 심한 강도의 불안과 두려움을 경험하고 있다. 또한 ARD-T 척도에서 높은 값을 보이는 수검자는 충격적인 사건을 경험하고 난 후에 재경험(再經驗), 각성, 회피 등의 증상을 경험하고 있다.

(4) 우울(depression: DEP)

DEP 척도에서 높은 값을 보이는 수검자는 인지적 · 생리적 · 정서적 우울 증상을 경험할 가능성이 크다. DEP 척도는 인지적 우울(cognitive: DEP-C), 정서적 우울(affective: DEP-A), 생리적 우울(physiological: DEP-P) 등의 하위척도로 구성된다. DEP-C 척도에서 높은 값을 나타내는 수검자는 부정적이고 비관적인 생각을 하면서 주의 집중의 어려움과 기억력 · 사고력 저하를 함께 경험하고 있을 가능성이 높다. DEP-A 척도에서 높은 값을 보이는 수검자는 우울하고 슬픈 감정을 비롯하여 좌절감, 죄책감, 고독감, 무가치감(無價値感), 허무감, 절망감 등과 같은 고통스러운 정서상태가 지속되고 있을 것이 예상된다. DEP-P 척도에서 높은 수치를 보이는 수검자는 우울증에 동반하는 다양한 신체 생리학적 변화를 경험하고 있을 가능성이 크다. 우선 식욕과 체중의 변화가 나타날 수 있다. 아울러 수검자는 피곤함을 많이 느끼고 활력이 저하되며 성적 욕구나 성에 대한 흥미가 현저히 줄어든 상태일 수 있다.

(5) 조증(mania: MAN)

MAN 척도는 조증 혹은 경조증의 증상을 측정하며 이 척도에서 높은 값을 보이는 수검자는 과도하지만 지향점이 없는 활동, 빠른 말속도, 환각이나 과대망상, 불안정한 정서, 심리적 혼란, 사고의 비약 등의 증상을 보이는 조증 · 경조증 삽화(挿話, episode) 상태에 놓여있을 가능성이 엿보인다. 이 척도는 활동수준(activity level: MAN-A), 초조성(irritability: MAN-I), 과대성(grandiosity: MAN-G) 등의 하위척도로 구성된다. MAN-A 척도에서 높은 값을 나타내는 수검자는 힘이 넘치고, 말이 많으며, 잠자코 생각하는 것보다는 행동하는 것을 선호할 가능성이 크다. 또한 폭넓은 흥미를 지니고 있으며, 한꺼번에 여러 가지 일에 참여하지만, 추진하던 일들을 마무리하지 못하는 경우가 잦을 수 있다. MAN-I 척도에서 높은 값을 보이는 수검자는 쉽게 지루함을 느끼고, 좌절을 견뎌내는 능력이 부족하며, 충동의 표현을 억제하지 못하여 주기적으로 분노, 적개심, 공격성을 분출하는 모습을 보이는 경우가 흔하다. MAN-G 척도에서 높은 수치를 나타내는 수검자는 비현실적인 낙관주의와 웅대한 포부를 지니고 있으며 자기 자신의 가치와 중요성을 과대평가할 가능성이 있다.

(6) 망상(paranoia: PAR)

PAR 척도는 편집성향인 사람들이 갖고 있는 성격적 및 증상적 특징을 측정한다. PAR 척도는 과경계(過警戒, hypervigilance: PAR-H), 피해망상(persecution: PAR-P), 원한(resentment: PAR-R) 등의 세 하위척도를 포함한다. PAR-H 척도에서 높은 값을 보이는 수검자는 타인으로부터 가해질 위해에 대해서 지나치게 경계하면서 외견상 관찰되는 타인의 친절과 호의 이면에 악의를 숨기고 있을 가능성이 클 것이라 짐작한다. PAR-P 척도에서 높은 수치를 보이는 수검자는 자신에게 발생한 불행과 불평등의 근원이 타인의 악의로부터 비롯되었으며 자신의 잘못이 아닌 타인의 잘못으로 인하여 현재 수검자가 힘겹고 불공평하게 살아가고 있다고 여길 가능성이 크다. PAR-R 척도에서 높은 값을 나타내는 수검자는 과거 타인이 자신에게 행하였던 악의적 행동으로 인하여 현재 자신의 불행이 유발되었다고 생각하고, 악의적 행동에 대해서 반복적으로 생각하며 분노와 한탄을 증폭시키고 있는 상황에 놓여있다.

(7) 조현병(schizophrenia: SCZ)

SCZ 척도는 조현병의 다양한 증상을 측정하기 위한 척도이다. SCZ 척도는 사회적 위축(social detachment: SCZ-S), 정신병적 경험(psychotic experiences: SCZ-P), 사고장애(thought disorder: SCZ-T) 등의 세 하위척도를 포함한다. SCZ-S 척도에서 높은 값을 보이는 수검자는 자신을 둘러싸고 있는 사회적 환경으로부터 동떨어져 있다고 스스로 느끼고 사회적으로 위축되어 있으며 사람들과의 관계 맺는 것에 어려움을 지니고 있을 가능성이 크다. SCZ-P 척도에서 높은 값을 나타내는 수검자는 외부현실에 대한 오지각과 함께 망상, 환각, 와해된 사고, 와해된 행동 등의 정신병적 증상을 현재 경험하고 있을 가능성도 배제할 수 없다.

SCZ-T 척도에서 높은 수치를 보이는 수검자는 외현적 언어를 통해 드러나는 사고형태가 논리적이지 못하고 지리멸렬하여 타인이 이해하기 어려운 동시에 사고의 내용 또한 망상에 가까워 현실 검증력이 현저히 저하되어 있을 가능성이 시사된다.

(8) 경계선적 특징(borderline features: BOR)

BOR 척도는 경계선 성격장애의 주된 증상과 특징을 측정하여 이 척도에서 높은 값을 나타내는 수검자는 대인관계, 자아상 및 정서의 불안정성과 더불어 심한 충동성이 생활전반에 걸쳐 나타나는 경계선 성격장애(borderline personality disorder)일 가능성도 배제하기 어렵다. BOR 척도는 정서적 불안정(affective instability: BOR-A), 정체성 문제(identity problems: BOR-I), 부정적 관계(negative relationships: BOR-N), 자기 손상(self-harm: BOR-S) 등의 하위척도로 구성된다. BOR-A 척도가 상승한 수검자는 현저한 기분변화에 따른 정서적 불안정성이 두드러질 수 있으며, 간헐적인 심한 불쾌감, 과민성, 불안 등의 증상이 흔히 몇 시간 지속되기도 한다. BOR-I 척도가 상승한 수검자는 안정된 자아상이 확립되어 있지 않아 예측하기 힘든 다양한 돌출 행동을 나타내며 본인도 자신에 대해 혼란감을 경험할 수 있다. BOR-N 척도에서 높은 값을 나타내는 수검자가 가장 두려워하는 것 중의 하나는 타인으로부터 '버림받는 것'이며, 이러한 상황이 예상되면 사고, 감정, 행동에 심한 동요가 일어날 수 있다. 흔히 상대방을 이상화하기도 하고 반면 평가절하하여 강렬한 증오심을 느낄 수도 있다. BOR-S 척도에서 높은 수치를 보이는 수검자는 좌절 상황이나 유기 상황에서 강렬한 증오와 경멸을 경험하며 충동적으로 자신을 해하는 행동을 할 가능성도 크다.

(9) 반사회적 특징(antisocial features: ANT)

ANT 척도는 반사회적 성격특징과 정신병질적 성격특성을 측정하여, 이 척도에서 높은 값을 얻는 수검자는 사회의 규범이나 법을 지키지 않으며 무책임하고 폭력적인 행동을 반복적으로 나타내어 사회적 부적응을 초래하는 반사회적 성격장애일 가능성을 배제하기 어렵다. ANT 척도는 반사회적 행동(antisocial behaviors: ANT-A), 자기중심성(egocentricity: ANT-E), 자극추구(stimulus-seeking: ANT-S) 등의 하위척도로 구성된다.

ANT-A 척도에서 높은 값을 나타내는 수검자는 사회의 가치와 기준을 자신의 것으로 받아들이는 데 어려움을 겪는 것과 관련하여 다양한 반사회적인 행동과 범죄 행동에 연루될 가능성이 존재한다. 수검자는 권위적인 인물에 반항하고 권위적인 인물들과 갈등을 빚을 수 있으며 이러한 성향으로 인하여 가족 구성원과 불안정한 관계를 지속하고 가족 구성원을 비난하며 학업과 직장 생활에서 어려움을 겪을 가능성이 크다.

ANT-E 척도에서 높은 수치를 보이는 수검자는 자기본위적인 행동을 취하고, 타인의 욕구나 감정에 둔감하며, 자신의 이익을 위해 다른 사람들을 이용하는 데에 관심이 있으므로 인간관계의 깊이가 부족하며 타인과의 안정된 애착관계를 형성할 가능성이 적다. 또한 자신의 잘못된 행위에 대해서 자책하지 않고 타인에게 해를 입힌 뒤에도 이를 합리화하는 모습을 보일 수 있으며 타인의 안전을 무시하는 무책임한 행동을 나타낼 수 있다.

ANT-S 척도가 상승하는 수검자는 안전과 미래의 이익을 고려하지 않고 현재의 쾌락을 추구하면서 생활하는 경향이 강하며 음주운전, 과속, 범죄, 마약복용 등의 무모하고 위험한 행동을 할 가능성이 크다.

(10) 알코올 문제(alcohol problems: ALC)

ALC 척도는 알코올 사용과 관련된 다양한 증상을 측정한다. 이 척도에서 높은 값을 보이는 수검자는 잦은 음주로 인하여 알코올에 대한 내성이 생겨 알코올의 섭취량이나 빈도가 증가하고 술을 마시지 않으면 여러 가지 고통스러운 금단현상이 나타나게 되어 술을 반복하여 마시게 될 가능성이 크다. 또한 잦은 과음으로 인하여 직장, 학교, 가정에서 자신의 역할을 제대로 수행하지 못하거나 법적인 문제를 반복하여 유발할 가능성이 있다.

(11) 약물 문제(drug problems: DRG)

DRG 척도는 물질 사용과 관련된 다양한 문항을 포함한다. 이 척도에서 높은 값을 보이는 수검자는 물질 사용에 대한 내성으로 인하여 물질 사용량과 물질 사용 빈도가 증가한 상태이며 물질을 사용하지 않았을 경우에는 다양한 부정적인 금단현상을 경험하고 있는 상태이다. 또한 이 척도에서 높은 값을 보이는 수검자는 물질 사용에 의해 사회적·업무적·학업적 기능 저하를 경험하고 있을 가능성이 크다.

2. 타당도 척도

(1) 비일관성(inconsistency: ICN)

ICN 척도에서 높은 값을 보이는 수검자는 유사한 문항에 동일하게 응답하지 않는 경향성을 보인다. 검사에 임하는 수검자의 태도가 진지하지 못하였거나, 수검자가 다소 부주의한 성향을 지니고 있을 가능성이 존재하여, 이에 검사를 통해 보고된 값의 신뢰성을 충분히 인정하기 어렵다.

(2) 저빈도(infrequency: INF)

INF 척도가 상승하는 수검자는 일반인이 자주 응답하지 않는 문항에 빈번히 응답하는 경향을 보인다. INF 척도가 상승하였을 경우 수검자가 본 검사에 성실하게 응하지 않았을 상황이 의심되어, 본 검사를 통해서 얻어진 정보에 대해 충분한 신뢰성이 확보되지 않았을 가능성을 배제하기 어렵다.

(3) 부정적 인상(negative impression: NIM)

NIM 척도에서 높은 수치를 보이는 수검자는 자신의 증상에 대한 불편감과 고통감이 매우 큰 상태로서 타인의 도움으로 현재의 상태로부터 벗어나기를 간절히 원하고 있는 상태이므로 자신의 어려움과 문제에 대해서 과장하여 보고하였을 가능성이 존재한다.

(4) 긍정적 인상(positive impression: PIM)

PIM 척도에서 높은 값을 보이는 수검자는 타인에게 긍정적인 인상을 제공하고자 하는 동기가 과도하게 큰 상태이고, 자신의 부정적인 면을 드러내기 꺼려하는 태도를 보이므로, 임상 척도에서 보이는 값들은 과소평가될 가능성이 존재한다.

3. 치료척도

(1) 공격성(aggression: AGG)

AGG 척도는 공격적 태도(AGG-A), 언어적 공격(AGG-V), 신체적 공격(AGG-P) 등의 하위척도로 구성된다. AGG-A 척도에서 높은 값을 보이는 수검자는 사소한 사건에 쉽게 분노감정을 경험하고 분노감정을 통제하기 어렵다. AGG-V 척도에서 높은 수치를 나타내는 수검자는 분노감정을 언어적인 공격행동으로 표출할 가능성이 높다. AGG-P 척도가 상승한 수검자는 분노감정을 신체적인 공격행동으로 표현할 가능성이 높다.

(2) 자살관념(suicide ideation: SUI)

SUI 척도는 자살에 대해 수검자가 지니고 있는 생각과 자살에 대한 구체적인 계획을 측정한다. SUI 척도에서 높은 값을 보이는 수검자는 자살의 결과로 많은 사람들이 수검자의 정신적 고통의 크기와 깊이를 가늠할 수 있을 것이고, 수검자에게 위해를 가하고 고통을 안겨주었던 사람들에게 자살을 통해서 복수와 앙갚음을 할 수 있을 것이며, 현재 수검자가 경험하고 있는 고통이 자살로 인하여 깨끗이 사라질 것이라고 생각한다. 또한 SUI 척도에서 70T 이상의 높은 값을 보이는 수검자는 자살을 시도할 장소, 자살 시도를 하기에 적당한 시간, 자살의 방법, 유언을 남길지의 여부, 유언의 내용 등의 구체적 자살계획을 지니고 있을 가능성이 크다.

(3) 스트레스(stress: STR)

STR 척도는 수검자가 가족, 건강, 경제, 직장 등의 영역에서 현재 혹은 최근에 경험하는 스트레스를 측정한다. STR 척도는 부모의 죽음, 배우자의 죽음, 실직, 심각한 질병 등의 주요한 부정적 생활사건과 출퇴근 혼잡, 직장동료와의 불화, 상사의 비일관적인 업무 지시, 배우자와의 다툼, 층간소음 등 일상생활에서 접하게 되는 사소한 스트레스 원(原)의 크기가 수검자의 대처 능력을 상회할 때 경험하게 되는 심리적 고통감을 반영한다. 따라서 STR 척도의 높은 수치는 수검자가 마주한 스트레스 사건의 수와 양에 의해 영향을 받는 동시에 수검자가 지니고 있는 스트레스 대처 능력과도 관련된다.

(4) 비지지(nonsupport: NON)

NON 척도는 수검자가 주변의 환경으로부터 경험하는 도구적인 사회적 지지와 정서적인 사회적 지지의 정도를 측정한다. 수검자가 생활 스트레스를 대처하는 과정에서 긴요하게 사용될 수 있는 정보적 원조와 물질적 지원을 풍부하게 받는다고 지각하거나, 다양한 스트레스 원(原)에 의해서 발생하는 심리적 고통을 극복하는데 필요한 정서적 위안과 심리적 지지를 충분히 얻고 있다고 생각한다면, NON 척도는 상승하지 않을 것이다.

(5) 치료거부(treatment rejection: RXR)

RXR 척도는 수검자가 심리치료와 상담에 참여하는 데 있어 충분한 동기를 지니고 있는지를 평가한다. 이 척도에서 낮은 값을 보이는 수검자는 심리치료와 상담을 통해서 현재 경험하고 있는 심리적 고통이 충분히 완화될 수 있을 것이라고 기대하고, 정신건강 기관에서 요구하는 것을 충실히 수행하는 것이 수검자에게 중요한 과제라고 생각하며, 심리치료와 상담에 참여하는 것이 현재 시점에서 수검자에게 놓여있는 최선의 선택 중의 하나라고 간주한다.

아울러 이 척도는 상담 및 심리치료 이후에 발생하는 변화에 대해서 수검자가 관심을 지니고 있는지를 측정한다. RXR 척도에서 낮은 값을 보고하는 수검자는 상담과 심리치료 이후에 수검자에게 주어지는 심리적 안정과 정서적 평안을 무엇보다도 가치 있게 생각하며, 현재의 심리적 고통을 극복한다면 수검자의 사회적 및 직업적 기능 회복이 가능할 것이라고 여긴다.

4. 대인관계척도

대인관계척도는 지배성(dominance: DOM), 온정성(warmth: WRM) 등 2개의 하위척도로 구성된다. DOM 척도에서 높은 값을 보이는 수검자는 대인관계에서 타인에게 자신의 영향력을 미치는 것에 관심이 많고 다른 사람에게 영향력을 크게 행사할수록 만족감을 느낀다. 반면 이 척도에서 낮은 값을 보이는 수검자는 타인에게 자신의 영향력을 미치는 것에 큰 관심이 없으며 타인이 사안을 주도하고 자신이 타인의 의견을 따르는데 큰 거부감이 없다. WRM 척도에서 높은 값을 보이는 수검자는 다른 사람과 함께 있는 것을 선호하고 타인에게 친절하고 따뜻하게 행동하는 것이 중요하다고 생각한다. 반면, WRM 척도에서 낮은 값을 보이는 수검자는 타인과 함께 시간을 보내는 것을 좋아하지 않고 타인에게 호의를 베푸는 것이 그다지 가치 있는 일이라고 생각하지 않는다.

5. PAI 프로파일 해석

실제 현장에서 수검자를 대상으로 PAI 결과를 해석할 때에는 단일 척도만 상승하기보다는 복수의 척도가 함께 상승하는 것을 빈번히 볼 수 있다. 하나의 임상척도와 함께 상승하는 빈도가 높은 임상척도가 존재한다. 예를 들어, ALC 척도는 다른 여타 임상척도보다 DRG 척도와 함께 상승할 가능성이 높으며, ARD 척도는 여러 임상척도 중에서 DEP 척도와 함께 상승할 빈도가 높다. 현장에서 비교적 관찰할 가능성이 높은 척도쌍을 아래와 같이 소개한다(Morey, 1991, 1996, 2007).

(1) ALC-DRG

ALC 척도와 DRG 척도가 함께 70점 이상의 T값을 보일 확률은 매우 높아서 임상현장에서 발생비율이 9.0%에 이른다. ALC 척도와 DRG 척도가 함께 상승하는 수검자는 현재 알코올 문제를 안고 있으면서 동시에 알코올을 제외한 다양한 중독 문제에 노출되어 있다는 점을 의미한다. 또한 이 두 척도에서 공동 상승을 보이는 수검자는 알코올에 국한된 문제가 존재한다기보다는 알코올 중독의 이면에 다양한 중독 취약성이 상존하고 있음을 알 수 있다. 정서 조절의 어려움과 스트레스 대처의 역기능성을 비롯한 다양한 중독 취약성이 수검자의 성격으로 고착화되어 현재 드러난 중독에 대한 적극적 치료가 양호한 결과를 보인다고 할지라도 새로운 유형의 중독으로 옮겨질 가능성이 다분하다.

(2) SOM-DEP

SOM 척도와 DEP 척도는 임상현장에서 2.8%의 공존율을 지닌다. SOM 척도와 DEP 척도가 함께 70T 이상 상승하는 경우, 이에 대해서는 다양한 해석 가능성이 존재한다. 첫째, (실제 신체적 검진을 통해 확인되지 않는다고 하더라도) 수검자가 지각하는 신체적 이상과 통증 및 기능저하에 의한 사회적·직업적 불편으로 인하여 수검자가 좌절감과 상실감을 경험하는 경우이다. 둘째, 수검자가 신체화(somatization)의 방어기제를 사용하여 상실과 실패 관련 주요 생활사건의 발생으로 인하여 경험하는 정서적인 고통감에 대응하는 경우이다. 마지막으로, 수검자에게 발생한 스트레스 원(原)에 대해서 수검자가 신체화의 방어기제를 통해 대처하려고 무의식적으로 시도하였으나 이 방어기제가 효율적으로 기능하지 않아 우울감이란 심리적 증상으로 발현되는 경우이다.

(3) ARD-DEP

ARD 척도와 DEP 척도가 함께 70T 이상 상승하는 수검자는 임상 현장에서 2.5%의 비율을 차지한다. 이 두 척도가 함께 상승하는 이유에 대해서는 다음과 같은 설명이 가능하다. 첫째, 불안증상과 우울증상을 대표하는 두 척도가 함께 상승하는 경우, 수검자는 우울감과 불안감을 함께 유발하거나 증폭할 수 있는 공통적 인지유형을 지니고 있을 가능성이 크다. 이 유형의 수검자는 부정적인 기분에 대처하기 위해서 '반복적으로 생각하기'라는 방식을 택할 가능성이 크고, 이 전략은 오히려 수검자의 부정 정서를 지속시킴으로써 우울증상과 불안증상을 악화시킨다. 둘째, ARD 척도와 DEP 척도가 함께 상승하는 수검자는 자기(self)와 관련된 다양한 부정적 사고를 공유하는 경우가 흔하다. 자신의 가치에 대한 평가를 의미하는 자기존중감(self esteem), 어떤 과제를 해결하는 자신의 능력에 대한 믿음을 뜻하는 자기효능감(self efficacy), 실패와 실수의 순간에 자신에게 대하는 태도를 반영하는 자기자비(self compassion) 등이 불안증상과 우울증상에 함께 영향을 줄 수 있다. 마지막으로, 우울증상을 유발한 '상실과 실패 관련' 부정적 생활사건에 대한 수검자의 대처와 반응이 수검자가 앞으로 맞게 될 수검자의 부정적 사건에 대한 수검자의 대처와 반응을 유발할 수 있다. 예를 들어, 지난 시험에서 F 학점을 경험한 뒤 수검자가 취한 자기비난과 파국화(catastrophizing)의 인지적 정서조절 전략은 자신의 능력에 대한 부정적인 태도를 유발하며, 이는 다시 다가오는 시험과 관련하여 수검자 자신의 대처능력에 대한 부정적 평가를 불러일으킨다.

(4) DEP-BOR

DEP 척도와 BOR 척도가 공히 70T 이상 상승할 확률은 임상현장에서 2.5%에 달한다. 이 두 척도가 함께 상승하는 프로파일을 지닌 수검자는 다음의 특성을 가질 가능성이 크다. 첫째, 경계선 성격장애 성향의 수검자가 자신에게 특별히 감당하기 어려운 생활사건에 접하였을 경우이다. 경계선 성격장애 성향의 수검자는 중요한 타인에게 버림받는 상황에서 쉽게 우울증상을 경험하여 DEP 척도의 상승을 불러일으킨다. 이러한 상황이 일반인에게는 대수롭지 않게 여겨질지라도 이 성향의 수검자에게는 특별히 심각한 고통을 줄 수 있다. 둘째, BOR 척도와 DEP 척도는 자해(self-harm)의 공유 정서조절 전략이 존재한다. 두 척도에서 함께 높은 값을 보이는 수검자는 부정적 정서를 경험할 때 자신의 신체를 훼손하거나 자신의 생명을 위협하는 행동을 스스로 시도함으로써 이에 대처한다. 셋째, BOR 척도에서 높은 값을 보이는 수검자는 부정정서를 견딜 수 있는 능력이 저조하여, 사소한 우울감정에 대해 큰 부담을 느끼고 이를 떨쳐버리기 위해서 노력하며, 이러한 수검자의 시도가 DEP 척도의 상승을 유발한다(Zanarini, Frankenburg, DeLuca, Hennen, Khera, & Gunderson, 1998).

(5) DEP-SCZ

DEP 척도와 SCZ 척도가 함께 70T 이상의 값을 보일 확률은 2.4% 정도이다. 이 두 척도가 함께 상승하였을 경우, 이 프로파일은 다음과 같이 설명될 수 있다. 첫째, DEP 척도에서 높은 값을 나타내는 수검자에게서 특징적으로 보이는 사회적 관계에 대한 회피 행동과 SCZ 척도에서 상승한 값을 나타내는 수검자에게서 보이는 사회적 관계에서 경험하는 소외감이 유사하고, DEP 척도에서 측정하는 긍정정서의 결여와 SCZ 척도에서 측정하는 정서적 둔마가 현상적(現象的)으로 비슷하기 때문이다. 둘째, SCZ 척도에서 높은 값을 보이는 수검자의 저하된 사회적 · 직업적 기능이 DEP 척도가 반영하는 상실과 실패에 대한 정서적 반응을 불러일으킨다. 예를 들어, SCZ 척도에 포함되어 있는 사고장애로 인하여 오랜 기간 다녔던 직장을 그만두어야 하는 상황에 처한 수검자는 상실과 실패의 스트레스를 경험할 것이며, 이에 대한 정서적 반응으로 DEP 척도가 상승할 수 있다. 마지막으로, DEP 척도에 반영되어 있는 수검자의 가치에 대한 스스로의 낮은 평가가 SCZ 척도가 높은 수검자에게서 흔히 발견되는 피해 사고를 유발할 수 있다. 자신의 가치가 이전보다 하락했다고 느낀다면 이전에는 자신을 공격하는 행동으로 간주되지 않았던 타인의 행동을 위협적으로 여길 수 있다.

제10장 신경심리검사[1)]

1. 인지기능의 영역

K-WAIS-IV와 K-WISC-IV와 같은 지능검사가 전반적인 인지기능의 효율성을 측정한다면 신경심리검사는 영역별 인지기능을 측정한다. 인지기능의 영역을 구분하는 기준은 다양하지만 현재 주로 사용하고 있는 대부분의 신경심리검사는 주의력, 기억력, 집행기능, 언어기능, 시공간기능 등 5가지 인지기능을 측정한다.

(1) 주의력

주의력은 단일한 개념이 아니라 여러 가지 개념의 복합체이다. 외부의 자극에 반응할 수 있는 의식 상태를 의미하는 각성(arousal), 각성 상태를 오랜 시간 유지할 수 있는 능력을 뜻하는 지속적 주의력(sustained attention) 혹은 경계(vigilance), 동시에 제시되는 두 개 이상의 자극 중에서 한 자극에만 주의를 기울이고 나머지 자극에는 주의를 기울이지 않는 능력을 의미하는 선택적 주의력(selective attention), 동시에 제시되는 두 개 이상의 자극 모두에 주의를 기울여야 할 때 전체 주의력을 분할할 수 있는 능력을 뜻하는 분할 주의력(divided attention) 등이 주의력에 속한다.

---

1) 본 장은 2011년 한국재활심리학회 연수회에서 발표한 내용이 포함되어 있음.

주의력은 다음의 신경심리검사를 통해 측정한다.

- Cancellation test
- Continuous performance test
- Letter-number sequencing test
- Test of variables of attention
- Digit span test

(2) 기억력

기억은 입력된 정보를 수초동안 보관하는 제한된 용량의 단기기억과 몇 분 혹은 평생 동안 용량의 제한 없이 정보를 보관하는 장기기억으로 구분된다. 장기기억은 자신이 기억하고 있는 내용에 대해서 기억하고 있다고 인식할 수 있는 외현기억(explicit memory)과 실제로 기억하고 있으나 기억하고 있다고 인식하지 못하는 암묵기억(implicit memory)으로 나뉜다. 외현기억은 다시 일화기억과 의미기억으로 구분된다. 일화기억은 '신혼여행지에서 첫 번째로 묵었던 숙소의 이름'과 같이 구체적인 시간과 공간에 대한 정보가 포함된 자서전적 기억을 의미하며, 의미기억은 '타조는 조류이다'와 같이 구체적인 시간과 공간에 대한 정보가 포함되지 않은 '단어의 의미'와 같은 기억을 뜻한다. 암묵기억은 다시 반복점화, 절차기술, 습관화, 조건형성 등으로 구분된다. 반복점화(repetition priming)는 실험 참여자에게 일련의 낱말을 기억하도록 한 뒤에 시행되는 재인과제에서는 학습하였다는 보고를 하지 못하였지만, 뒤 이어 단어를 구성하는 일부 철자만을 보여주고 전체 단어를 구성하게 하는 단어완성과제에서는 학습한 사실을 보여주는 기억을 의미한다. 절차기술(procedural skill)은 오랜 시간 자동차를 운전한 적이 없는 사람이 비록 스스로 운전을 할 수 있을 것이라 자신하지는 못하지만, 운전대에 앉으면 이전과 같이 운전을 해내는 것처럼 작업을 하는 기술과 관련된 기억을 뜻한다. 습관화(habituation)는 과거에 접한 적이 있지만 자신이 경험하였다는 것을 인식하지 못하는 자극과 과거에 경험한 적이 없는 자극 중에서 전자의 자극보다 후자의 자극을 오랫동안 주시하는 현상을 의미한다. 마지막으로 조건형성(conditioning)은 과거에 다른 자극과 함께 반복하여 접했던 자극을 단독으로 경험하였을 때의 반응과 과거에 단독으로 경험했던 자극을 다시 단독으로 접했을 때의 반응이 차이를 보이는 현상을 뜻한다.

기억력은 다음의 신경심리검사를 통해 측정한다.

- California verbal learning test
- Cambridge prospective memory test
- Corsi block tapping test
- Memory assessment scales
- Rey auditory verbal learning test
- Rivermead behavioural memory test
- Test of memory and learning
- Test of memory malingering
- Wechsler memory scale

(3) 집행기능

집행기능(executive function)은 한 개인의 전체 인지활동을 조절, 관리, 통제하는 능력을 말하며 관리기능(supervisory attentional system)이라고 칭하기도 한다. 계획능력, 충동억제능력, 장전환능력(set shifting ability), 추론능력, 개념형성능력, 사회적 판단력, 정서조절능력, 자신에 대한 통찰력 등이 집행기능의 일부이다.

집행기능은 다음의 신경심리검사를 통해 측정된다.

- Figural fluency test
- Iowa gambling task

- Stroop task
- Tower of London test
- Trail-making test
- Wisconsin card sorting test
- Contrasting program test
- Go-no-go test
- Fist-edge-palm test
- Alternating hand movement test
- Alternating square & triangle test
- Luria loop test
- Controlled oral word association test

(4) 언어기능

언어기능은 언어 이해력, 언어 표현력, 따라 말하기 능력, 이름 대기 능력, 읽기 능력, 쓰기 능력 등을 포함한다. 언어 이해력은 단어와 문장에 대한 이해능력을 뜻하고, 언어 표현력은 언어표현의 유창성과 자발성, 억양의 자연스러움, 발음의 정확성, 언어표현의 양, 단어사용의 적절성, 문법에 맞는 언어표현능력 등이 포함된다. 따라 말하기 능력은 다른 사람의 말을 정확하게 따라서 말하는 능력을 의미하고, 이름 대기 능력은 음소나 범주를 제시받은 뒤 그 음소로 시작하거나 그 범주에 속하는 낱말을 가능한 한 많이 생성해내는 능력과 그림이나 형상을 제시받은 뒤 그 그림과 형상이 의미하는 낱말을 정확하게 대답하는 능력을 뜻한다. 읽기능력은 단어나 문장을 시각적으로 제시받은 뒤 정확한 발음과 적절한 발음법에 따라 읽는 능력을 뜻하고 쓰기능력은 단어나 문장을 청각적으로 제시받은 뒤 정확한 문법에 맞추어 쓰는 능력을 의미한다.

언어기능을 측정하는 신경심리검사는 아래와 같다.

- Boston naming test

- Verbal fluency test
- Repetition test
- Western aphasia battery
- Finger naming test
- Body part orientation test
- Left-right orientation test
- Calculation test

(5) 시공간 기능

시공간 기능(visuospatial function)은 시지각 능력(visuospatial perception)과 구성 능력(visuospatial construction)으로 이루어진다. 시지각 능력은 어떤 대상의 크기, 형태, 색깔 등의 물리적 속성을 정확하고 빠르게 인식하는 능력을 의미하고, 구성 능력은 어떤 대상이 위치하는 공간과 다른 대상과의 관계에 대해 이해하는 능력을 뜻한다.

시공간 기능을 측정하는 신경심리검사는 다음과 같다.

- Clock test
- Hooper visual organisation task
- Rey-Osterrieth complex figure test

2. 신경심리검사의 활용

주요 인지기능 영역을 측정하는 신경심리검사는 단독으로 사용되기보다는 여러 가지의 신경심리검사로 구성된 배터리 형식으로 현장에서 활용된다. 신경심리검사가 가장 많이 사용되는 분야 중 하나인 신경인지장애의 선별과 인지기능 평가를 위해 신경심리검사가 활용되는 과정을 이 글에서는 살펴보고자 한다. 대표적인 신경인지장애의 핵심 특징, 임상 특징, 사례 등을 소개하고 신경인지장애 보고서를 작성하는 방법을 예시한다.

(1) 알츠하이머병으로 인한 신경인지장애

알츠하이머병으로 인한 신경인지장애의 핵심 특징

알츠하이머병(Alzheimer's Disease)은 신경인지장애를 일으키는 뇌질환 중에서 가장 흔하다. 알츠하이머병으로 인한 신경인지장애(Major Neurocognitive Disorder Due to Alzheimer's Disease: AD)는 점진적으로 병의 경과가 진행되는 특성을 지니고 있으며 가장 초기에 관찰되는 것은 기억 장애이다. 기억 장애는 재인(recognition) 곤란에 그치지 않고 회상(recall) 곤란으로 이어진다. 기억 장애의 종류별로 기능 저하의 양상이 달라져서 가까운 과거의 기억(recent memory)이 먼 과거의 기억(remote memory)보다, 일화기억이 의미기억보다, 그리고 외현기억이 암묵기억보다 저하 정도가 심하다.

알츠하이머병으로 인한 신경인지장애의 임상 특징

AD는 질환의 경과에 따라 그 임상 양상이 달라진다. 질환 초기, 기억 분야에서의 두드러진 특징은 새로운 정보를 익히는 데 어려움을 겪는 것이다. 아울러 새로운 정보에 대해서는 회상의 곤란을 호소할 수 있다. 이에 반해 먼 과거의 기억은 상대적으로 보존된다. 그러나 질환 중기에 들어서면 그 동안 유지되어 왔던 먼 과거를 기억하는 능력조차 점차 사라지게 된다. 말기 AD 환자의 경우, 기억능력을 측정하는 것은 거의 불가능하다.

AD 환자의 언어능력은 기억능력에 비해 상대적으로 양호한 편이다. 유창성(fluency)의 경미한 손상과 단어, 이름, 숫자를 인출하기 어려워하는 명의 실어증(dysnomia)이 관찰되지만 대부분의 언어능력은 유지된다. 중기 AD 환자는 유창성의 손상이 두드러지고 착어증(paraphasia)을 보이며 이해력(comprehension)의 저하를 나타내기도 한다. 아울러 따라하기(repetition)의 어려움을 호소한다. 말기 AD 환자는 전반적 실어증을 보이면서 언어능력은 함구증 환자의 그것과 유사해진다.

초기 AD 환자에게 있어 저하된 시공간 능력의 대표적인 것은 복잡한 대상에 대한 구성능력이다. 그렇지만 비교적 단순한 사물에 대한 구성능력은 유지된다. 중기에 들어서면 AD 환자가 보이는 구성능력 저하 현상이 단순한 대상에게까지 확장되며 현재 환자가 기거하는 곳에 대한 인식을 뜻하는 장소 지남력(place orientation)이 저하되기 시작한다. 말기 AD 환자에게 시공간 능력을 측정하는 것은 거의 불가능하다.

초기 AD 환자에게 있어 손상되는 전두엽 관리 기능의 대표적인 것은 추상적 사고, 판단력, 문제 해결능력 등이다. 초기 AD 환자는 속담의 뜻풀이에 서툴고, 의사결정을 내려야하는 상황에서 주저하는 모습을 보이며, 갑자기 지갑이나 신용카드를 잃어버렸을 때 어쩔 줄 몰라 한다. 아울러 복잡한 과제를 조직화하는 능력이 저하되어 은행을 방문하여 복잡한 금전관리를 해야 하는 상황을 더 이상 견디지 못한다. 그렇지만 사회적 기술은 상대적으로 유지되어 주위 사람들과의 유대관계는 지속될 수 있다. 추상적 사고능력, 판단력, 문제해결력, 과제의 조직화 능력 등은 중기에 접어들면서 더욱 저하되지만 이 단계에서도 사회적 기술은 손상되지 않고 남아 있는 경우가 많다.

초기 AD 환자에게 있어 주의력은 비교적 잘 유지되는 편이다. 숫자 외우기에서 다소 저하되는 양상을 보이고 복잡한 주의력 과제에서 수행능력이 떨어지며 주의력 과제에서 응답하는 속도가 다소 느려지기는 하지만 대부분의 주의력 과제의 수행력은 크게 저하되지 않는다. 그렇지만 중기 AD 환자들은 아주 낮은 수준의 주의력 과제에서도 정상 수준의 수행을 하지 못할 정도로 중기 AD의 주의력 저하는 현저하다.

실행증을 초기 AD 환자에게서 발견하는 것은 쉬운 일이 아니다. 그런데 중기에 들어서게 되면 빗으로 머리를 손질하는 일과 같은 습관적인 동작을 언어로 지시할 때 수행하지 못하는 관념운동 실행증(ideomotor apraxia)을 보이기 시작하다가 점차 옷을 혼자서 입지 못하여 일상생활활동(Activity of Daily Living: ADL)의 손상을 가져온다. 그렇지만 아주 오랜 시간 반복해서 학습했던 과제에서는 수행능력이 보전된다.

계산능력은 초기 AD 환자에게 유지되는 능력이다. 그렇지만 중기에 접어들게 되면 AD 환자의 계산 능력은 현저히 감퇴된다. 실인증(agnosia)을 초기 AD 환자에게 발견하는 것은 흔한 일이 아니다. 그러나 AD 환자가 중기에 들어서게 되면 음성, 체형, 걸음걸이 특징 등을 이용하여 사람을 알아볼 수 있으나, 얼굴만 봐서는 오랫동안 가까운 사람을 알아내지 못한다(얼굴실인증). 또한 읽거나 쓰는 데는 문제가 없지만 언어를 들은 후 그 말의 의미는 이해하지 못하게 된다(청각실인증).

초기 AD 환자들이 우울을 표현하거나 무감동의 증상을 보이거나 망상을 나타내거나 짜증스러움을 드러내는 것은 드문 일이 아니다. 중기 AD 환자들은 망상의 빈도가 증가하고 짜증내는 정도가 더욱 심해지거나 안절부절못하는 증상과 함께 수면장애를 보이기도 한다. 물론 초기에 보였던 무감동과 우울은 지속된다. 말기에 접어들게 되면 AD 환자들은 안절부절못하는 증상이 심해지면서 낯선 곳을 배회하는 행동을 나타낼 때도 있다.

알츠하이머병으로 인한 신경인지장애의 사례

이름: 박O수	병록번호: 0019711	생년월일: 40/01/06
나이: 75세	성별: 남자	학력(교육년수): 대졸(16년)
손잡이: 오른손	검사자: 임O진	검사기관: OO병원
직업: 입시학원 원장	검사일: 2015/ 08/ 06	의뢰의사(과): 장O구(정신)

이전 검사 결과(2012년): K-MMSE=29 / CDR=0

주호소

'아침에 일어나면 어제 일이 전혀 기억나지 않는다.' (증상시작시점: 2012년)

현병력

약 3년 전부터 최근 일에 대해서 잘 기억하지 못하는 현상이 시작되었고, 아침에 일어나면 어떤 옷을 입어야 할지 결정하지 못해 난감해하는 일이 많아졌다. 20년간 익숙한 업무수행을 어려워하기 시작했으며 업무상 새로 만나는 사람들을 기억하지 못하는 경우가 잦았다.

1. Korea-Mini Mental State Examination (K-MMSE)

총점	23	장소 지남력	4/5
시간 지남력	1/5	주의집중 및 계산	5/5
기억 등록	3/3	그리기	1/1
기억 회상	1/3	언어	8/8

2. Attention

Digit Span	Borderline
Letter Cancellation	Normal

3. Language & Related Functions

Spontaneous Speech Fluency	Normal	Spontaneous Speech Contents	Normal
Comprehension	Normal	Repetition	Normal
Naming	Abnormal		
Reading	Normal	Writing	Normal
Praxis	Ideomotor(Normal)	Buccofacial(Normal)	
Finger Naming	Normal	Body Part Orientation	Normal
Left-Right Orientation	Normal	Calculation	Normal

4. Visuospatial Functions

K-MMSE: Drawing	Normal
RCFT copy	Normal

5. Memory

SVLT	immediate recall	Abnormal
	delayed recall	Abnormal
	recognition	Abnormal
RCFT	immediate recall	Abnormal
	delayed recall	Abnormal
	recognition	Abnormal

6. Frontal / Executive Functions

Motor Impersistence		Normal
Contrasting Program		Normal
Go-No-Go Test		Normal
Fist-Edge-Palm		Normal
Alternating hand movement		Normal
Alternating square & triangle		Normal
Luria Loop		Normal
K-CWST		Normal
COWAT	Category	Abnormal
	Letter	Normal

7. Activity of Daily Living

IADL															
전화 사용	물건 사기	음식 준비	집안일	대중 교통 이용	근거리 외출	약 먹기	돈 관리	몸단장 및 치장	가전 제품	소지품 관리	문단속	약속 지키기	최근일 이야기	여가/ 취미	총점
1	2	2	1	2	2	3	3	1	0	2	0	3	3	1	26

8. Behavioral & Psychological Symptoms of Dementia

NPI												
망상	환각	초조/공격성	우울/낙담	불안	기분들뜸/다행감	무감동/무관심	탈억제	화를 잘냄/불안정	비정상적인 운동행동	수면	식욕	총점
0	0	5	0	0	0	3	0	8	3	4	0	23

9. Clinical Rating

CDR	GDS
1	5

Summary and Recommendation

Functional Descriptions of Neuropsychological Status	intact	- place orientation - visuospatial functions - naming을 제외한 language & related functions - praxis - category fluency를 제외한 executive functioning
	Borderline	- attention
	Abnormal	- time orientation - naming ability - category fluency - memory
Activities of Daily Living	보호자의 보고에 의해 평가하였을 때 환자는 기억력의 저하로 인하여 일상생활 수행 상의 어려움이 현저한 것으로 여겨진다.	
Diagnostic Impression	신경심리검사 결과, Neurocognitive Disorder Due to Alzheimer's Disease가 시사된다.	

(2) 전두측두엽 신경인지장애

전두측두엽 신경인지장애의 핵심 특징

전두측두엽 신경인지장애(Frontotemporal Neurocognitive Disorder, FTD)는 비교적 이른 연령대에서 주로 발생하여 대부분의 FTD 환자는 65세 미만에 발병한다. 초기 FTD 환자의 주된 특징은 성격변화가 일어난다는 점이다. 충동성, 무감동, 탈억제, 다행감 등의 이상 성격이 나타나기 시작하여 점진적으로 악화되어간다. 그렇지만 환자는 자신이 이전과 성격 면에서 달라졌다는 점을 인식하지는 못한다. FTD 환자가 기능 저하를 보이는 대표적인 영역은 전두엽 관리능력과 언어능력이다. 반면에 기억력이나 시공간 지남력의 저하는 비교적 경미하다. FTD의 종류는 다양하며, 전두엽 신경인지장애(Frontal lobe neurocognitive disorder, FLD), 주요 진행성 실어증(Primary progressive aphasia, PPA), 의미 신경인지장애(Semantic neurocognitive disorder, SD) 등이 FTD의 대표적인 아형이다(홍창형, 차경렬, 오병훈, 2003).

전두엽 신경인지장애

FLD는 우측 전두엽의 단독 이상 혹은 우측 전두엽과 전측 측두엽의 복합 이상으로 인해 발생하는 질환이다. 성격과 행동의 변화가 핵심적인 특성이고 지각능력, 공간능력, 기억력 등의 인지기능은 유지된다. 갑작스럽게 증상이 시작되지 않으며 점진적으로 악화되는 양상을 보인다. 대인관계 능력의 손상, 사회적 규범의 일탈, 정서적 둔마(鈍痲, blunting), 증상에 대한 낮은 통찰(insight) 수준 등이 초기 FLD 환자에게 두드러지는 모습이다.

이외 FLD 환자가 보이는 부수적 특징은 크게 행동적 특성과 언어적 특성으로 나눌 수 있다. 위생 관리 상태가 나빠지는 것, 인지적 융통성이 저하되는 것, 어떤 행동을 지속하지 못하는 것, 반복적이고 상동증적인 행동을 하는 것, 사용 행동[1]

[1] 환자 앞에 어떤 도구가 주어지면 그 도구의 원래 쓰임새에 맞는 행동을 상황에 어울리지 않게 행하는 것. 예를 들어 환자 앞에 망치를 가져다 놓으면 환자는 망치를 사용하여 진료실 벽에 못을 박으려는 행동을 보인다.

을 하는 것 등이 행동적 특성에 해당한다. 얼굴 표정으로 정서를 표현하는 것에 어려움을 겪는 것, 말을 매우 빨리하면서 타인의 대화를 가로막는 것(pressure of speech), 동일한 단어나 어절을 거듭 반복하는 것(stereotype of speech), 타인의 말을 그대로 따라 말하는 것(echolalia), 자극이 달라졌어도 이전 자극의 대답을 반복하는 것(perseveration), 함구(緘口)하여 언어적 표현을 하지 않는 것(mutism) 등의 증상은 FLD 환자에게서 관찰되는 대표적인 언어적 특성이다.

FLD 환자의 주된 신경심리검사 상 특징은 다음과 같다. 우선 전두엽 이상이 보다 심할 때 전두엽 관리기능과 주의력의 손상이 두드러진다. 반면 측두엽 이상이 보다 현저할 때는 의미 기억의 감퇴가 쉽게 관찰된다. 대체로 자유 회상 능력은 손상되어 있지만 재인 능력은 유지되는 경우가 흔하다. 언어적 유창성을 비롯한 언어 능력의 손상도 함께 존재하지만 시공간 능력은 유지되는 경우가 많다. 신경인지장애 선별을 위해 흔히 사용되는 MMSE는 FLD 환자를 선별하는 데 그다지 유용하지 않다.

주요 진행성 실어증

PPA의 핵심 증상은 표현 언어의 이상이며 좌측 전두엽의 손상과 관련되어 있다. 문법에 어긋난 표현을 하는 것(agrammatism), 의도했던 음운을 다른 음소로 대체하는 것(phonemic paraphasia), 낱말이나 단어를 떠올리기 힘들어 하는 것(anomia), 타인의 말을 따라하는 것을 어려워하는 것, 말더듬, 언어적 형태의 실행증, 실독증(alexia), 실서증(agraphia) 등의 증상이 PPA 환자가 보이는 주요 언어장애이다. 다만 단어의 의미 전달력은 초기 PPA 환자에게서는 대체로 유지되는 것으로 알려져 있다. PPA의 핵심 증상은 행동의 이상으로도 나타나지만 초기 PPA에서는 사회적 기술이 대체로 유지되는 것으로 보고되고 있다. 물론 후반기로 접어들면서 PPA의 행동적 변화는 FLD의 그것과 큰 차이를 보이지 않는다.

PPA 환자의 주된 신경심리검사 상 특징은 다음과 같다. 초기 PPA 환자에게서 주로 관찰되는 손상 영역은 유창성, 언어적 표현 능력, 반복 능력, 이름대기 등이다. 다만 상대적으로 이해 능력과 비언어적 인지능력은 유지되는 경향이 관찰된다. 유창성 중에서 범주 유창성 검사(categorical fluency test)에서의 손상이 글자 유창성 검사(phonemic fluency test)의 손상에 비해 덜 심한 것도 특기할만한 사항이다. 경한 수준의 실행증, 계산 능력 저하(dyscalculia), Go-no-go test에서의 저하 등도 함께 관찰된다. 때때로 언어 능력의 저하가 기억 능력 검사의 수행을 방해하기도 하지만 대체로 일상적인 활동에 대해서 기억하는 것에는 별 어려움이 관찰되지는 않는다.

의미 신경인지장애

SD의 핵심 증상은 '의미' 능력의 이상이며 좌측 전(前) 측두엽의 기능 이상과 관련되어 있다. 유창하기는 하나 의미가 없는 언어 표현, 명명의 어려움, 이해의 곤란, 의미 착어증(semantic paraphasia)[1] 등의 언어 능력 이상이 SD의 핵심 증상이라 할 수 있다. 후반기로 접어들면서 SD의 행동적 변화가 시작되어 FLD의 그것과 큰 차이를 보이지 않는다.

SD 환자의 주된 신경심리검사 상 특징은 다음과 같다. 먼저 어떤 그림을 보고 그 그림의 대상을 언급하는 이름 대기 능력(naming), 어떤 낱말의 의미와 정의를 설명하는 능력, 동의어를 찾는 능력(singleword comprehension), 읽기 능력 등이 현저히 저하된다. 기억 능력 중에서 의미기억에서의 손상이 일화기억이나 지남력(orientation)의 손상에 비해 두드러진 것도 특기할만한 사항이다. 그렇지만 시공간 능력, 비언어적 문제해결 능력, 비언어적 관리기능 등에서는 별 어려움이 관찰되지는 않는다.

전두측두 신경인지장애의 사례

이름: 이O인	병록번호: 0019712	생년월일: 63/01/06
나이: 52세	성별: 남자	학력(교육년수): 대학원졸(16년)
손잡이: 오른손	검사자: 임O진	검사기관: OO병원
직업: 무직	검사일: 2015/ 06/ 20	의뢰의사(과): 장O구(정신)

1) 의미가 유사한 다른 단어를 사용하여 표현하는 것. 예) "나는 하루 종일 텔레비전 앞에서 일을 했어. 그러니까......컴퓨터 앞에서 일을 한 거지."

주호소

항상 불안하고 초조해서 가만히 앉아 있기 어려우며 이전에 비해 기억력이 많이 떨어졌다.

(증상 시작시점: 2012년)

현병력

환자의 주변사람들은 2012년 12월 즈음에 이전보다 말수가 줄고 우울해하는 환자의 모습을 관찰하였다. 그러던 중 환자는 가장 친한 친구의 딸 결혼식에 참석하였는데, 이틀이 지난 뒤 자신이 그 행사에 참석하였다고 하는 사실 자체를 까맣게 잊어버리는 일이 있어 주변 사람들을 놀라게 하였다. 이 무렵 환자의 고향인 진주에 위치한 본가(本家)에 방문하면서 근처 사천공항을 이용하였는데 당시 그 공항을 처음으로 방문했다고 언급하였다. 서울이 현주소인 환자는 제사를 비롯한 집안 행사가 있을 때면 언제나 항공기를 타고 고향을 찾아 사천공항은 수도 없이 이용했다는 것이 가족의 주장이다.

환자는 2013년 2월 특별한 이유를 밝히지 않은 채 다니던 직장을 그만두었고 그로 인해 초조해하는 모습이 가족들에게 반복해서 관찰되었다. 1년간의 실직 생활 이후, 2014년 3월 다른 직장을 구하였지만 직장에 잘 적응하지 못하고 힘들어하는 모습을 보였다. 우울감과 불안감이 심해진 상태에서 2014년 5월 정신건강의학과에 내원하였고 당시 우울증 인상(impression) 하에 외래 치료를 시작하였다. 초진 때 실시한 신경심리검사 결과, K-MMSE은 28점, CDR은 0.5점이었고 언어적 유창성의 저하가 관찰되었으나 기억력의 이상은 발견되지 않았다.

2014년 5월, 환자는 다니던 회사를 다시 그만두었다. 이 무렵 환자는 자신의 주변 상황에 대해 관심이 전혀 없고, 때때로 상황에 맞지 않는 말을 하였으며, 엉뚱한 길을 가는 모습이 반복해서 관찰되었다. 그러나 환자는 본인의 행동과 언어 사용에 대해서 전혀 이상하게 생각하지 않았으며 타인이 문제점을 지적하면 자신의 이전 행동을 부인하는 태도를 보였다. 또한 환자는 사람들이 자신을 훌륭한 사람이라고 생각한다고 자기자랑을 하는 모습을 보였고, 환자의 어머니 이야기가 화제로 등장하거나 일일 연속극을 볼 때 예전에는 보이지 않던 울음을 터뜨리곤 했다.

2014년 12월, 전두측두 신경인지장애의 인상 하에 신경심리검사 재평가가 실시되었다. 신경심리검사 결과, K-MMSE와 CDR 점수는 1차 검사 결과와 일치하였고 언어적 유창성의 저하 양상 또한 여전하였지만 명명 능력과 주의력 상에서 이전보다 저하된 모습이 관찰되었다. 2015년 2월, 환자 스스로는 이전에 비해 전반적으로 호전되었음을 치료진에게 보고하였으나, 환자의 아내는 이와 상반되는 반응을 보였다. 아내의 보고에 의하면, 환자는 감정기복이 심하고 말수가 줄어들었으며 대화 내용이 단순해졌다. 아울러, 아내는 가족만의 비밀스러운 이야기를 타인 앞에서 큰 소리로 반복해서 말하는 행동을 보고하였다.

1. Korea-Mini Mental State Examination (K-MMSE)

총점	29	장소 지남력	4/5
시간 지남력	5/5	주의집중 및 계산	5/5
기억 등록	3/3	그리기	1/1
기억 회상	2/3	언어	8/8

2. Attention

Digit Span	Normal
Letter Cancellation	Normal

3. Language & Related Functions

Spontaneous Speech Fluency	Normal	Spontaneous Speech Contents	Normal
Comprehension	Normal	Repetition	Normal
Naming	Abnormal		
Reading	Normal	Writing	Normal
Praxis	Ideomotor(Normal)	Buccofacial(Normal)	
Finger Naming	Normal	Body Part Orientation	Normal
Left-Right Orientation	Normal	Calculation	Normal

4. Visuospatial Functions

K-MMSE: Drawing	Normal
RCFT copy	Normal

5. Memory

SVLT	immediate recall	Normal
	delayed recall	Abnormal
	recognition	Borderline
RCFT	immediate recall	Normal
	delayed recall	Normal
	recognition	Normal

6. Frontal / Executive Functions

Motor Impersistence		Normal
Contrasting Program		Normal
Go-No-Go Test		Abnormal
Fist-Edge-Palm		Normal
Alternating hand movement		Normal
Alternating square & triangle		Normal
Luria Loop		Normal
K-CWST		Abnormal
K-CTT		Abnormal
COWAT	Category	Abnormal
	Letter	Abnormal

7. Activity of Daily Living

IADL															
전화 사용	물건 사기	음식 준비	집안일	대중 교통 이용	근거리 외출	약 먹기	돈 관리	몸단장 및 치장	가전 제품	소지품 관리	문단속	약속 지키기	최근일 이야기	여가/ 취미	총점
1	1	2	3	2	0	1	1	0	0	1	0	1	2	1	16

8. Behavioral & Psychological Symptoms of Neurocognitive Disorder

NPI												
망상	환각	초조/공격성	우울/낙담	불안	기분들뜸/다행감	무감동/무관심	탈억제	화를 잘냄/불안정	비정상적인 운동행동	수면	식욕	총점
0	0	0	0	0	0	8	0	4	0	0	0	12

9. Clinical Rating

CDR	GDS
0.5	3

Summary and Recommendation

Functional Descriptions of Neuropsychological Status	intact	- orientation - visuospatial functions - naming을 제외한 language & related functions - praxis - attention
	Borderline	- verbal memory
	Abnormal	- verbal fluency - naming ability - executive functioning
Activities of Daily Living	보호자의 보고에 의해 평가하였을 때 환자는 인지기능의 저하로 인하여 일상생활 수행 상에서 적지 않은 어려움을 경험하고 있는 것으로 여겨진다.	
Diagnostic Impression	신경심리검사 결과, naming ability, verbal fluency, verbal memory, frontal/executive functioning 상의 저하가 두드러지며 apathy, loss of insight, perseveration 등이 함께 나타나고 있어 Frontal lobe neurocognitive disorder가 시사된다.	

(3) 파킨슨병으로 인한 신경인지장애

파킨슨병의 임상적 정의

파킨슨병(Parkinson's Disease, PD)은 일반적으로 성인기에 시작되며 점진적인 진행과정을 밟는 행동장애의 하나이다. 손을 다리 위에 편하게 두었을 때 나타나는 떨림을 의미하는 안정 떨림(rest tremor), 행동이 현저히 느려지는 행동 완서(緩徐, bradykinesia), 팔과 다리의 강직 현상이 동반되는 사지 경직(limb rigidity), 언제라도 넘어질 것 같은 느낌을 주는 불안정한 걸음걸이, 우울증, 인지능력 저하 등이 PD의 주요 증상이다(김재우, 2002).

파킨슨병으로 인한 신경인지장애

PD에 이환된 환자 중 10~40% 정도는 파킨슨병으로 인한 신경인지장애(Neurocognitive Disorder Due to Parkinson's Disease, PDD)로 이행하는 것으로 알려져 있으며 대체로 진행된 PD 환자에게서 PDD 증상이 발견된다. 초기 PDD의 두드러진 증상은 주로 관리기능과 기억력의 저하이다. 관리기능의 경우, 개념 형성 능력[1], 문제 해결 능력, 인지적 융통성[2] 등의 저하가 현저한 것으로 알려져 있다. 초기 PDD의 기억 능력 손상은 AD의 수준보다는 경하지만 작업기억(working memory)[3], 장기기억, 시각기억, 절차기억[4] 등의 영역에서 저하양상을 보이는 것으로 보고되고 있다. 기억 검사를 실시했을 때 자유 회상과제에서의 수행 수준보다 재인과제에서의 수행 능력이 보다 나은 것은 특기할 만한 사항이다.

인지기능 중에서 주의력의 저하가 현저한데 대체로 환자의 상태와 검사 시점에 따라 주의력 관련 과제의 수행능력 편차가 심한 편이다. 또한 PDD 환자는 시공간 과제에서 두드러진 저하 양상을 보이는데 계획 능력[5]을 요구하는 복잡한 과제에서의 손상 수준이 더 크다. 우울증, 성격변화, 섬망, 환시가 주가 되는 정신증 등

---

1) 여러 대상의 특징을 포착하고 변별하여 구분하고 범주화하는 능력
2) 상황과 맥락의 변화에 따라 행동 반응을 전환하는 능력
3) 추론이나 이해 과제를 수행할 때 마음속에 정보를 유지하여 사용하는 능력
4) 어떤 일을 하는 방법에 대한 기억
5) 원하는 목표를 달성하기 위해 필요한 행동과 생각의 순서를 선택하는 능력

의 증상이 PDD 환자에게 동반되는 경우가 흔하지만 운동장애, 좌불안석, 성마름, 탈억제, 다행증, 무감동 등의 증상은 상대적으로 덜 심한 편이다(김재우. 2002).

파킨슨병으로 인한 신경인지장애의 사례

이름: 강O순	병록번호: 0019713	생년월일: 35/02/16
나이: 80세	성별: 여자	학력(교육년수): 초졸(6년)
손잡이: 오른손	검사자: 임O진	검사기관: OO병원
직업: 무직	검사일: 2015/ 06/ 01	의뢰의사(과): 장O구(정신)

현병력

2013년부터 손과 입이 떨리는 증상이 시작되었다. 2014년 6월에 내원하여 PD로 진단을 받고 약물치료를 시작하였다. 2014년 7월부터 환자는 (가족들에게는 보이지 않는) 할머니와 아이들이 보인다는 말을 하기 시작하였으며, 오전에 있었던 일도 오후가 되면 기억하지 못하는 일이 빈번하였다.

1. Korea-Mini Mental State Examination (K-MMSE)

총점	16	장소 지남력	2/5
시간 지남력	4/5	주의집중 및 계산	0/5
기억 등록	3/3	그리기	0/1
기억 회상	2/3	언어	5/8

2. Attention

Digit Span	Borderline
Letter Cancellation	Normal

3. Language & Related Functions

Spontaneous Speech Fluency	Normal	Spontaneous Speech Contents	Normal
Comprehension	Normal	Repetition	Normal
Naming	Normal		
Reading	Normal	Writing	Normal
Praxis	Ideomotor(Normal)	Buccofacial(Normal)	
Finger Naming	Normal	Body Part Orientation	Normal
Left-Right Orientation	Normal	Calculation	Normal

4. Visuospatial Functions

K-MMSE: Drawing	Borderline
RCFT copy	Borderline

5. Memory

SVLT	immediate recall	Normal
	delayed recall	Borderline
	recognition	Normal
RCFT	immediate recall	Abnormal
	delayed recall	Abnormal
	recognition	Abnormal

6. Frontal / Executive Functions

Motor Impersistence		Normal
Contrasting Program		Abnormal
Go-No-Go Test		Normal
Fist-Edge-Palm		Abnormal
Alternating hand movement		Normal
Alternating square & triangle		Normal
Luria Loop		Normal
COWAT	Category	Abnormal
	Letter	Normal

7. Activity of Daily Living

IADL															
전화 사용	물건 사기	음식 준비	집안일	대중 교통 이용	근거리 외출	약 먹기	돈 관리	몸단장 및 치장	가전 제품	소지품 관리	문단속	약속 지키기	최근일 이야기	여가/ 취미	총점
1	3	2	2	2	3	0	2	0	0	1	3	0	1	3	23

8. Behavioral & Psychological Symptoms of Neurocognitive Disorder

NPI												
망상	환각	초조 /공격성	우울/ 낙담	불안	기분들뜸 /다행감	무감동 /무관심	탈억제	화를 잘냄 /불안정	비정상적인 운동행동	수면	식욕	총점
0	8	0	4	1	0	2	0	0	0	1	0	16

9. Clinical Rating

CDR	GDS
0.5	3

Summary and Recommendation

<table>
<tr><td rowspan="3">Functional Descriptions of Neuropsychological Status</td><td>intact</td><td>- naming을 포함한 language & related functions
- praxis</td></tr>
<tr><td>Borderline</td><td>- visuospatial functions
- verbal memory
- place orientation</td></tr>
<tr><td>Abnormal</td><td>- executive functioning
- attention
- visual memory</td></tr>
<tr><td>Activities of Daily Living</td><td colspan="2">보호자의 보고에 의해 평가하였을 때 일상생활 수행 상에서 적지 않은 어려움을 경험하고 있는 것으로 여겨진다.</td></tr>
<tr><td>Diagnostic Impression</td><td colspan="2">신경심리검사 결과, visual memory, frontal/executive functioning, attention, visuospatial functions, place orientation 상의 저하가 두드러져 Neurocognitive Disorder Due to Parkinson's Disease가 시사된다.</td></tr>
</table>

(4) 루이소체 신경인지장애

루이소체 신경인지장애의 주요 특성

주의력과 집중력의 저하, 시공간 능력, 정신운동 속도(psychomotor speed) 저하 등의 증상이 루이소체 신경인지장애(Neurocognitive Disorder with Lewy Bodies, DLB)의 주요 인지기능 특성이다. DLB 환자의 인지기능과 의식정도는 오르내림과 변동이 크기 때문에 검사결과의 편차가 적지 않은 것도 하나의 특징이다. 초기에 관찰되는 기억력 저하는 두드러지지 않는 경우가 많지만 언어의 두절(杜絶, verbal blocking), 사고의 지연(bradyphrenia), 무감동(apathy), 사람 오지각

(misidentification) 등의 인지저하가 흔히 발견된다.

DLB는 인지기능 저하에 머무르지 않고 다양한 종류의 정신과적 증상을 동반한다. 대표적인 것은 반복적으로 나타나는 환시 증상으로서 초기 DLB 환자에게도 드물지 않게 보고된다. 환시의 대상은 동물 혹은 사람으로서 형태를 제대로 갖춘 생생한 모습으로 환자에게 경험된다. 이러한 환시는 일시적인 것이 아니라 꽤 오랜 시간 지속되고, 망상·우울·불안이 동반되며, 좌불안석과 공격성의 증상은 후기 DLB 환자에게 주로 나타난다. DLB 환자에게는 드물지 않게 파킨슨 증상(parkinsonism)[1]도 발견할 수 있다. DLB 환자가 보이는 파킨슨 증상 중에서 경직성과 행동완서증(bradykinesia)이 가장 대표적이며, 발을 끌며 걷는 증상과 가면을 쓴 것 같은 얼굴 표정을 보이는 것도 드물지 않게 관찰되지만, 안정 떨림 증상을 보고하는 DLB 환자는 흔치 않다.

DLB 환자는 수면 장애를 보이기도 한다. 수면 장애는 인지적 증상과 행동적 증상이 표면화되기 이전에 주로 관찰되며 꿈에서 일어나는 사건을 실제 행동으로 보이는 REM 수면 이상행동의 형태로 발현된다. 이외에도 낮 시간의 과도한 졸림과 불면증이 DLB 환자가 보이는 수면 장애의 주요 항목이다. DLB 환자에게는 기립성 저혈압, 요실금, 변비, 발기부전 등의 자율신경계 이상이 관찰되기도 한다.

DLB 환자를 영상자료를 통해 관찰했을 때, CT나 MRI 상에서는 해마의 위축이 AD에 비해 적고, SPECT 상에서는 두정엽과 후두엽 상에 관류저하(hypoperfusion) 현상이 관찰된다. 루이소체의 위치에 따라 임상적 증상은 차이를 보인다. 피질에 루이소체가 위치할 때는 인지적 증상과 정신과적 증상이 두드러지지만, 흑질과 선상체를 잇는 영역(Nigrostriatal)에 루이소체가 존재할 때는 파킨슨 증상이 현저하게 관찰되며, 측두엽의 아래쪽 혹은 앞쪽에 루이소체가 관찰되는 경우에는 환시가 나타나고, 교감신경계와 루이소체가 관련되는 상황에서는 자율신경계의 이상증상이 보고되는 경우가 흔하다.

루이소체 신경인지장애의 사례

1) 파킨슨병과 유사한 운동장애 증상

이름: 임O주	병록번호: 0019714	생년월일: 35/11/16
나이: 80세	성별: 남자	학력(교육년수): 대졸(16년)
손잡이: 오른손	검사자: 임O진	검사기관: OO병원
직업: 무직	검사일: 2015/ 12/ 01	의뢰의사(과): 장O구(정신)

주호소

'특별한 이유도 없이 가족을 비롯한 주변 사람을 의심하고, 거칠고 난폭한 행동을 타인에게 일삼다'

(증상악화시점: 2015년 / 증상시작시점: 2011년)

현병력

2011년부터 환자는 이전에는 즐겨 접하던 책과 신문을 멀리하기 시작했고 "문장이 잘 이해가 되지 않는다"며 가족에게 호소하였다. 가족들은 그 무렵부터 환자의 기억력이 흐릿해졌다고 보고하였다. 2012년 봄, 환자는 가족들의 눈에는 관찰되지 않는 사물들이 보인다고 하여 가족들을 놀라게 했다. 아울러 그 무렵 아내를 비롯한 가족들이 작당하여 환자의 돈을 빼돌린다는 의심을 하기 시작하였다. 밤에 잠을 잘 이루지 못하는 불면증이 이즈음 시작되었고, 사소한 사건에도 울음을 보였으며, 주변상황에 대한 관심과 흥미가 현저히 줄어들었다. 이에 신경과에 방문하여 신경심리검사를 시행하였는데, K-MMSE점수는 18점, CDR점수는 1점이었고 시공간·전두엽 기능의 손상과 기억력 저하가 관찰되었다. 2014년 3월, 환자를 보살피던 아내가 사망하여 실버타운에 입주하였다. 입주 이후 치료진과 간병인을 의심하는 모습을 보였고 지남력이 저하된 모습이 관찰되었다. 2015년 11월, 의심하는 사고가 더욱 심해져 음식에 독을 탔다면서 식사를 거부하기 시작하였고 간병인이 자신을 해치려한다고 주장하며 간병인을 구타하는 행동이 발생하였다.

1. Korea-Mini Mental State Examination (K-MMSE)

총점	17	장소 지남력	4/5
시간 지남력	3/5	주의집중 및 계산	1/5
기억 등록	2/3	그리기	0/1
기억 회상	1/3	언어	6/8

2. Attention

Digit Span	Abnormal
Letter Cancellation	Abnormal

3. Language & Related Functions

Spontaneous Speech Fluency	Borderline	Spontaneous Speech Contents	Normal
Comprehension	Normal	Repetition	Normal
Naming	Abnormal		
Reading	Normal	Writing	Normal
Praxis	Ideomotor(Normal)	Buccofacial(Normal)	
Finger Naming	Normal	Body Part Orientation	Normal
Left-Right Orientation	Normal	Calculation	Borderline

4. Visuospatial Functions

K-MMSE: Drawing	Abnormal
RCFT copy	Abnormal

5. Memory

SVLT	immediate recall	Borderline
	delayed recall	Abnormal
	recognition	Abnormal
RCFT	immediate recall	Abnormal
	delayed recall	Abnormal
	recognition	Abnormal

6. Frontal / Executive Functions

Contrasting Program		Abnormal
Go-No-Go Test		Abnormal
Fist-Edge-Palm		Abnormal
Alternating hand movement		Abnormal
Alternating square & triangle		Borderline
Luria Loop		Normal
COWAT	Category	Abnormal
	Letter	Abnormal

7. Activity of Daily Living

IADL															
전화 사용	물건 사기	음식 준비	집안일	대중 교통 이용	근거리 외출	약 먹기	돈 관리	몸단장 및 치장	가전 제품	소지품 관리	문단속	약속 지키기	최근일 이야기	여가/ 취미	총점
2	3	2	2	2	1	1	2	2	2	2	3	2	2	2	30

8. Behavioral & Psychological Symptoms of Neurocognitive Disorder

NPI												
망상	환각	초조 /공격성	우울/ 낙담	불안	기분들뜸 /다행감	무감동 /무관심	탈억제	화를 잘냄 /불안정	비정상적인 운동행동	수면	식욕	총점
8	8	8	0	0	0	4	3	4	0	0	0	35

9. Clinical Rating

CDR	GDS
1	4

Summary and Recommendation

<table>
<tr><td rowspan="3">Functional Descriptions of Neuropsychological Status</td><td>intact</td><td>- naming을 제외한 language & related functions
- praxis</td></tr>
<tr><td>Borderline</td><td>- calculation</td></tr>
<tr><td>Abnormal</td><td>- executive functioning
- attention
- memory
- naming
- visuospatial functions</td></tr>
<tr><td>Activities of Daily Living</td><td colspan="2">간병인의 보고에 의해 평가하였을 때 일상생활 수행 상에서 큰 어려움을 경험하고 있는 것으로 여겨진다.</td></tr>
<tr><td>Diagnostic Impression</td><td colspan="2">신경심리검사 결과, memory, frontal/executive functioning, attention, visuospatial functions 상의 저하가 두드러져 Neurocognitive Disorder with Lewy Bodies가 시사된다.</td></tr>
</table>

(5) 혈관성 신경인지장애

혈관성 신경인지장애의 주요 특성

혈관성 신경인지장애(Vascular Neurocognitive Disorder, VaD)는 신경인지장애 중에서 두 번째(10~50%)로 일반적인 질환이며 이 중에서 AD와 VaD가 함께 존재하는 경우가 가장 흔하다. 심장혈관계 질환이 VaD와 밀접히 관련되어 있는 경우가 흔하고 예방이 가능하며 치료 역시 효과적인 결과를 낳는 경우가 적지 않다. VaD로 진단 받기 위해서는 크게 3가지 주요특성을 갖추어야 한다. 첫 번째, 신경인지장애 증상의 원인이 될 수 있는 뇌졸중[1])을 최근 3개월 이내에 경험하여야 한다. 두 번째, 전두엽, 측두엽, 두정엽, 기저핵(basal ganglia), 시상(thalamus) 등의 회백질에 뇌경색(infarct)[2])이 존재해야 한다. 세 번째, 다양한 증상이 뇌졸중의 병소와 일치하여야 한다.

다발적 경색성 신경인지장애(Multiple infarct neurocognitive disorder, MID), 요충적 경색성 신경인지장애(Strategic infarct neurocognitive disorder, SID), 피질하 혈관성 신경인지장애(Subcortical vascular neurocognitive disorder, SVaD)는 VaD의 주요 아형이다. 이중 MID과 SID는 뇌를 구성하는 거대 혈관과 관련된 신경인지장애이며 SVaD은 작은 혈관의 이상으로 발생하는 신경인지장애이다. MID는 가장 전형적인 VaD로서 여러 번의 뇌졸중이 반복되어 발생하는 신경인지장애를 일컬으며 한 번 뇌졸중이 있을 때마다 인지기능이 저하 되어 계단식 악화과정을 보인다. SID는 인지기능 상 매우 중요한 병소에 단 한 번의 뇌경색으로 심한 신경인지장애를 보이는 경우를 의미한다. SVaD은 뇌졸중의 증상을 경험하지는 않았지만 서서히 잠행적으로 시작되며 점진적인 인지기능의 저하를 보이는 신경인지장애이다. 이 유형은 VaD 중에서 가장 흔한 범주이기도 하며, 이 아형의 신경인지장애를 보이는 환자는 고혈압, 당뇨, 심장질환을 동반하는 경우가 흔하다. SVaD 환자 중 많은 경우 열공(列空) 상태(Lacunar state)에 해당하는 경우가 많다. 열공

---

1) 뇌의 일부분에 혈액을 공급하는 혈관이 막히거나 터짐으로써 혈액공급이 되지 않아 그 부분의 뇌가 손상되어 나타나는 신경마비증상을 말하며 뇌혈관질환 또는 중풍이라고도 불린다.

2) 뇌혈관에 폐색(閉塞)이 발생하여 뇌에 공급되는 혈액량이 감소하면 뇌조직이 기능을 제대로 하지 못하게 된다. 뇌혈류 감소가 일정 기간 지속되면 뇌조직의 괴사가 시작된다. 뇌조직이 괴사되어 회복 불가능한 상태에 이르렀을 때 이를 뇌경색(cerebral infarction)이라고 한다.

상태란 미상핵(尾狀核, caudate nucleus), 담창구(淡蒼球, globus pallidus), 시상(視床, thalamus) 등의 회백질에 아주 작은 구멍이 많이 존재하는 것을 뜻한다. 이 경우 인지적 저하는 대체로 FTD의 그것과 유사하여, 관리기능의 저하, 무감동, 정신운동속도의 감퇴 등의 증상을 보인다. SVaD 환자 중 상당 경우 빈스완거 병(Binswanger's disease)을 동반하는 경우가 흔하다. 빈스완거 병은 내포(內包, internal capsule), 대뇌부채살(corona radiata), 반란원중심(半卵円中心, centrum semiovale) 등의 백질에 여러 개의 경색이 발생하는 것을 의미하며 임상적 증상에 있어 열공 상태와 거의 유사하다. SVaD의 임상적 양상은 흔히 'frontal-amnestic pattern'이라 불리며, 느린 정보처리속도를 포함하는 관리기능의 손상, 경미한 기억력의 저하(자유회상의 손상과 재인능력의 상대적 유지), 우울 · 성격변화 · 정서변화 · 정서둔마 · 정신운동지체 등의 증상을 포함한다.

큰 혈관의 손상으로 유발된 혈관성 신경인지장애와 작은 혈관의 이상에서 기원하는 혈관성 신경인지장애는 여러 면에서 큰 차이를 보이게 된다. SID와 MID는 임상적으로 뚜렷한 경색을 동반하고, 진단이 분명하고 신속하며, 뇌졸중 이후 갑작스러운 발병을 특징적으로 한다. 반면 SVaD 환자는 이른바 '조용한 경색(silent infarct)'이 관찰되는 경우가 많고, 명백한 시간적 경과를 확인하기 어려워 뇌영상을 통해서만 발견될 수 있으며, 인지적 저하가 뚜렷하지 않은 경우도 많다.

앞서 소개한 AD의 경우 뇌졸중과 함께 동반되는 경우가 많다. 즉, 뇌영상에서 뇌경색의 소견이 확인되는 동시에 AD의 진단기준을 만족시기기도 하고, 발병이 서서히 진행되며 경과가 점진적인 AD의 진행 과정을 그대로 따른다. 이 경우 진단의 어려운 점이 발생하는 데, 대체로 뇌졸중이 직접적인 인지기능의 원인일 때 혼합성 신경인지장애(Mixed neurocognitive disorder, MD)라고 진단을 하고, 뇌졸중이 인지기능 저하에 부분적으로 영향을 미치었을 때는 혈관성 요인을 동반한 AD(AD with vascular factors)라고 진단을 내리며, 뇌졸중이 우연히 겹쳤을 경우에는 뇌졸중을 동반한 AD(AD with stroke)라는 진단으로 정해진다. 실제로 VaD에 해당하는 신경심리검사의 결과는 다양하여 VaD를 진단하는 데 도움이 되는 단일 패턴을 찾기 어렵다.

혈관성 신경인지장애의 사례

이름: 강O모	병록번호: 0019715	생년월일: 56/05/16
나이: 59세	성별: 남자	학력(교육년수): 중졸(09년)
손잡이: 오른손	검사자: 임O진	검사기관: OO병원
직업: 무직	검사일: 2015/ 06/ 08	의뢰의사(과): 장O구(정신)

주호소

이상한 행동을 하고 실제로는 존재하지 않는 동물이 보인다고 한다.

(증상악화시점: 2015년, 증상시작시점: 2013년)

현병력

2013년 말, 환자는 집에서 자신이 운영하던 가게로 출근하다가 눈길에 넘어졌다. 이후 오른쪽 편측 마비 증상이 생겨 병원을 방문하였으며 당시 뇌경색의 진단을 받았다. 2014년 초, 환자는 본인이 입고 있던 코트를 가리키며 아들에게 '이 코트가 누구의 코트이냐?'고 물어 가족들을 당황하게 하였고, 자신의 인지 기능이 이전과는 달라졌다며 의아해하고 걱정하는 모습을 보였다.

2015년 3월에는 밤에 잠을 자지 않고 거실과 부엌을 배회하는 모습, 손으로 몸을 훑는 행동, 귀신이 보인다고 호소하는 모습 등이 가족에게 관찰되었다. 2015년 5월, 특별한 사건이 없었는데도 울음을 보였다가 금세 크게 웃는 모습과 상황에 맞지 않게 춤을 추고 큰 소리로 유행가를 부르는 행동을 보였다. 또한 집안에 실제로 존재하지 않는 하루살이를 잡는다면서 헛손질을 하는 행동과 갑자기 무릎을 꿇고 손을 모아 빌면서 '잘못 했습니다'를 연신 읊조리는 모습이 이 무렵 보고되었다.

1. Korea-Mini Mental State Examination (K-MMSE)

총점	18	장소 지남력	4/5
시간 지남력	2/5	주의집중 및 계산	3/5
기억 등록	3/3	그리기	0/1
기억 회상	1/3	언어	5/8

2. Attention

Digit Span	Abnormal
Letter Cancellation	Abnormal

3. Language & Related Functions

Spontaneous Speech Fluency	Borderline	Spontaneous Speech Contents	Borderline
Comprehension	Normal	Repetition	Normal
Naming	Abnormal		
Reading	Normal	Writing	Normal
Praxis	Ideomotor(Abnormal)	Buccofacial(Normal)	
Finger Naming	Abnormal	Body Part Orientation	Normal
Left-Right Orientation	Abnormal	Calculation	Abnormal

4. Visuospatial Functions

K-MMSE: Drawing	Abnormal
RCFT copy	Abnormal

5. Memory

SVLT	immediate recall	Borderline
	delayed recall	Abnormal
	recognition	Abnormal
RCFT	immediate recall	Abnormal
	delayed recall	Abnormal
	recognition	Borderline

6. Frontal / Executive Functions

Contrasting Program		Abnormal
Go-No-Go Test		Abnormal
Fist-Edge-Palm		Abnormal
Alternating hand movement		Normal
Alternating square & triangle		Borderline
Luria Loop		Abnormal
COWAT	Category	Abnormal
	Letter	Borderline

7. Activity of Daily Living

IADL															
전화 사용	물건 사기	음식 준비	집안일	대중 교통 이용	근거리 외출	약 먹기	돈 관리	몸단장 및 치장	가전 제품	소지품 관리	운단속	약속 지키기	최근일 이야기	여가/ 취미	총점
2	3	2	2	2	2	2	2	2	2	2	3	2	2	2	32

8. Behavioral & Psychological Symptoms of Neurocognitive Disorder

NPI												
망상	환각	초조 /공격성	우울/ 낙담	불안	기분들뜸 /다행감	무감동 /무관심	탈억제	화를 잘냄 /불안정	비정상적인 운동행동	수면	식욕	총점
8	8	0	8	8	12	4	9	0	8	4	0	69

9. Clinical Rating

CDR	GDS
2	5

Summary and Recommendation

Functional Descriptions of Neuropsychological Status	intact	- reading, writing - buccofacial praxis - repetition, comprehension
	Borderline	- attention - visual memory - time orientation
	Abnormal	- executive functioning - ideomotor praxis - verbal memory - naming - visuospatial functions - calculation
Activities of Daily Living	보호자의 보고에 의해 평가하였을 때 일상생활 수행 상에서 큰 어려움을 경험하고 있는 것으로 여겨진다.	
Diagnostic Impression	신경심리검사 결과, verbal memory, frontal/executive functioning, visuospatial functions, ideomotor praxis 상의 저하가 두드러져 **Vascular Neurocognitive Disorder**가 시사된다.	

(6) 경도인지장애

경도인지장애(Mild Cognitive Impairment, MCI)는 주요 신경인지장애(Major Neurocognitive Disorder)의 진단기준에 부합하지는 않으나 현저한 인지기능의 저하가 관찰되는 경우에 부여하는 진단명이며 경도 신경인지장애(Minor Neurocognitive Disorder)라고 불리기도 한다(임준성, 2005). MCI는 기억성 단일영역 경도인지장애(Amnestic MCI single domain type, aMCI-SD), 기억성 다영역 경도인지장애(Amnestic MCI mulitple domain type, aMCI-MD), 비기억성 단일영역 경도인지장애(Non-amnestic MCI single domain type, naMCI-SD), 비기억성 다영역 경도인지장애(Non-amnestic MCI mulitple domain type, naMCI-MD) 등의 여러 하위 아형으로 분류될 수 있다. 선행 연구의 결과, MCI의 경우 장기적으로 주요 신경인지장애로 진행될 가능성이 큰 것으로 알려져 있다. aMCI-SD의 경우에는 AD로 이행될 가능성이 높고, aMCI-MD와 naMCI-MD의 경우 AD, VaD, LBD로 발전될 확률이 크며, naMCI-SD의 경우에는 FTD, LBD, PPA로의 이행 가능성이 상당한 것으로 보고되고 있다(최진영, 문석우, 남범우, 2009).

Amnestic MCI single domain type

이 진단에 부합하기 위해서는 여타 인지기능의 저하 없이 오로지 기억력의 장해만 나타나야 한다. 다음의 세부 기준에 부합하면 aMCI-SD의 진단을 부여할 수 있다. 첫째, 환자나 보호자에 의해 기억력의 저하가 호소되어야 한다. 둘째, 객관적인 기억력 검사에서 기억 장애가 시사되어야 한다. 예를 들면, 서울언어학습검사(SVLT)의 지연회상검사나 재인검사에서 경계선 수준 이하(즉, 9%ile 이하)의 수행을 보여야 한다. 셋째, 기억력을 제외한 여타 인지기능은 정상 범위에 속하여야 한다. 예를 들면, Clinical Dementia Rating(CDR)에서는 0 혹은 0.5에 해당해야 하며 Global Deterioration Scale(GDS)에서는 2점 혹은 3점 사이에 속해야 한다. 넷째, 기억력 저하로 인한 기능 저하를 제외하고 대체로 일상생활 능력이 정상 수준에 해당해야 한다. 예를 들면, 노인일상활동평가 척도(Instrumental Activities of Daily Living, IADL)에서 14점 이하에 속해야 한다. 다섯째, 신경인지장애의 진단 기준에 맞지 않아야 한다. 여섯째, 심리적·행동적 증상(Behavioral & Psychological Symptoms of Neurocognitive Disorder, BPSD)의 존재 유무는 MCI의 진단에 영향을 주지 않는다. 즉, 망상, 공격성, 좌불안석 등의 증상이 존재하더라도 MCI의 진단 부여는 가능하다. 마지막으로, 우울증, 불안장애, 조현병, 섬망 등의 정신과적 질병이 인지적 손상에 선행하여 나타났는지의 여부를 살펴보아야 한다.

이름: 전O식	병록번호: 0019721	생년월일: 48/03/06
나이: 67세	성별: 남자	학력(교육년수): 초졸(6년)
손잡이: 오른손	검사자: 임O진	검사기관: OO병원
직업: 상업	검사일: 2015/ 05/ 06	의뢰의사(과): 장O구(정신)

1. Korea-Mini Mental State Examination (K-MMSE)

총점	26	장소 지남력	5/5
시간 지남력	5/5	주의집중 및 계산	3/5
기억 등록	3/3	그리기	1/1
기억 회상	1/3	언어	8/8

2. Attention

Digit Span	Normal
Letter Cancellation	Normal

3. Language & Related Functions

Spontaneous Speech Fluency	Normal	Spontaneous Speech Contents	Normal
Comprehension	Normal	Repetition	Normal
Naming	Normal		
Reading	Normal	Writing	Normal
Praxis	Ideomotor(Normal)		Buccofacial(Normal)
Finger Naming	Normal	Body Part Orientation	Normal
Left-Right Orientation	Normal	Calculation	Normal

4. Visuospatial Functions

K-MMSE: Drawing	Normal
RCFT copy	Normal

5. Memory

SVLT	immediate recall	Normal
	delayed recall	Borderline
	recognition	Borderline
RCFT	immediate recall	Normal
	delayed recall	Normal
	recognition	Normal

6. Frontal / Executive Functions

Motor Impersistence		Normal
Contrasting Program		Normal
Go-No-Go Test		Normal
Fist-Edge-Palm		Normal
Alternating hand movement		Normal
Alternating square & triangle		Normal
Luria Loop		Normal
K-CWST	Word	Normal
	Color	Normal
COWAT	Category	Normal
	Letter	Normal

7. Activity of Daily Living

IADL															
전화 사용	물건 사기	음식 준비	집안일	대중 교통 이용	근거리 외출	약 먹기	돈 관리	몸단장 및 치장	가전제품이용	소지품 관리	문단속	약속 지키기	최근일 이야기	여가/ 취미	총점
0	0	0	0	1	0	1	1	0	0	1	0	1	2	0	7

8. Behavioral & Psychological Symptoms of Neurocognitive Disorder

NPI												
망상	환각	초조 /공격성	우울/ 낙담	불안	기분들뜸 /다행감	무감동 /무관심	탈억제	화를 잘냄 /불안정	비정상적인 운동행동	수면	식욕	총점
0	0	0	0	0	0	0	0	0	0	0	3	3

9. Clinical Rating

CDR	GDS (인지)
0.5	3

Summary and Recommendation

Functional Descriptions of Neuropsychological Status	intact	- verbal memory를 제외한 대부분의 인지기능
	Borderline	- verbal memory
Activities of Daily Living	보호자의 보고에 의해 평가하였을 때 환자는 일상생활 수행 상의 어려움은 크지 않은 것으로 여겨진다. 다만 '최근 일 이야기하기'를 비롯한 기억력 관련 영역에서 불편을 경험하고 있는 것으로 보고하고 있다.	
Diagnostic Impression	신경심리검사 결과, 환자는 언어적 자극에 대한 기억력 장해가 나타나고 있어 **Amnestic MCI single domain type**이 시사된다.	

Amnestic MCI multiple domain type

이 진단에 부합하기 위해서는 기억력을 포함하여 적어도 두 가지 이상의 인지기능 영역에서 경계선수준(즉, 9%ile 이하)의 기능저하를 보여야 한다. 다음의 세부 기준에 부합하면 aMCI-MD의 진단 기준을 부여할 수 있다. 첫째, 환자나 환자의 보호자에 의해 기억력의 저하가 호소되어야 한다. 둘째, 객관적인 기억력 검사에서 기억 장애가 시사되어야 한다. 셋째, 기억력을 제외한 한 가지 이상의 인지 영역에서 경계선 범위(즉, 9%ile 이하)에 속하여야 한다. 넷째, 전반적인 인지기능은 정상 영역에 속해야 한다. 다섯째, 저하된 기억능력으로 인한 기능 저하를 제외하고 대체로 일상생활 능력이 정상 수준에 포함되어야 한다. 여섯째, 신경인지장애의 진단기준에 부합하지 않아야 한다. 여섯째, 우울증, 불안장애, 정신분열증, 섬망 등의 정신과적 질병이 인지적 손상에 선행해서는 안 된다. 마지막으로, BPSD의 존재 유무는 aMCI-MD의 진단기준에 포함되지 않는다.

이름: 홍O동	병록번호: 0019722	생년월일: 41/03/06
나이: 74세	성별: 남자	학력(교육년수): 초졸(6년)
손잡이: 오른손	검사자: 임O진	검사기관: OO병원
직업: (전직) 상업	검사일: 2015/ 05/ 06	의뢰의사(과): 장O구(정신)

1. Korea-Mini Mental State Examination (K-MMSE)

총점	26	장소 지남력	5/5
시간 지남력	5/5	주의집중 및 계산	4/5
기억 등록	3/3	그리기	1/1
기억 회상	0/3	언어	8/8

2. Attention

Digit Span	Normal
Letter Cancellation	Normal

3. Language & Related Functions

Spontaneous Speech Fluency	Normal	Spontaneous Speech Contents	Normal
Comprehension	Normal	Repetition	Normal
Naming	Normal		
Reading	Normal	Writing	Normal
Praxis	Ideomotor(Normal)	Buccofacial(Normal)	
Finger Naming	Normal	Body Part Orientation	Normal
Left-Right Orientation	Normal	Calculation	Normal

4. Visuospatial Functions

K-MMSE: Drawing	Normal
RCFT copy	Normal

5. Memory

SVLT	immediate recall	Borderline
	delayed recall	Borderline
	recognition	Borderline
RCFT	immediate recall	Normal
	delayed recall	Normal
	recognition	Normal

6. Frontal / Executive Functions

Motor Impersistence		Normal
Contrasting Program		Normal
Go-No-Go Test		Normal
Fist-Edge-Palm		Normal
Alternating hand movement		Normal
Alternating square & triangle		Normal
Luria Loop		Normal
K-CWST	Word	Borderline
	Color	Normal
COWAT	Category	Borderline
	Letter	Normal

7. Activity of Daily Living

IADL															
전화 사용	물건 사기	음식 준비	집안일	대중 교통 이용	근거리 외출	약 먹기	돈 관리	몸단장 및 치장	가전제 품이용	소지품 관리	문단속	약속 지키기	최근일 이야기	여가/ 취미	총점
0	0	1	1	0	0	1	1	0	0	1	0	1	1	1	8

8. Behavioral & Psychological Symptoms of Dementia

NPI												
망상	환각	초조 /공격성	우울/ 낙담	불안	기분들뜸 /다행감	무감동 /무관심	탈억제	화를 잘냄 /불안정	비정상적인 운동행동	수면	식욕	총점
0	0	0	0	0	0	0	0	0	0	0	4	4

9. Clinical Rating

CDR	GDS
0.5	3

Summary and Recommendation

<table>
<tr><td rowspan="2">Functional Descriptions of Neuropsychological Status</td><td>intact</td><td>- visual memory
- orientation
- visuospatial functions
- attention
- language & related Functions</td></tr>
<tr><td>Borderline</td><td>- verbal memory
- executive functions</td></tr>
<tr><td>Activities of Daily Living</td><td colspan="2">보호자의 보고에 의해 평가하였을 때 환자는 일상생활 수행 상의 어려움은 현저하지 않는 것으로 여겨진다. 다만 기억력 관련 영역에서 불편을 경험하고 있는 것으로 보인다.</td></tr>
<tr><td>Diagnostic Impression</td><td colspan="2">신경심리검사 결과, 환자는 언어적 자극에 대한 기억력 저하와 의미유창성의 저하가 함께 나타나고 있어 Amnestic MCI multiple domain type이 시사된다.</td></tr>
</table>

Non-amnestic MCI multiple domain type

이 진단에 부합하기 위해서는 기억력을 제외한 두 가지 이상의 인지기능 영역에서 경계선 수준(즉, 9%ile 이하)의 기능저하를 보여야 한다. 다음의 세부 기준에 부합하면 naMCI-MD의 진단 기준을 부여할 수 있다. 첫째, 환자나 환자의 보호자에 의해 기억력의 저하가 호소되지 않아도 된다. 둘째, 기억력을 제외한 두 가지 이상의 인지 영역에서 경계선 수준(즉, 9%ile 이하)에 속하여야 한다. 셋째, 전반적인 인지기능은 정상 영역에 해당해야 한다. 예를 들면, CDR에서는 0 혹은 0.5에 해당해야 하며 GDS에서는 2점 혹은 3점 사이에 속해야 한다. 넷째, 인지기능 저하로 인한 기능 저하를 제외하고 대체로 일상생활 능력이 정상 수준에 해당해야 한다. 예를 들면, IADL에서는 14점 이하에 속해야 한다. 다섯째, 신경인지장애의 진단기준에 맞지 않아야 한다. 여섯째, BPSD의 존재 유무는 naMCI-MD의 진단에 영향을 주지 않는다. 마지막으로, 우울증, 불안장애, 정신분열증, 섬망 등의 정신과적 질병이 인지적 손상에 선행하여 나타났는지의 여부를 살펴보아야 한다.

이름: 김O수	병록번호: 0019723	생년월일: 64/03/06
나이: 51세	성별: 남자	학력(교육년수): 대졸(16년)
손잡이: 오른손	검사자: 임O진	검사기관: OO병원
직업: 회사원	검사일: 2015/ 05/ 06	의뢰의사(과): 장O구(정신)

1. Korea-Mini Mental State Examination (K-MMSE)

총점	30	장소 지남력	5/5
시간 지남력	5/5	주의집중 및 계산	5/5
기억 등록	3/3	그리기	1/1
기억 회상	3/3	언어	8/8

2. Attention

Digit Span	Normal
Letter Cancellation	Normal

3. Language & Related Functions

Spontaneous Speech Fluency	Normal	Spontaneous Speech Contents	Normal
Comprehension	Normal	Repetition	Normal
Naming	Borderline		
Reading	Normal	Writing	Normal
Praxis	Ideomotor(Normal)	Buccofacial(Normal)	
Finger Naming	Normal	Body Part Orientation	Normal
Left-Right Orientation	Normal	Calculation	Normal

4. Visuospatial Functions

K-MMSE: Drawing	Normal
RCFT copy	Normal

5. Memory

SVLT	immediate recall	Normal
	delayed recall	Normal
	recognition	Normal
RCFT	immediate recall	Normal
	delayed recall	Normal
	recognition	Normal

6. Frontal / Executive Functions

Motor Impersistence		Normal
Contrasting Program		Normal
Go-No-Go Test		Normal
Fist-Edge-Palm		Normal
Alternating hand movement		Normal
Alternating square & triangle		Normal
Luria Loop		Normal
K-CWST	Word	Borderline
	Color	Borderline
COWAT	Category	Borderline
	Letter	Normal

7. Activity of Daily Living

IADL															
전화 사용	물건 사기	음식 준비	집안일	대중 교통 이용	근거리 외출	약 먹기	돈 관리	몸단장 및 치장	가전제 품이용	소지품 관리	문단속	약속 지키기	최근일 이야기	여가/ 취미	총점
0	0	0	0	1	0	1	0	0	0	0	0	0	1	0	4

8. Behavioral & Psychological Symptoms of Neurocognitive Disorder

NPI												
망상	환각	초조 /공격성	우울/ 낙담	불안	기분들뜸 /다행감	무감동 /무관심	탈억제	화를 잘냄 /불안정	비정상적인 운동행동	수면	식욕	총점
0	0	0	1	1	0	1	0	1	0	0	0	4

9. Clinical Rating

CDR	GDS
0.5	3

Summary and Recommendation

Functional Descriptions of Neuropsychological Status	intact	- memory - orientation - visuospatial functions - language & related Functions
	Borderline	- naming - executive functions
Activities of Daily Living	보호자의 보고에 의해 평가하였을 때 환자는 일상생활 수행 상의 어려움은 현저하지 않는 것으로 여겨진다.	
Diagnostic Impression	신경심리검사 결과, 환자는 **naming ability**와 함께 관리기능의 저하가 함께 나타나고 있어 **Non-amnestic MCI multiple domain type**이 시사된다.	

Non-amnestic MCI single domain type

이 진단을 부여받기 위해서는 기억력을 제외한 한 가지 인지기능 영역에서 경계선수준(즉, 9%ile 이하)의 기능저하가 관찰되어야 한다. 다음의 세부 항목 기준에 부합하면 naMCI-SD의 진단 기준을 부여할 수 있다. 첫째, 환자나 환자의 보호자에 의해 기억력의 저하가 호소되지 않아도 된다. 둘째, 기억력을 제외한 한 가지 인지 영역에서 경계선 이상 범위(즉, 9%ile 이하)에 해당하여야 한다. 셋째, 전반적인 인지기능은 정상 영역에 속해야 한다. 예를 들면, GDS에서는 2점 혹은 3점 사이에, CDR에서는 0 혹은 0.5에 해당해야 한다. 넷째, 저하된 인지기능으로 인한 기능 저하를 제외하고 대체로 일상생활 능력이 정상 수준에 해당해야 한다. 다섯째, 신경인지장애의 진단기준에 맞지 않아야 한다. 여섯째, BPSD의 존재 유무는 naMCI-SD의 진단에 영향을 주지 않는다. 즉, 망상, 공격성, 좌불안석 등의 증상이 존재하더라도 naMCI-SD의 진단 부여는 가능하다. 마지막으로, 우울증, 불안장애, 조현병, 섬망 등의 정신과적 질병이 인지적 손상에 선행하여 나타났는지의 여부를 살펴보아야 한다.

이름: 노O심	병록번호: 0019724	생년월일: 65/03/06
나이: 50세	성별: 여자	학력(교육년수): 고졸(12년)
손잡이: 오른손	검사자: 임O진	검사기관: OO병원
직업: 회사원	검사일: 2015/ 05/ 06	의뢰의사(과): 장O구(정신)

1. Korea-Mini Mental State Examination (K-MMSE)

총점	29	장소 지남력	5/5
시간 지남력	5/5	주의집중 및 계산	5/5
기억 등록	3/3	그리기	1/1
기억 회상	2/3	언어	8/8

2. Attention

Digit Span	Normal
Letter Cancellation	Normal

3. Language & Related Functions

Spontaneous Speech Fluency	Normal	Spontaneous Speech Contents	Normal
Comprehension	Normal	Repetition	Normal
Naming	Normal		
Reading	Normal	Writing	Normal
Praxis	Ideomotor(Normal)	Buccofacial(Normal)	
Finger Naming	Normal	Body Part Orientation	Normal
Left-Right Orientation	Normal	Calculation	Normal

4. Visuospatial Functions

K-MMSE: Drawing	Normal
RCFT copy	Normal

5. Memory

SVLT	immediate recall	Normal
	delayed recall	Normal
	recognition	Normal
RCFT	immediate recall	Normal
	delayed recall	Normal
	recognition	Normal

6. Frontal / Executive Functions

Motor Impersistence		Normal
Contrasting Program		Normal
Go-No-Go Test		Normal
Fist-Edge-Palm		Normal
Alternating hand movement		Normal
Alternating square & triangle		Normal
Luria Loop		Normal
K-CWST	Word	Borderline
	Color	Borderline
COWAT	Category	Borderline
	Letter	Borderline

7. Activity of Daily Living

IADL															
전화 사용	물건 사기	음식 준비	집안일	대중 교통 이용	근거리 외출	약 먹기	돈 관리	몸단장 및 치장	가전제 품이용	소지품 관리	문단속	약속 지키기	최근일 이야기	여가/ 취미	총점
0	0	0	1	0	0	1	0	0	0	0	0	0	1	1	4

8. Behavioral & Psychological Symptoms of Neurocognitive Disorder

NPI												
망상	환각	초조 /공격성	우울/ 낙담	불안	기분들뜸 /다행감	무감동 /무관심	탈억제	화를 잘냄 /불안정	비정상적인 운동행동	수면	식욕	총점
0	0	0	2	1	0	0	0	1	0	0	0	4

9. Clinical Rating

CDR	GDS
0.5	3

Summary and Recommendation

<table>
<tr><td rowspan="2">Functional Descriptions of Neuropsychological Status</td><td>intact</td><td>- memory
- orientation
- visuospatial functions
- language & related Functions
- attention</td></tr>
<tr><td>Borderline</td><td>- executive functions</td></tr>
<tr><td>Activities of Daily Living</td><td colspan="2">보호자의 보고에 의해 평가하였을 때 환자는 일상생활 수행 상의 어려움은 현저하지 않는 것으로 여겨진다.</td></tr>
<tr><td>Diagnostic Impression</td><td colspan="2">신경심리검사 결과, 환자는 관리기능의 저하가 단독으로 나타나고 있어 Non-amnestic MCI single domain type이 시사된다.</td></tr>
</table>

제11장 동작성 가족화 검사

동작성 가족화 검사(Kinetic Family Drawing: KFD)는 투사적 그림검사(projective drawing)의 한 종류이다. 가족화 검사가 처음으로 만들어질 당시에는 움직이지 않는 가족을 대상으로 하였지만, Burns와 Kaufman(1972)은 '어떤 활동을 하고 있는' 가족의 모습을 그려보도록 지시하여 동작성 가족화 검사가 제작되었다.

1. KFD의 실시

수검자에게 A4 크기의 백지를 연필, 지우개와 함께 제공한다. 종이는 가로로 제공하며 시간제한은 두지 않는다. 수검자를 포함한 가족 전체를 그려보도록 지시하고 반드시 무엇인가를 하고 있는 가족성원을 그리도록 안내한다("너를 포함해서 가족 모두가 무엇인가를 하고 있는 그림을 그려 보아라"). 수검자가 그리기를 마친 뒤 아래의 사후질문을 하고 수검자의 대답을 가감 없이 그대로 기록한다.

- (그림에 포함된 구성원은) 누구인가?
- (그림에 포함된 구성원은) 그림에서 무엇을 하고 있는가?

2. KFD의 구조

KFD 그림을 해석할 때 주의 깊게 점검해야 할 구조적 특징은 가족 구성원의 거리, 누락된 가족 구성원, 가족 구성원의 크기, 가족 구성원을 그리는 데 소요하는 시간, 가족 구성원을 그리는 순서, 가족 구성원의 위치, 행동의 특성 등이다.

(1) 가족 구성원의 위치

KFD 그림을 작성하는 수검자는 흔히 자신을 중심으로 가족 구성원을 배치하여, 어떤 구성원은 수검자와의 거리가 멀고 어떤 구성원은 가깝게 된다. 가족 구성원 간의 물리적 거리는 수검자가 지각하는 가족 구성원 간의 심리적 거리를 반영하기도 하고, 가족 구성원 간의 관계를 자신이 원하는 방식으로 이끌기 위해서 무의식적으로 노력하고 분투하는 과정이 그 물리적 거리에 포함되기도 한다.

KFD 그림에서 수검자와 수검자 부 사이의 거리는 대체로 수검자와 수검자 모 사이의 거리보다 멀다〈그림 11-1〉. 일반적으로 수검자는 수검자 부에 비해 수검자 모를 심리적으로 친근하다고 생각하고 수검자 부와 함께 있을 때보다 수검자 모와 함께 있을 때 심리적으로 편안함을 더 느끼기 때문이다. 그렇지만 수검자가 어렸을 때 부모가 이혼을 하고 수검자 부가 수검자를 양육하며 수검자 모와 수검자는 거의 왕래가 없는 특수한 경우에서 성장하였을 때에도 KFD 상에서 수검자와 수검자 모의 거리는 수검자와 수검자 부의 거리보다 가까운 것을 발견할 수 있다. 이 경우에는 수검자가 수검자 모와의 관계에서 경험하는 결핍감을 보상하기 위해서 무의식적으로 수검자 모와 수검자 간의 간격을 좁혀놓았을 가능성이 있다〈그림 11-2〉.

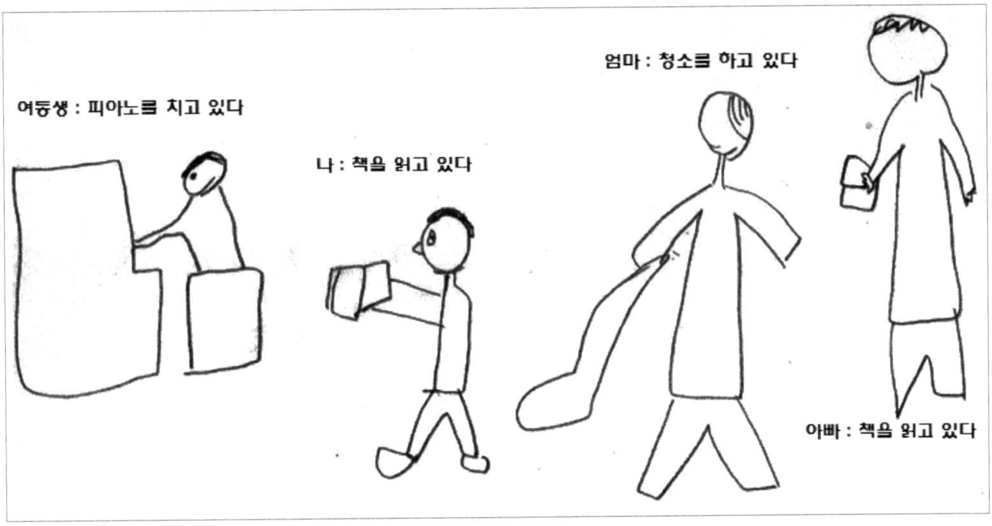

<그림 11-1> 9세 남아의 KFD

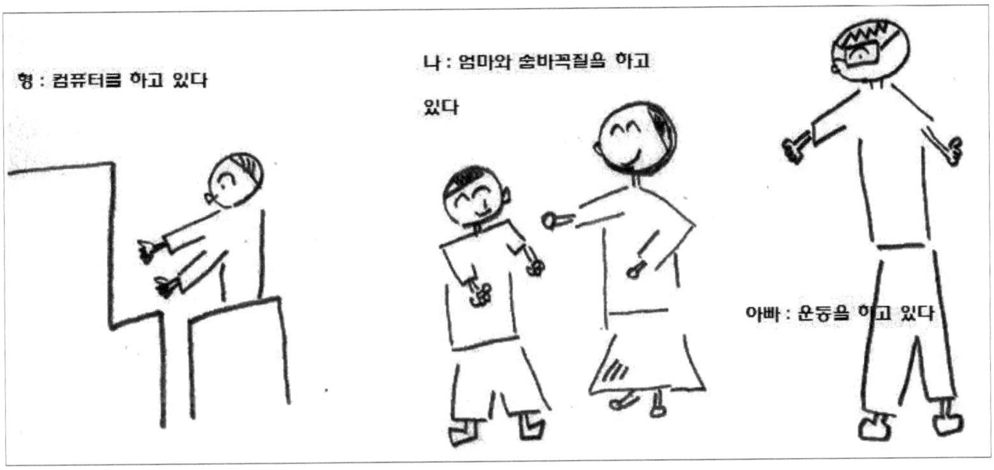

<그림 11-2> 8세 남아의 KFD

KFD 그림에서 '나' 주위에 누가 위치하는가는 가족 내 의사소통의 양상을 보여준다. 항상 수검자 모를 통해서 다른 가족과 소통하는 수검자는 수검자 곁에 수검자 모를 그려 넣을 가능성이 크다. 또는 수검자의 형제를 통해 의사를 교환하는 수검자는 수검자의 형제를 수검자 옆에 위치시킬 수 있다. 이 때 의사소통은 감정 교환과 다름이 아니고 자신의 감정에 공감하는 대상이 바로 수검자 근처에 위치한

가족 구성원이다. 반면 여러 사람을 거쳐서야 수검자와 만날 수 있도록 그려진 가족구성원은 일반적으로 수검자와 감정적 의사소통을 빈번히 하는 사람이 아니거나 수검자가 표현한 감정에 적절한 공감반응을 보이지 않는 사람일 가능성이 크다.

KFD 그림에서 '나'와 멀리 떨어져 있는 가족 구성원은 나에게 실질적으로 혹은 잠재적으로 위협이 되는 존재이다. 평소에는 친근하게 지내다가도 갑작스럽고 예측되지 않는 방식으로 화를 내어 긴장을 불러일으키는 부모와 수검자의 거리는 상대적으로 멀다. KFD 그림에서 표현된 부모와 자녀의 간격은 일정한 거리를 유지하여 부모의 갑작스러운 감정 폭발로부터 자신의 정서상태를 안정적으로 유지하고자 하는 수검자의 동기가 숨어 있다. 그렇지만 비일관적인 양육태도를 나타내는 부모에게 수검자는 전혀 다른 대처방식을 택하기도 하여, 일부 수검자는 수검자 부모와 수검자와의 거리를 매우 가깝게 그리는 모습을 보인다. 부모와 수검자 간의 가까운 거리가 표현된 KFD 그림에서는, 수검자 부모가 자신을 내쳐 버릴지도 모른다는 불안감이 수검자를 압도하여 수검자의 관심과 사랑을 잃어버리지 않겠다는 수검자의 무의식적 의지가 반영되어 있다.

(2) 누락(漏落)된 가족 구성원

검사자는 수검자에게 검사를 지시할 때 가족을 구성하는 모든 구성원을 그리도록 안내한다. 이때 수검자는 보통 현재 함께 거주하고 있는 가족 구성원 모두를 그려 넣는다. 어제 밤에 함께 잠을 자고 오늘 아침에 같은 식탁에서 식사를 하였던 구성원을 KFD 그림에 포함시킨다. 설과 추석의 명절에만 방문하게 되는 친가와 외가의 조부모는 대체로 KFD 그림에서는 제외되고, 함께 생활하는 부모와 형제 그리고 자매가 그림 속에 포함된다. 만약 친조모와 함께 살고 있는 경우에는 친조모가 그림에 들어오고, 부가 외국에서 생활하는 경우에는 KFD 그림에서 부는 존재하지 않는다.

일부 수검자는 엄연히 함께 거주하고 있는 가족 구성원을 KFD 그림에 그려 넣지 않는다. 부모가 제외되는 일은 흔치 않지만 형제, 자매, 남매 등 동기(同氣)가 그림에서 누락되는 일은 비일비재하다. 부모의 양육이 공정하지 못하다고 인식하고 있거나 동기간 경쟁(sibling rivalry)으로 인한 심리적 고통을 경험하고 있는 수검자는 무의식적으로 동기(同氣)를 그림에서 누락시킬 수 있다. 스스로를 차별대우의 희생양이라고 느끼거나 유능한 동기(同氣)를 둔 수검자가 동거하고 있는 동기(同氣)를 그림에서 배제하는 것은 비교적 흔한 일이다.

남아(男兒) 수검자가 버젓이 동거하는 수검자 부를 KFD 그림에서 누락시키는 경우, 수검자에게 수검자 부가 동일시(同一視, Identification)의 대상으로 기능하고 있지 못할 가능성이 존재한다. 알코올 중독에 이환되어 있거나 가정 폭력을 일삼거나 혹은 수검자 모와 부부관계가 원활하지 않은 수검자 부를 수검자는 동일시하기 어렵고, KFD 그림에서 자아의 인격을 형성하는 재료로서 부의 특성을 사용하지 않게 되며, 수검자 부는 수검자에 의해 KFD 그림에서 배제된다.

여아(女兒) 수검자가 함께 거주하는 수검자 모를 KFD 그림에서 누락시키는 것과 수검자모와의 동일시 과정에서 실패하는 것은 관련 있다. 엘렉트라 콤플렉스를 극복하기 위해 필요한 동일시 과정에서 온정적이지 않고 공감적이지 않는 모의 양육태도로 인하여 여아 수검자는 모를 동일시하기 어려워하며 KFD 그림에서 수검자 모를 누락하게 된다.

(3) 가족 구성원의 크기

KFD 그림에 포함되는 가족 구성원 그림의 크기는 대체로 실제 크기와 비례하여, 수검자 부, 수검자 모, 수검자의 형 · 누나 · 언니, 수검자, 수검자의 동생 순으로 그림의 크기가 크다. 일부 수검자의 경우, 크기 순서가 왜곡되기도 한다. 〈그림 11-3〉과 같이 어떤 수검자의 경우 실제 크기와는 달리 자신의 그림 크기가 형의 그림 크기보다 크기도 하고, 자신의 모습을 지나치게 작은 크기로 묘사하기도 한다.

수검자 자신의 그림 크기가 실제와는 달리 지나치게 클 경우, 이는 수검자의 우월욕구와 성취욕구가 반영되었을 가능성이 존재한다. 과장된 크기의 그림은 열등콤플렉스를 극복하기 위하여 보상행동을 행하는 수검자의 모습과 관련될 수 있다. 반면, 수검자 자신의 그림 크기가 실제와는 달리 현저히 작을 경우, 그림의 왜곡에는 수검자의 의존동기가 담겨져 있을 지도 모른다. 부모와 형 · 누나 · 언니로부터 보호받고 그들에게 의지하려는 의존적 동기가 그림의 크기 왜곡으로 나타나기도 한다.

<그림 20-3> 10세 남아의 KFD

(4) 가족 구성원을 그리는 데 소요하는 시간

일반적으로 KFD 검사의 등장인물 중에서 가장 많은 시간을 소요하는 사람은 수검자에게 가장 중요한 사람이고 가장 큰 관심의 대상이다. 가장 많은 시간을 들여 그리는 그 사람을 가장 먼저 그리거나 아니면 가장 나중에 그릴 경우에는 더더욱 그렇다. 그 가족 구성원은 공을 들여 그리기 때문에 세부묘사가 많아지고 여러 번 덧칠해서 그리기도 한다.

일부 남아 수검자는 수검자 부를 그려 넣을 때 가장 많은 시간을 투여한다. 특히 힘이 세고 덩치가 크며 역동적인 움직임을 하는 수검자 부를 묘사할 때 소요되는 시간이 가장 길다. 수검자 부를 그려 넣을 때 가장 많은 시간을 소요하는 것은 수검자 부가 수검자의 주 관심사이기 때문이다. 실제 존재하는 수검자 부에 대한 관심이 많을 수도 있지만 수검자가 소망하는 '수검자 부' 혹은 수검자가 미래에 되고자 하는 '수검자 부'의 모습에 관심이 많을 것이다. 일부 여아 수검자는 수검자 모를 그릴 때 긴 시간을 사용한다. 여아 수검자는 가장 긴 시간을 들여 긴 머리와 큰 눈을 갖고 아름다운 외모를 지닌 수검자 모를 묘사하며 이는 여아 수검자에게 수검자 모의 모습이 장래 수검자가 원하는 자신의 모습과 근접해있다고 무의식적으로 생각하기 때문이다.

(5) 가족 구성원을 그리는 순서

일반적으로 KFD 그림을 그릴 때 가장 먼저 그리는 대상은 가장 많은 시간을 할애하는 대상이며 현재 수검자에게 관심을 가장 많이 받고 있는 대상일 가능성이 크다. 수검자 모를 먼저 그리는 수검자는 현재 온정과 보호의 욕구가 큰 상태인 것으로 짐작되고, 수검자 부를 먼저 그리는 수검자는 성취와 자율 그리고 주도성의 욕구가 큰 상태인 것으로 여겨진다.

수검자의 형제, 자매, 남매 등 동기를 먼저 그리고 부모를 나중에 그려 넣는 경우에는 부모의 양육태도에 수검자가 간접적이고 수동적인 저항을 하는 것으로 해석될 수 있다. 당연히 당신을 먼저 그리고 크게 묘사할 것이라는 부모의 기대를 배반하고 그들을 실망시키고자 하는 수검자의 욕구가 그러한 행동의 이면에 도사리고 있다. 혹은 수검자의 동기가 수검자가 선망하는 대상인 경우에도 수검자의 동기가 먼저 그려질 수 있다. 동기간 경쟁에서 승리할 것이 요원한 수검자가 그와의 승부를 포기하고자 하는 마음이 담겨질 수도 있다.

(6) 가족 구성원의 분할

KFD 그림에 등장하는 가족 구성원은 종종 구획화된다. 수검자는 가족 구성원을 둘 이상의 집단으로 분할한다. 수검자와 수검자 모가 한 집단, 수검자 부와 수검자의 동기가 다른 집단을 구성하기도 하고, 수검자와 수검자 부가 한 집단, 수검자

모와 수검자의 동기가 다른 집단을 이루기도 한다. 때로는 수검자가 다른 구성원에게 포위된 형상을 띠기도 하고, 수검자의 동기가 다른 구성원에 의해 배제되기도 한다.

이러한 분할과 구획은 수검자가 지각한 가족의 모습이어서 실제 가족의 모습과는 거리가 있을 수 있다. 그리고 이러한 인식과 지각은 수검자의 욕구와 동기에서 말미암는다. 〈그림 11-4〉와 같이 (실제로는) 부모의 사랑을 독차지하고 있는 남동생은 (실제와는 달리) 수검자와 수검자 부모에 의해 배제되어 KFD 그림에 등장한다. (실제로는) 남동생을 미워하는 수검자는 (실제와는 달리) 수검자의 남동생과 같은 구역에서 존재하기도 한다.

<그림 11-4> 8세 남아의 KFD

수검자와 수검자 부가 한 집단으로 구획되고 수검자 모가 다른 집단으로 구획될 경우, 이는 수검자와 수검자 부가 실제 긍정적인 유대관계를 맺고 있고, 수검자 모

가 수검자 부와 사이가 좋지 않은 동시에 수검자와 수검자 모와도 좋은 관계를 유지하고 있지 못한 실제 가족 구도가 반영될 수 있다. 이 경우 가족의 모습에 대한 수검자의 지각과 실제 가족의 양상이 일치하는 경우이다.

반면, 수검자가 수검자 모와의 부정적 관계를 맺고 있는 상황에서 수검자 부를 자신의 편이라고 지각함으로써 수검자 모를 고립시키고자 할 때에도 수검자는 상기의 구도로 가족을 묘사할 수 있다. 이 경우 수검자와 수검자 모와의 관계는 실제 가족의 모습과 일치하지만 수검자 모와 수검자 부와의 관계에 대한 수검자의 지각은 오류를 보인다.

구획과 분할의 양상은 다양하다. 가옥 내 한 방에 한 무리의 가족이 머무르고 다른 방에 다른 집단의 가족이 기거하기도 하고, 한 집단의 구성원은 협업적인 활동을 함께 하고 있으나 한 집단의 구성원은 그 집단으로부터 떨어져서 홀로 활동하기도 한다. 혹은 한 집단의 구성원이 앉아 있는 방향과는 다른 방향으로 다른 집단의 구성원은 등지고 앉기도 하고, 한 집단의 구성원은 비슷한 외모와 유사한 옷차림을 하고 있으나 다른 집단의 구성원은 전혀 다른 외모와 옷차림으로 대극(對極)을 이루기도 한다.

(7) 가족 구성원의 행동

KFD 그림에서 'K'는 Kinetic을 의미하고 이는 '움직이는' 혹은 '행동하는'이라고 번역할 수 있다. 따라서 KFD 검사의 가족 구성원은 어떤 행동을 한다. 이 행동은 크게 상호작용 행동과 개별 행동으로 구분할 수 있고, 상호작용 행동은 다시 협동적 행동과 경쟁적 행동으로 나눌 수 있다. 예를 들어, '나는 책을 읽고 있다'는 개별 행동이고, '아빠와 내가 함께 송편을 만들고 있다'고 수검자가 묘사하였다면, 이 행동은 상호작용 행동이면서 협동적 행동이며, '나와 형이 함께 레슬링을 하고 있다'는 수검자의 묘사는 상호작용 행동 중에서 경쟁적 행동을 나타낸다.

가족 내에서 충분히 자율성의 욕구를 충족하고 있지 못한 수검자가 그린 개별 행동에는 부모의 간섭 없이 생활하고 싶은 욕구가 반영될 수 있고, 가족 내에서 따뜻한 사랑과 관심을 받고 있지 못한 수검자의 개별 행동 묘사에는 현재의 자신의 상황에 대한 고통감이 드러날 수 있다. 동기와 부모 사이의 밀접한 상호작용과 수검자의 개별 행동이 함께 표현되어 있다면 가정 내에서 경험하고 있는 수검자의 소외감과 외로움이 그 행동을 통해 드러날 가능성이 있다.

가족의 다른 구성원과 수검자가 함께하는 협동적인 상호작용 행동이 KFD 그림 속에서 표현되어 있다면, 이는 가족 내에서 경험하고 있는 소외감과 고독감을 극복하고자 하는 수검자의 노력이 반영되었거나 가족 내 다른 구성원을 배제하고자 하는 의도가 숨어 있을 수 있다. 만약 개별 행동을 보이는 수검자의 동기(同氣)가 KFD 그림 내에 등장한다면 수검자의 '배제 동기'가 협동적인 상호작용 행동의 이면에 숨겨져 있다는 추론에 보다 힘이 실릴 것이다.

KFD 그림 속에서 가족의 다른 구성원과 수검자의 경쟁적인 상호작용 행동이 표현되었다면, 그 구성원으로 인해 유발되는 열등감을 극복하여 자신의 자존감을 회복하고자 하는 수검자의 의지가 그 그림에 드러날 수 있다. 예를 들어, 한 남아가 KFD 그림에서 '아빠와 그림 그리기 대결을 하고 있다'고 표현하였다면, 신체적인 능력에서 우위를 점한 수검자 부에 대한 수검자의 열등감과 함께 수검자에게 유리한(혹은, 유리하다고 생각하는) 그림 그리기 대결을 통해서 그 열등감을 극복하고자 하는 수검자의 노력이 그 그림에 담겨져 있을 수 있다.

행동은 능동적 행동과 수동적 행동으로 구분될 수 있다. 능동적 행동은 다른 외부적 원인에 의해 이끌리지 않고 스스로의 의지에 의해 시작한 행동을 의미하며, 수동적 행동은 스스로 일으킨 것이 아니라 다른 것의 힘에 의해서 유발된 행동을 뜻한다. 예를 들어, '엄마가 시켜서 공부를 하고 있는 나'와 '아빠가 무서워서 청소를 하고 있는 나'에서 수검자의 행동은 수동적 행동이며, '엄마가 힘들 것 같아서 빨래를 대신 널어주고 있는 나', '피곤한 아빠를 위해서 어깨를 주물러주고 있는 나'에서 수검자의 행동은 능동적 행동이다.

수검자는 가족 내에서 경쟁 관계에 놓여 있는 구성원이나 분노감을 경험하고 있는 구성원을 KFD 그림 내에서 수동적 행동을 보이도록 표현할 수 있다. 예를 들어, 모든 면에 있어 자신보다 월등한 모습을 보이는 동기에 대해서 '시험에 대한 걱정 때문에 공부를 하고 있는 형'이라고 표현하거나, 자신에게 가혹한 훈계를 한다고 생각하는 모에 대해서 '피곤해서 잠을 자고 있는 엄마'라고 표현할 수 있다.

수검자의 수동적 행동에는 자신의 고통을 (검사자를 포함한) 타인에게 널리 알리고 싶은 욕구가 포함되기도 하고, 능동적 행동에는 자신의 고통을 타인에게 알리고 싶지 않은 마음이 투영되기도 한다. 예를 들어, '엄마에 의해서 하루 종일 공부만 하고 있는 나'를 표현한 KFD 그림에는 학업과 관련된 고통과 모에 대한 반감을 타인에게 전하려는 욕구가 반영될 수 있고, '아픈 엄마를 위해서 물을 떠다주는 나'를 표현한 KFD 그림에는 엄마의 방임적 양육으로 인한 고통과 모에 대한 반감을 숨기려는 의도가 투영될 수 있다.

제12장 성격강점검사

1. 긍정심리학과 성격강점

Seligman(2002)에 의하면, 긍정상태, 긍정특질, 긍정기관 등이 긍정심리학의 3가지 주요 연구주제이다. 이 중 긍정특질을 다른 말로 미덕(virtue)이라고 하며, 이는 고대 그리스의 철학자들이 관심을 가졌던 절제, 중용 등으로부터 시작되어 중세시대 아퀴나스와 같은 기독교 이론가들이 이어받은 개념이다. 불교, 도교, 유교 등의 종교의 경전에도 서구의 미덕에 상응하는 긍정특질이 존재하며 불교의 자비, 도교의 무위, 유교의 4덕 등이 이에 해당한다(권석만, 2011).

Peterson과 Seligman(2004)은 서구와 동양의 고전과 경전에서 공통적으로 발견되는 긍정특질을 모아서 이를 성격강점(character strengths)이라 일컬었으며 24개 성격강점과 성격강점의 상위요인에 해당하는 6개 미덕으로 구성된 성격강점과 미덕의 체계를 구성하였다. 성격강점검사(character strengths test)는 Peterson과 Seligman(2004)의 이론에 근거하여 권석만 등(2010)이 한국인에게 적합한 240개 문항으로 구성한 척도이다.

2. 성격강점의 종류

창의성(creativity): 창의성은 이미 지니고 있는 지식과 기술을 새로운 상황에 적용할 수 있는 능력을 의미한다. 창의성의 강점을 지니고 있는 수검자는 창의성의 원재료라고 할 수 있는 지식과 기술을 보유하고 있고, 다른 사람이 미처 생각하지 못한 것을 창출하려는 의지와 열의를 지니고 있으며, 자신이 발견한 창의적인 아이디어를 타인에게 전달할 수 있는 소통능력을 갖고 있다.

성격강점검사에 포함된 창의성 문항의 예는 아래와 같다.

· 나는 늘 독창적인 아이디어를 지니고 있다.
· 새로운 아이디어의 개발이 중요한 직업을 갖고 싶다.
· 나는 어떤 일을 하든지 새로운 방식으로 하고 싶다.

호기심(curiosity): 호기심은 내가 갖고 있는 지식 및 정보와 어긋나는 새로운 현상과 상황에 접했을 때 그 차이를 없앰으로써 이미 갖고 있는 지식과 정보의 수준을 끌어올리려는 노력을 의미한다. 호기심을 지닌 수검자는 삶에서 항상 흥밋거리를 발견해 낼 수 있고, 생활에서 의문점을 만들어내어 그 해답을 찾으며, 새롭게 배우고 학습한 내용에 담긴 내재적인 만족감을 누린다.

성격강점검사에 포함된 호기심 문항의 예는 아래와 같다.

· 흥미 있는 활동을 하느라 항상 바쁘다.
· 재미있는 것을 하느라 지루할 틈이 없나.
· 남들은 지루해하는 것에도 나는 흥밋거리를 발견하곤 한다.

개방성(openness): 개방성은 내가 지니고 있는 기존의 견해나 관점에 반하는 새로운 견해와 관점이 등장했을 때 이를 거부하거나 비난하지 않고 수용할 수 있는 능력을 의미한다. 개방성을 지니고 있는 수검자는 자신에게 위협적인 정보나 견해를 회피하거나 억압하지 않고, 자신의 견해에 대해서 항상 자기비판적 자세를 지니고 있으며, 훌륭한 인격은 새로운 증거에 따라 기존의 견해를 수정하는 능력에 달려있다는 신념을 지니고 있다.

성격강점검사에 포함된 개방성 문항의 예는 아래와 같다.

· 나는 어떤 일이든 장단점을 고루 검토하는 시간을 갖는다.
· 나는 항상 어떤 문제의 양면을 살펴본다.
· 나는 문제를 비판적으로 검토한 뒤에야 결정을 내린다.

학구열(love of learning): 학구열은 학습에 따른 구체적이고 직접적인 외적 보상이 없음에도 불구하고 배우는 것이 주는 내재적 즐거움으로 인해 학습을 하려는 동기를 뜻한다. 학구열의 강점을 갖고 있는 수검자는 배움의 과정에 빠져 시간가는 줄 모르는 경험을 할 때가 많고, 학습과제에 대해서 유능감을 경험하고 있으며, 학습과제의 학습방법과 학습과정이 개인의 자율적 선택 하에 놓여 있을 가능성이 크다.

성격강점검사에 포함된 학구열 문항의 예는 아래와 같다.

· 내 손에는 항상 책이 떨어지지 않는다.
· 여가시간에는 도서관이나 서점에 가곤 한다.
· 서점에서 책을 읽으며 시간을 보내는 것이 즐겁다.

지혜(wisdom): 지혜는 어떤 상황을 객관적인 시각에서 바라보며 결정내리기 어려운 상황에 처해있는 사람에게 슬기로운 조언을 해 줄 수 있는 능력을 뜻한다. 지혜의 강점을 지닌 수검자는 다른 사람의 관점에서 상황을 바라볼 수 있는 능력을 지녔고, 현실 생활에서 발생하는 다양한 문제를 해결하는 능력을 가졌으며, 개인적 이익과 사회적 이익을 함께 고려하여 공동선(共同善)을 추구하려는 의지를 보유하고 있다.

성격강점검사에 포함된 지혜 문항의 예는 아래와 같다.

· 나는 미래에 대한 폭넓은 전망과 시각으로 현재를 바라본다.
· 나는 보다 넓은 시각에서 어떤 일을 바라보는 능력을 갖고 있다.
· 세계를 성숙한 시각으로 바라보는 나의 능력을 가치 있게 생각한다.

사랑(love): 사랑은 타인과 사랑을 주고받을 수 있는 능력과 사람 사이에서 친근함을 유지할 수 있는 능력을 뜻한다. 사랑의 강점을 지닌 수검자는 타인에게 자기공개를 편하게 할 수 있고, 타인이 자기공개를 했을 때 수용적이고 호의적으로 반응하며, 타인으로부터 인정과 이해를 받고 있다는 믿음을 지니고 있다.

성격강점검사에 포함된 사랑 문항의 예는 아래와 같다.

· 나는 누군가에게 매우 소중한 사람이다.
· 끝까지 내 편이 되어줄 사람이 있다.
· 내 주변은 사랑과 친밀함으로 가득하다.

친절(kindness): 친절은 대가를 기대하지 않고 타인의 복리를 위해서 선행을 베풀 수 있는 능력을 의미한다. 친절의 강점을 지닌 수검자는 친절행동이 가져다주는 긍정적인 결과에 대한 믿음을 지니고 있고, 자신의 행복에 타인의 도움이 크게 작용했다는 점을 인식하고 있으며, 친절한 행동을 통해서 타인과 교류하는 기술을 보유한 사람이다.

성격강점검사에 포함된 친절 문항의 예는 아래와 같다.

· 나는 친구들에게 호의를 베푸는 것을 좋아한다.
· 나는 다른 사람에게 친절을 베푸는 것을 좋아한다.
· 주변 사람들이 어려운 일을 당하면 항상 위로한다.

사회지능(social intelligence): 사회지능은 자신과 타인의 마음상태와 동기를 잘 이해하며 사회적 상황에서 적절한 행동을 선택할 수 있는 능력을 뜻한다. 사회지능의 강점을 가진 수검자는 사회적 행동에 영향을 미치는 요인을 잘 이해하고 있고, 대인관계에서 발생하는 미래의 사건들을 예측할 수 있으며, 다양한 사회적 행동의 관계를 파악할 수 있다.

성격강점검사에 포함된 사회지능 문항의 예는 아래와 같다.

· 친구들은 나에 대해 사교술이 뛰어나다고 평한다.
· 나는 다른 사람을 기분 좋게 하는 방법을 알고 있다.

· 난 처음 만난 사람과도 잘 어울린다.

용감성(bravery): 용감성은 어떤 행동에 따른 반대와 피해가 예상됨에도 불구하고 그 행동을 할 수 있는 능력을 의미한다. 용감성의 강점을 지닌 수검자는 용감성 있는 행동 이후에 발생하는 개인적 손해를 견딜 수 있는 인내력을 지니고 있고, 공포와 불안의 부정적 감정을 회피하지 않고 직면하는 인지적 전략을 보유하고 있으며, 개인적이고 세속적인 이익을 희생하고 지켜야할 고귀하고 품위 있는 가치가 내면에 존재하는 사람이다.

성격강점검사에 포함된 용감성 문항의 예는 아래와 같다.

· 나는 어려운 여건에서도 의지를 굽히지 않는다.
· 난 고통과 역경을 극복해 왔다.
· 격렬한 반대에 부딪혀도 굴복하지 않는다.

끈기(persistence): 끈기는 어떤 목표를 추구함에 있어서 외적인 유혹과 압력에도 불구하고 이미 시작한 일은 마무리 짓는 능력을 의미한다. 끈기의 강점을 지니고 있는 수검자는 노력으로 설정한 목표에 도달할 수 있다는 낙관적인 태도를 갖고 있고, 목표추구 과정에서 접하게 되는 여러 스트레스 원(原)으로부터 자신을 보호할 수 있는 강인성을 지니고 있으며, 일상생활에서 경험하는 다양한 실패상황에서 실패의 원인을 자신의 노력부족으로 귀인하는 태도를 가졌다.

성격강점검사에 포함된 끈기 문항의 예는 아래와 같다.

· 나는 끈기 있는 사람이다.
· 나는 한 번 시작한 것을 끝내고 만다.
· 나는 성실히 일하는 사람이다.

진실성(authenticity): 진실성은 자신을 솔직히 드러내고 거짓 없이 자신의 생각을 표현하는 능력을 의미한다. 진실성의 강점을 지닌 수검자는 내면적 태도와 외면적 행동 사이의 차이를 최소한으로 줄이려고 애쓰고, 동조의 압력에도 불구하고 타인과 일치하지 않는 자신의 속마음을 겉으로 드러내며, 소외의 두려움을 이겨내어 사회가 원하는 모습으로 자신을 꾸미지 않으려는 의지를 지니고 있다.

성격강점검사에 포함된 진실성 문항의 예는 아래와 같다.

· 친구들은 내가 솔직한 사람이라고 평한다.
· 내 감정을 솔직하게 표현하는 편이다.
· 솔직한 행동과 말은 나의 장점이다.

활력(vitality): 활력은 피곤과 나태의 순간에도 열정과 열의를 유지한 채 일상의 삶에 접하는 능력과 태도를 의미한다. 활력의 강점을 지닌 수검자는 외재적 강화물을 기대하기 보다는 내재적 동기에 따라 어떤 일에 임하고, 무엇인가를 피하려는 목표가 아니라 무엇인가를 이루려고 하는 목표를 지니며, 내·외적 압력에 의해 어떤 일을 억지로 하기보다는 자발적이고 자율적인 선택에 의해 고유의 목표를 추구한다.

성격강점검사에 포함된 활력 문항의 예는 아래와 같다.

· 나는 좋아하는 일을 열정적으로 하고 있다.
· 정열적으로 일에 매진할 때 가장 행복하다.
· 오늘도 내게 주어진 일에 최선을 다한다.

겸손(modesty): 겸손은 자신을 겉으로 드러내려는 욕구를 억제하는 능력을 의미한다. 겸손의 장점을 지닌 수검자는 과거 다양한 상실과 좌절의 경험을 지니고 있고, 단기적으로 타인의 호감을 얻기는 어려울 수는 있으나 장기적으로는 타인으로부터 긍정적인 피드백을 얻을 수 있으며, 자신의 긍정적 측면과 부정적 측면을 조화롭게 인식하는 능력을 지니고 있다.

성격강점검사에 포함된 겸손 문항의 예는 아래와 같다.

· 나는 평소에 우쭐거리지 않고 자세를 낮춘다.
· 나는 내가 이룬 것에 대해서 떠벌리지 않는다.

· 나의 능력이나 성과를 과장해서 말하지 않는다.

신중성(prudence): 신중성은 선택 상황에서 나중에 후회하지 않도록 조심해서 결정하는 능력을 뜻한다. 신중성의 강점을 지닌 수검자는 다양한 해답지를 지닌 문제 상황에서 가능한 여러 가지 방안을 생각해보는 인지양식을 지녔고, 모호한 지식에 기대지 않고 정확한 사실에 초점을 두어 대안을 평가하는 합리적 태도를 보이며, 현재의 결정이 야기하는 미래의 결과를 미리 예측해본 뒤 이익과 손해를 점검하는 의사결정 전략을 추구한다.

성격강점검사에 포함된 신중성 문항의 예는 아래와 같다.

· 나는 항상 신중하게 결정을 내린다.
· 나는 깊이 생각한 후에 말하는 편이다.
· 나의 행동이 다른 사람에게 상처가 되지 않게 하려고 조심한다.

용서(forgiveness): 용서는 피해를 입었을 때 가해자에게 앙갚음을 하고 싶은 마음에도 불구하고 복수의 의도를 버리는 능력을 뜻한다. 용서의 강점을 지닌 수검자는 과거 타인으로부터 자신의 잘못된 행동을 용서받은 경험을 지니고 있고, 가해자의 동기와 마음을 이해하는 공감능력을 갖고 있으며, 용서행위의 효과에 대해 긍정적인 신념을 갖고 있다.

성격강점검사에 포함된 용서 문항의 예는 아래와 같다.

· 앙심을 품는 것보다는 용서하는 편이 낫다고 생각한다.
· 다른 사람의 실수를 용서하려고 애쓴다.
· 다른 사람의 잘못을 용서하고 잊어버리는 것이 최선이다.

자기조절(self regulation): 자기조절은 자신의 충동과 감정 및 욕구를 지나치지 않도록 조절하는 능력을 뜻한다. 자기조절의 강점을 지닌 수검자는 자기내면에서 진행되고 있는 감정과 욕구의 흐름을 정확하게 파악하고, 자기조절에 필요한 자기조절 역량을 효율적으로 관리하고 배분하며, 자신의 단점과 약점을 인식한 뒤 이를 세상의 요구와 적절히 조화시키는 능력을 지닌 사람이다.

성격강점검사에 포함된 자기조절 문항의 예는 아래와 같다.

· 다른 사람들은 나를 자제력이 강한 사람이라고 이야기한다.
· 나는 스스로를 잘 통제하는 편이다.
· 다른 사람들은 내 생활습관이 안정되어 있다고 이야기한다.

공정성(fairness): 공정성은 편견과 편애를 억누르고 모든 사람을 동등하게 대하고 균일한 기회를 줄 수 있는 능력을 뜻한다. 공정성의 강점을 지닌 수검자는 지역과 문화, 성별과 사회적 지위에 따라 타인을 차별하지 않고, 자신이 속한 집단의 구성원이 편견과 차별로 인하여 배제되는 것을 허용하지 않으며, 공적인 임무와 사적인 관계를 철저히 구분하여 공명정대하고 공평무사한 업무 자세를 지닌 사람이다.

성격강점검사에 포함된 공정성 문항의 예는 아래와 같다.

· 나는 사람들을 편애하지 않으려 애쓴다.
· 나는 모든 사람을 동등하게 대하려고 노력한다.
· 비록 어떤 사람을 좋아하지 않더라도 그를 공평하게 대한다.

시민정신(citizenship): 시민정신은 내가 속한 공동체의 이익을 위해서 내 개인의 이익을 억제하는 능력을 의미한다. 시민정신의 강점을 지닌 수검자는 성장기에 다양한 공동체 활동과 봉사활동에 참여한 경험이 있고, 자신이 소속된 공동체를 자기 정체성의 일부로 여기며, 공동체의 번영과 발전이 개인의 영달과 이익에 우선한다는 가치를 지니고 있다.

성격강점검사에 포함된 시민정신 문항의 예는 아래와 같다.

· 나는 주변 사람들과 더불어 성장하려고 노력한다.
· 다른 사람들과 힘을 합쳐서 어떤 일을 이뤄내는 것이 즐겁다.
· 나는 내가 속한 모임에서 충직하다는 평을 듣는다.

시민정신은 스포츠 경기에서 강조하는 팀워크 및 팀플레이와 긴밀한 관련성을 지니고 있고, 청소년기에 축구, 농구, 야구 등의 스포츠 팀에 소속되어 스포츠 경기에 자주 참여할수록 시민정신의 수준도 상승되는 것으로 알려져 있다. 포지션이 '골키퍼'인 김병지 프로축구 선수의 다음과 같은 말은 스포츠 경기를 통해서 길러진 시민정신을 반영한다.

"젊었을 때는 4대 3으로 이기는 것보다 0대 0으로 비기는 것이 더 좋을 때가 많았어요. 이제는 달라졌어요. 팀이 0대 0으로 비기는 것보다 5대 4가 되더라도 팀이 승리하는 것이 더 중요하죠."[1)]

리더십(leadership): 리더십은 집단활동을 조직하고 이를 운용하는 능력을 의미한다. 리더십의 강점을 지닌 수검자는 구성원을 배려하여 집단의 구성원이 모두 좋은 관계를 유지하도록 힘쓰고 구성원에게 동기를 부여하여 맡은 바 역할을 충실히 해낼 수 있도록 관리할 수 있다.

성격강점검사에 포함된 리더십 문항의 예는 아래와 같다.

· 다른 사람들은 내가 리더십이 강하다는 이야기를 자주 한다.
· 나는 집단을 결속시키는 능력을 가지고 있다.
· 나는 어떤 모임에서든지 리더가 되는 경향이 있다.

감사(gratitude): 감사는 일상생활에서 타인의 도움을 찾아내어 고마움을 느끼는 능력을 의미한다. 감사의 강점을 지닌 수검자는 고통과 절망의 순간에서도 긍정적인 면을 찾아내는 능력을 지녔고, 사소한 타인의 도움과 배려에 대해서도 큰 고마움을 경험하며, 자신의 노력으로 성취한 모든 것이 타인의 도움 없이는 존재하지 않았을 것이라고 믿는다.

성격강점검사에 포함된 감사 문항의 예는 아래와 같다.

---

1) 출처: 미디어다음 · 대망의 700경기 김병지, "내 뒤에 공은 없다"

· 내가 받은 축복을 헤아려보면, 나는 참 행복한 사람이다.
· 내 삶을 돌이켜 볼 때 감사해야 할 일들이 많다.
· 살아오는 동안 내가 받은 것들에 대해서 감사한다.

낙관성(optimism): 낙관성은 힘든 상황에서도 미래에 긍정적인 일이 생길 것이라고 예상하는 능력을 뜻한다. 낙관성의 강점을 지닌 수검자는 목표를 성취하기 위해서 밟아야할 구체적인 과정에 대해 면밀히 분석하고, 궁극적 목표에 대한 인식과 구체적 과정에 대한 설계를 통해서 스스로 동기부여를 한다. 아울러 낙관적인 수검자는 부정적인 사건에 대해 그 원인을 특수적(specific), 외부적(external), 불안정한(unstable) 요인으로 돌리는 경향을 지녔다.

성격강점검사에 포함된 낙관성 문항의 예는 아래와 같다.

· 나는 실패하더라도 미래를 낙관적으로 보는 편이다.
· 현재 어려움을 겪고 있더라도, 나는 미래에 대해서 희망적이다.
· 나는 언제나 잘 될 것이라고 생각한다.

심미안(appreciation of beauty): 심미안(審美眼)은 어떤 대상에서 미(美)를 찾아내는 능력을 뜻한다. 자연, 예술작품, 지식과 기술, 도덕적 행위나 성품 등 심미안을 지닌 수검자가 관심을 깇는 대상은 다양하나. 사연에 대한 심미안을 지닌 수검자는 계절에 따른 자연의 변화, 나무 · 꽃 · 산 · 바위 · 바다 · 숲 · 개울의 풍경, 이른 아침과 늦은 저녁 하늘의 모습, 눈과 비가 내리는 움직임 등이 지닌 아름다움을 찾아낸다. 예술작품에 대한 심미안을 지닌 수검자는 이끼가 뒤덮인 석탑, 대성당의 벽화, 묵향 가득한 산수화 등이 제공하는 정취를 즐기며, 지식과 기술에 대한 심미안을 가진 수검자는 드 가의 정리(Théorème de Gua), 일반상대성이론(General Theory of Relativity) 등의 수학 · 물리학 이론이 지니는 논리성과 정교함에 매료될 수 있다. 마지막으로 도덕적 심미안을 지닌 수검자는 고귀한 품성을 지닌 사람에게서 선함의 아름다움을 찾아 그를 흠모하게 된다.

성격강점검사에 포함된 심미안 문항의 예는 아래와 같다.

· 아름다운 것을 보면 깊은 감동을 느낀다.
· 자연이 빚어내는 경이로운 장면에 매료되는 때가 많다.
· 훌륭한 작품을 감상하면서 가슴이 벅차오르는 경험을 자주 한다.

유머(humor): 유머는 일상적인 생활에서 웃음거리를 포착하여 남을 웃게 하는 능력을 뜻한다. 유머를 지닌 수검자는 불행과 좌절의 순간에 항상 동반하게 되는 역설과 모순의 요소를 간파함으로써 부정정서의 경험을 줄이고, 지나치거나 부족한 각성 상태에 놓여 있는 대인관계를 적절한 수준으로 유지하도록 하며, 목표 지향적인 삶의 태도가 간과하기 쉬운 현실 지향적인 유희적 상태의 중요성을 일깨운다.

성격강점검사에 포함된 유머 문항의 예는 아래와 같다.

· 유머는 나의 삶에 윤활유 역할을 하고 있다.
· 나는 무슨 말을 하든지 유머를 곁들이려고 노력한다.
· 내가 유머감각과 여유를 갖고 있다는 것이 자랑스럽다.

영성(spirituality): 영성은 현실 생활에서 영적 존재의 영향력을 찾아내는 능력을 의미한다. 영성의 강점을 지니고 있는 수검자는 일상의 삶에 뚜렷하고 분명한 방향성과 목표의식을 지니고 있고, 일상의 사소한 사건과 대인관계의 편린에 중요하고 가치 있는 의미를 부여하는 태도를 갖고 있으며, 정서적 자극들을 회피하거나 거부하지 않으면서 내적 충일감과 통제감을 경험한다.

성격강점검사에 포함된 영성 문항의 예는 아래와 같다.

· 나는 절대적인 힘 또는 신의 존재를 믿는다.
· 나는 종교적인 수행을 게을리 하지 않는다.
· 나는 현재 종교적 수행(명상이나 기도 등)을 한 가지 이상 하고 있다.

3. 대표강점의 활용방법

대표강점(signature strengths)은 수검자별로 다섯 개씩 갖고 있는 성격강점을 의미하며, 24개 성격강점을 개인내적으로 비교하였을 때 상위 5위 이내에 해당하는 성격강점을 뜻한다. 성격강점검사를 실시한 수검자는 자신의 대표강점을 일상생활에서 활용하는 방법에 대해서 다음과 같이 안내받는다(Rashid & Anjum, 2005).

창의성(creativity)

1. 매주 일터 혹은 흥미를 느끼는 분야에서 귀하의 고유 아이디어를 만들어냅니다.
2. 매주 독창적인 방법으로 한 가지 이상의 과제를 수행합니다.
3. 매주 열정을 갖고 있는 분야와 관계된 단편소설 · 수필 · 시를 쓰거나 그림을 그립니다.
4. 해결하기 어려운 과제를 극복하도록 이끈 동료들의 아이디어를 모은 수첩을 만듭니다.
5. 매주 한 시간 씩 동료들과 함께 브레인스토밍(brainstorming)의 시간을 가집니다.

호기심(curiosity)

1. 매일 새로운 정보를 얻어야 하는 직업을 선택합니다.
2. 매주 한 시간씩 관심분야와 관련된 지식을 넓히는 시간을 마련합니다.
3. 매주 한 번씩 관심분야가 같은 사람이 지식을 쌓는 방법을 관찰합니다.
4. 매주 한 번씩 귀하와 전혀 다른 문화적 배경을 가진 사람을 만납니다.
5. 매달 한 번씩 아직까지 가보지 못한 도시를 방문합니다.

개방성(openness)

1. 지난 주 귀하가 결정한 행동에 대해 다른 대안을 하나 생각해 봅니다.

2. 매주 한 번씩 귀하가 결정한 행동에 대해 비판적인 이야기를 해 줄 수 있는 한 명의 친구를 만납니다.
3. 매주 한 번씩 귀하가 확신하는 내용과 정반대의 내용의 주장을 생각해봅니다.
4. 매주 한 번씩 귀하가 결정한 행동의 최악과 최선의 시나리오를 상상해봅니다.
5. 매주 한 번식 귀하의 실패한 행동에 대해 그 이유를 생각해봅니다.

학구열(love of learning)

1. 한 주에 한 번씩 아직까지 모르는 한글 낱말을 익힙니다.
2. 한 달에 한 번씩 박물관 · 미술관을 방문합니다.
3. 한 달에 한 권씩 관심 분야의 도서를 읽습니다.
4. 한 주에 한 번씩 도서관을 방문합니다.
5. 한 달에 한번 관심분야에 대한 흥미를 공유하는 사람을 만납니다.

지혜(wisdom)

1. 매주 한 번씩 귀하의 행동에 대한 목적과 의미를 생각해봅니다.
2. 매주 한 번씩 지혜로운 사람을 만납니다.
3. 조언을 구하는 사람을 만나면 공감을 한 뒤에 조언을 합니다.
4. 한 달에 한 번씩 힘든 일에 봉착한 사람을 만납니다.
5. 누군가의 멘토가 되어 한 달에 한 번씩 그와 만납니다.

사랑(love)

1. 한 주에 한 번씩 소중한 사람을 만나서 사랑하는 마음을 전달합니다.
2. 한 주에 한 번씩 사랑하는 사람이 지닌 장점을 알려줍니다.
3. 한 달에 한 번씩 사랑하는 사람을 위한 선물을 마련합니다.
4. 한 달에 한 번씩 사랑하는 사람과 함께 하는 시간을 마련합니다.
5. 한 달에 한 번씩 소중한 사람과 함께 하는 기념행사를 개최합니다.

친절(kindness)

1. 한 주에 한 번씩 지인에게 친절한 행동을 합니다.
2. 한 주에 한 번씩 모르는 사람에게 친절한 행동을 합니다.
3. 하루에 한 번씩 친절하고 부드러운 어투로 전화 통화를 합니다.
4. 하루에 한 번씩 다정한 미소로 인사를 합니다.
5. 한 달에 한 번씩 요양소나 고아원을 방문합니다.

사회지능(social intelligence)

1. 한 주에 한 번 무음(無音) 상태에서 드라마를 시청하며 주인공의 감정을 짐작해 봅니다.
2. 한 주에 한 번 이해하기 어려운 타인의 감정을 직접 물어봅니다.
3. 귀하에게 상처가 되는 말을 들었을 때 그 말을 한 사람이 지닌 다섯 가지 마음을 생각해 봅니다.
4. 불편한 모임에 참석하여 그 모임에서 일어나는 일들을 상세히 관찰합니다.
5. 하루에 한 번씩 귀하의 현재 감정을 글로 써 봅니다.

용감성(bravery)

1. 다른 사람이 동조하지 않을 것이라고 예상하는 주장을 해 봅니다.
2. 자신을 보호하지 못하는 사람 편에 서는 말과 행동을 해 봅니다.
3. 한 달에 한 번씩 회피하고 있는 것에 대해서 직면하는 기회를 가집니다.
4. 한 달에 한 번씩 용감한 사람들의 이야기를 듣거나 읽습니다.
5. 한 달에 한 번씩 귀하가 손해 입을 것이 분명하지만 옳은 일을 해 봅니다.

끈기(persistence)

1. 한 달에 한 번씩 어떤 목표를 세우고 달성 기간을 정하며 그 기간 이전에 그 목표를 달성합니다.
2. 지금 나에게 주어진 일을 내 핸드폰 앞면에 적어봅니다.
3. 한 주에 한 번씩 중요한 활동을 계획하고 실천합니다.
4. 끈기의 표상이 될 만한 한 사람의 이야기를 찾습니다.
5. 실패한 목표가 있으면 계획을 수정하되 다시 시작합니다.

진실성(authenticity)

1. 사소한 선의의 거짓말이라도 하지 않습니다.
2. 한 주에 한 번씩 거짓말 리스트를 작성합니다.
3. 진실하고 정직한 일을 할 수 있는 직업과 업무를 선택합니다.
4. 내 직업의 도덕적 기준을 찾아 익힙니다.
5. 진실성의 표상이 될 수 있는 사람을 찾아 사표(師表)로 삼습니다.

활력(vitality)

1. 한 주에 2-3번 이상 활력을 주는 운동을 합니다.
2. 아침에 알람을 사용하지 않고 일어납니다.
3. 의무로 하거나 강요가 아닌 스스로 선택한 신체 활동을 합니다.
4. 한 주에 2-3번 이상 웃음을 주는 TV 프로그램을 보거나 재미있는 친구를 만납니다.
5. 내가 하고 있는 이 일을 재미있고 신나게 할 수 있는 방법을 개발합니다.

용서(forgiveness)

1. 한 달에 한 번씩 용서받은 경험을 글로 써봅니다.
2. 용서를 한 다음 내 마음의 변화를 관찰해 봅니다.
3. 나에게 피해를 입힌 사람이 왜 그랬는지 5가지 이유를 생각해 봅니다.

4. 한 달에 한 번씩 내가 앙심을 품고 있는 세 사람을 적고, 그 중 한 사람과 통화를 합니다.
5. 피해 상황을 상상하고 그 때 어떻게 반응할 것인지를 머릿속으로 예행연습을 합니다.

겸손(modesty)

1. 하루에 한 번씩 내가 주목을 받았을 때를 생각해 봅니다.
2. 자랑할 만한 일이 생겼을 때 다른 사람에게 그 일을 알리지 않도록 조심합니다.
3. 동료나 친구가 자기자랑을 할 때 덩달아 자기자랑을 하지 않도록 조심합니다.
4. 동료들과 이야기할 때 동료들보다 적게 말해 봅니다.
5. 나보다 나은 사람을 발견하면 진심으로 칭찬합니다.

신중성(prudence)

1. 말을 하기 전에 두 번 생각합니다.
2. 결정을 내릴 때 다른 사람의 의견을 묻습니다.
3. 한 주에 한 번씩 나의 결정이 10년 후에 미칠 결과를 생각해 봅니나.
4. 마지막 결정을 할 때 그 결정의 장단점을 고려해 봅니다.
5. 중요한 결정을 할 때에는 기분 상태가 안정적인지 확인해 봅니다.

자기조절(self-regulation)

1. 활동의 대부분을 일정한 시간과 장소를 정해 놓고 규칙적으로 합니다.
2. 다른 사람이 없는 자리에서 뒷담화를 하지 않습니다.
3. 하루 중 가장 집중할 수 있을 때 중요한 일을 합니다.
4. 화가 날 때에는 긴장을 풀고 행동을 합니다.
5. 저녁 식사 이후에는 아무 것도 먹지 않습니다.

시민정신(citizenship)

1. 한 주에 한 번씩 길거리의 쓰레기를 주워서 쓰레기통에 버립니다.
2. 유권자로서 투표에 참석합니다.
3. 눈이 오늘 날에는 우리 집 앞길의 눈을 치웁니다.
4. 주차를 할 때 다른 차가 쉽게 주차할 수 있도록 주차선을 지킵니다.
5. 아랫집에 피해를 주지 않도록 세탁기와 진공청소기는 낮에만 사용합니다.

공정성(fairness)

1. 내가 속한 집단에서 소외된 사람을 찾습니다.
2. 마틴 루터 킹과 넬슨 만델라와 같이 정의를 구현한 인물의 전기를 읽습니다.
3. 한 주에 한 번씩 내가 불공평한 행동을 했던 경험을 적습니다.
4. 한 주에 한 번씩 다른 지역이나 다른 문화에 대해서 내가 갖고 있는 편견을 적습니다.
5. 성에 대한 편견을 지니고 있는 사람과 그 주제와 관련하여 이야기를 나눕니다.

리더십(leadership)

1. 동료들과 함께 할 수 있는 모임을 만듭니다.
2. 사이가 좋지 않은 두 사람을 화해할 수 있는 방법을 모색합니다.
3. 내가 이끌고 있는 모임의 구성원 중 한 명에게 리더의 기회를 부여합니다.
4. 내가 지닌 리더십 스타일을 개선할 수 있는 방법을 찾습니다.
5. 가족 내에 새로운 기념일을 만듭니다.

심미안(appreciation of beauty and excellence)

1. 하루에 한 번씩 주변의 자연을 10분 동안 관찰합니다.

2. 한 주에 한 번씩 아름다운 건축물과 미술품을 감상합니다.
3. 한 달에 한 번씩 멋진 영화를 보고 짧은 소감문을 써 봅니다.
4. 한 달에 한 번씩 친척이나 동료를 집에 초대하고 집을 아름답게 꾸밉니다.
5. 한 달에 한 번씩 사랑스러운 아기의 얼굴을 10분 동안 쳐다봅니다.

감사(gratitude)

1. 매일 잠자리에 들기 전 오늘 있었던 좋았던 일 세 가지를 천천히 떠올려 봅니다.
2. 한 주에 한 번씩 친구와 동료 혹은 친척에게 전화하여 고마움을 전합니다.
3. 한 달에 한 번씩 부모님에게 고마움의 마음이 담긴 감사편지를 써서 부칩니다.
4. 하루에 한 번씩 10분 동안 나를 행복하게 하는 어떤 행동을 합니다.
5. 식사 전에 식사를 제공한 누군가에게 고마움의 인사를 전합니다.

낙관성(optimism)

1. 한 주에 한 번씩 10분 동안 과거에 힘겨웠던 일을 극복하였던 나의 경험을 떠올립니다.
2. 10년 후에 어디서 무엇을 하며 이떻게 지내고 싶은지 머릿속으로 그려봅니나.
3. 한 주에 한 번씩 고통과 힘겨움을 이겨낸 사람의 이야기를 들어봅니다.
4. 앞으로 닥칠 힘든 과제를 머릿속에 떠올리고 그 일을 위해 내가 할 일을 생각해봅니다.
5. 과거에 내가 최선의 노력을 다해 이루었던 성취 경험을 떠올립니다.

유머(humor)

1. 우울한 친구에게 다가가 웃도록 해 줍니다.
2. 한 주에 한 번씩 새로 배운 재미있는 이야기를 친구에게 들려줍니다.
3. 다른 사람을 흉내 내어 보고, 그것을 친구들에게 보여줍니다.

4. 한 주에 한 번씩 유머감각이 뛰어난 친구를 만나 이야기를 나눕니다.
5. 한 달에 한 번씩 놀이공원을 찾아서 어린 시절에 즐겨 타던 놀이기구 2개를 타 봅니다.

영성(spirituality)

1. 매일 절대자와 대화를 나누는 시간과 장소를 마련합니다.
2. 매일 10분간 명상을 합니다.
3. 매일 10분 동안 기도를 합니다.
4. 매일 30분 간 종교와 관련된 책을 읽습니다.
5. 한 주에 한 번씩 내 삶의 모든 활동과 관련된 삶의 큰 의미를 떠올립니다.

제13장 MBTI 검사

1. MBTI의 개관

MBTI(Myers-Briggs Type Indicator) 검사는 C. G. Jung의 저작인 심리유형(Psychological Types)에 근거하여 1942년 K. C. Briggs와 I. B. Myers에 의해서 개발되었다. MBTI는 역사적으로 그 유래가 깊은 성격 분류법 중 하나인 유형론(typology)을 따르고 있다.

MBTI를 통해서 우리는 한 수검자가 무엇을 선호하는지를 알 수 있다. 예컨대, 외향형에 속하는 수검자는 집에서 혼자 독서를 하는 것보다 밖에서 다른 사람을 만나는 것을 더 좋아하며, 사고형에 속하는 수검자는 생각하고 궁리하는 것을 느끼고 경험하는 것보다 더 선호한다.

MBTI의 검사 결과는 한 수검자가 '어느 정도로' 선호하는지에 대한 정보를 제공해주지는 않는다. 예를 들어, 우리는 MBTI 검사 결과를 통해서 그 수검자가 다른 수검자에 비해 '보다 더' 감각적인지 아니면 '조금 더' 사고적인지를 판단할 수는 없다. NEO-PI-R 검사는 한 수검자가 얼마나 외향적인지에 대한 정보를 제공하지만 MBTI 검사의 결과에서 우리는 외향성의 정도와 강도에 대한 정보를 얻을 수는 없다.

MBTI 유형은 그 유형의 반대편에 위치한 다른 유형과의 상대적인 비교 후에 결정된다. 예를 들어, 사고형에 속한다는 것은 그 수검자가 다른 수검자에 비해서 더 사고형 수준이 높다는 것을 의미하는 것이 아니라 그 수검자의 감정형 수준에 비해 사고형 수준이 더 높다는 것을 뜻한다. 마찬가지로 어떤 사람이 감정형이라면 그 수검자의 사고형 수준보다 감정형 수준이 높다는 점을 의미한다.

2. MBTI의 4가지 축

MBTI는 외향/내향, 감각/직관, 사고/감정, 판단/지각 등 네 가지의 축으로 구성된다. 외향/내향(extraversion/introversion: E/I) 축은 에너지를 얻는 장소가 수검자의 내부인지 아니면 외부인지를 결정하며, 외향에 속하는 수검자는 외부적인 활동을 통해서 에너지를 취하고, 내향에 속하는 수검자는 내적인 활동을 통해서 에너지를 획득한다. 외향에 속하는 수검자가 행동 지향적인데 반해 내향의 수검자는 사고 지향적이고, 외향의 수검자가 지식의 폭을 추구하는데 반해 내향에 속하는 수검자는 지식의 깊이를 추구하며, 외향에 속하는 수검자가 관계의 빈도를 중시하는 데 비해, 내향의 수검자는 관계의 질을 우선시한다.

감각/직관(sensation/intuition: S/N) 축은 수검자가 정보를 획득하는 방법과 관련된다. 감각에 속하는 수검자는 직접 경험되고 구체적이며 현재 존재하는 정보를 선호하는 반면, 직관을 선호하는 수검자는 직접 경험되고 구체적인 현재 정보의 이면에 존재하는 원리와 속성에 대한 정보를 선호한다. 전자는 '의미'가 감각 정보에 존재한다고 생각하는 데 반해 후자에게 의미는 감각 정보의 내부에 위치한다. 전자가 지금 현재에 관찰할 수 있는 정보를 강조하는 데 비해, 후자는 향후 미래에 발현될 가능성에 초점을 맞춘다.

사고/감정(thinking/feeling: T/F) 축은 수검자가 의사결정을 할 때 근거로 삼는 대상과 관련된다. 사고형의 수검자는 의사결정 시 사고와 생각을 주 근거 자료로 삼지만, 감정형의 수검자는 의사결정 시 감정과 느낌을 주요 근거 대상으로 여긴다. 전자는 이미 정해진 규칙과 규범에 따라 합리적이고 논리적인 방식으로 판단하는 것을 선호하지만, 후자는 구성원의 조화와 전체의 복리를 우선으로 하여 의사결정 하는 것을 선호한다.

판단/지각(judging/perception: J/P) 축은 수검자가 사고/감정의 '판단'을 선호하는지 아니면 감각/직관의 '지각'을 선호하는지를 알려준다. 판단형의 수검자는 사고와 감정에 근거하여 의사결정 하는 것을 감각과 직관에 근거하여 정보수집 하는 것보다 선호하는 반면, 지각형의 수검자는 감각과 직관에 의지하여 정보를 수집하는 것을 사고와 감정에 의지하여 판단하는 것보다 선호한다. 전자가 모든 것이 짜여지고 정돈된 체계적 세상을 선호하는 반면, 후자는 항상 변화가능하고 돌발적인 변수가 개입될 수 있는 열린 세상을 선호한다.

3. 주기능, 보조기능, 제3의 기능 및 열등기능

MBTI를 구성하는 4개의 축은 16개의 유형을 만든다. 각 유형에 속하는 수검자는 생애 초기에 두드러지는 기능을 갖게 되는데 이것이 주기능(dominant function)이다. 이후 청소년기에 주기능을 보조할 수 있는 보조기능(auxiliary function)을 갖추게 되고, 중년기에는 지금까지 발견되지 않았던 숨겨진 기능인 제3의 기능(tertiary function)이 서서히 발현되게 된다. 오랫동안 주기능으로 삶을 살아가는 수검자에게 지속적으로 억압받는 기능이 존재하는데 그것이 바로 열등기능(inferior function)이다.

MBTI를 구성하는 4개의 축 중의 마지막 축인 판단/지각과 첫 번째 축인 외향/내향은 주기능을 결정한다. 예를 들어, ESTJ의 마지막 축인 J는 이 수검자가 판단과 지각 중에서 판단을 선호한다는 것을 보여주고, 첫 번째 축인 E는 수검자가 선호하는 사고(T) 유형을 외부세계에서 사용하기를 좋아한다는 점을 말해준다. 즉, ESTJ의 경우, 주기능은 외향적 사고(extroverted thinking: Te)이고, 보조기능은 내향적 감각(introverted sensing: Si)이다. 아울러, 제3의 기능은 지각기능(intuition: N)이며, 열등기능은 주기능과 대척점에 위치한 내향적 감정(introverted feeling: Fi)이다.

또한 ISTJ의 마지막 축인 J는 이 수검자가 판단과 지각 중에서 판단과 관련된 활동에 흥미를 느낀다는 점을 보여주고, 첫 번째 축인 I는 수검자의 사고(T) 유형을 내부세계에서 활용하는 것을 선호하여 외부세계에서는 주로 감각(S) 유형을 사용한다는 점을 보여준다. 즉, ISTJ의 경우, 주기능은 내향적 감각(introverted sensing: Si)이고, 보조기능은 외향적 사고(extraverted thinking: Te)이다. 아울러,

제3의 기능은 감정기능(feeling: F)이며, 열등 기능은 주기능과 대척점에 위치한 외향적 직관(extroverted intuition: Ne)이다. 〈표 13-1〉은 16개 유형의 주기능과 보조기능을 설명한 것이다.

<표 13-1> 유형별 주기능과 보조기능

유형	주기능	보조기능
ISTP	내향적 사고(Introverted Thinking)	외향적 감각(Extraverted Sensing)
ISFP	내향적 감정(Introverted Feeling)	외향적 감각(Extraverted Sensing)
INFP	내향적 감정(Introverted Feeling)	외향적 직관(Extraverted Intuition)
INTP	내향적 사고(Introverted Thinking)	외향적 직관(Extraverted Intuition)
ISTJ	내향적 감각(Introverted Sensing)	외향적 사고(Extraverted Thinking)
ISFJ	내향적 감각(Introverted Sensing)	외향적 감정(Extraverted Feeling)
INFJ	내향적 직관(Introverted Intuition)	외향적 감정(Extraverted Feeling)
INTJ	내향적 직관(Introverted Intuition)	외향적 사고(Extraverted Thinking)
ESTP	외향적 감각(Extraverted Sensing)	내향적 사고(Introverted Thinking)
ESFP	외향적 감각(Extraverted Sensing)	내향적 감정(Introverted Feeling)
ENFP	외향적 직관(Extraverted Intuition)	내향적 감정(Introverted Feeling)
ENTP	외향적 직관(Extraverted Intuition)	내향적 사고(Introverted Thinking)
ESTJ	외향적 사고(Extraverted Thinking)	내향적 감각(Introverted Sensing)
ESFJ	외향적 감정(Extraverted Feeling)	내향적 감각(Introverted Sensing)
ENFJ	외향적 감정(Extraverted Feeling)	내향적 직관(Introverted Intuition)
ENTJ	외향적 사고(Extraverted Thinking)	내향적 직관(Introverted Intuition)

4. 16개 유형의 특징

16개 유형의 특징을 설명하는 방식은 연구자와 이론가마다 다양하다. 이 글에서는 다양한 해석 방식 중에서 보편적으로 통용되는 것 하나를 아래에 소개한다.

ST 계열에 속하는 네 유형(ISTP, ISTJ, ESTP, ESTJ)의 수검자가 가장 중요하게 여기는 가치는 현실적이고 달성 가능한 목표를 정한 뒤에 이 목표를 수행하기 위해서 여러 가지 노력을 다하여 그 목표를 성취하는 것이다(김종구, 2015; Quenk & Hammer, 1998). 달리 표현하자면 ST 계열의 수검자에게는 생산성이 최고의 가치 중의 하나이다. 노력을 한 뒤에도 달성하기가 어려운 이상적인 목표는 ST 계열의 수검자에게는 매력적인 목표가 될 수 없으며, 가시적인 성취의 결과물이 존재하지 않은 상태에서 노력을 투자하는 것은 ST 계열의 수검자에게는 무의미한 것이다.

ISTP 유형의 수검자는 현실적이고 달성 가능한 목표에 도달하기 위해 효율적이고 효과적인 방략을 사용하는 것을 선호한다. 이 유형의 수검자는 목표를 달성하기 위한 다양한 전략과 방식 중에서 최소한의 비용과 노력을 요구하는 첩경이 존재할 것이라는 믿음을 지니고 있으며 가능한 한 적은 에너지를 들여 목표를 달성하고자 노력한다. 비효율적이고 비효과적인 방식으로 업무를 해나가야 하는 상황에시 ISTP 유형의 수검자는 불편함을 느낄 수 있다.

ISTJ 유형의 수검자는 목표의 달성 가능 여부와 현실성 여부에 대해서 끊임없이 고민하고 여러 번 고심하는 특성을 지녔다. 이 유형의 수검자는 다양한 대안을 놓고 노심초사하며 달성가능한 목표를 가늠하는 신중성을 지니고 있다. ISTJ 유형의 수검자는 불확실성에 대한 걱정과 위험에 대한 두려움으로 인해 목표와 방략을 정하는데 어려움을 겪을 수 있다.

ESTP 유형의 수검자는 현실적이고 달성 가능한 목표를 추구하기 위한 방략으로 외부적 활동과 타인과의 상호작용을 주로 선택한다. 타인과의 공동작업이 제한된 업무 환경이나 외부활동이 배제된 업무 형태 하에서 이 유형의 수검자는 충분한 만족감을 느끼기 어렵다. 타인과의 공동 작업과 활발한 대외활동에 참여할 때 ESTP 유형의 수검자가 보이는 업무 집중도와 업무 효율성의 수준이 더욱 향상될 것이다.

ESTJ 유형의 수검자는 달성 가능한 목표를 추구하는 과정에서 신속하고 추진력 있게 접근하는 것을 선호한다. 만약 목표 달성 과정이 더디게 진행되거나 외부적인 방해물로 인해서 달성 속도가 늦추어지게 될 때 수검자는 심리적인 불편을 느낄 수 있다. 아울러 이 유형의 수검자와 함께 일을 추진하는 동료는 수검자의 신속한 일처리 요구에 대한 압박을 경험할 가능성이 있다.

NF 계열에 속하는 네 유형(INFP, INFJ, ENFP, ENFJ)의 수검자가 가장 중요하게 여기는 가치는 '어떻게 사는 것이 옳은 삶인가' 혹은 '바람직한 삶을 사는 방법은 무엇인가'에 대한 답을 발견하는 것이다(김종구, 2015; Quenk & Hammer, 1998). 달리 표현하자면 NF 계열의 수검자에게는 삶의 의미와 진리의 추구가 최고의 가치 중의 하나이다. NF 계열의 수검자에게 의미를 찾지 못하는 업무에 매진하는 것은 매력적일 수 없으며, 뚜렷한 의미가 존재하지 않는 상태에서 에너지를 투여하는 것은 NF 계열의 수검자에게 고통스런 일이다.

INFP 유형의 수검자는 자신과 타인의 성장 가능성에 대해 관심이 많고 의미 있는 삶을 영위하는 것에 대한 욕구가 크다. 이 유형의 수검자는 자신의 삶에서 의미를 발견하기 위해 내적인 공상과 명상에 의지한다. INFP 유형의 수검자에게 일은 의미를 추구하는 하나의 과정이며 삶은 의미를 구축해 나가는 일련의 탐험이다.

INFJ 유형의 수검자는 내적인 명상을 통해서 삶의 의미와 가치를 발견하고자 노력하며, 생활을 정돈하고 구조화하는 방식을 통해서 현재의 생활에서 삶의 의미를 실현하고자 시도할 것이다. 그러한 노력에도 불구하고 현재 담당하고 있는 업무와 현재의 일에서 가치를 느끼지 못할 경우에는 심리적인 고통감에 휩싸일 수 있다.

ENFP 유형의 수검자는 연속적이거나 일관적인 수준의 에너지를 삶의 과제에 투여하는 것을 어려워하는 반면, 스스로 의미 있다고 생각하는 목표에 단속적이고 순간적인 열정을 송두리째 쏟는다. ENFP 유형의 수검자가 업무 추진 중에 의미를 잃어버린 목표를 붙잡고 끝까지 인내심 있게 지속하는 경우는 드물다. 업무 진행의 체계성을 중요하게 생각하는 동료들은 이 유형의 수검자와 함께 일할 때 불만족을 경험할 수 있다.

ENFJ 유형의 수검자는 자신이 추구하는 인생의 의미와 삶의 가치를 타인에게 언어적인 방식으로 전파하는 사람이다. 달변가이자 유능한 동기부여자이기도 한 이 유형의 수검자는 종교인이나 연설가로 활동하면서 자신에 체득한 삶의 방식을 타인에게 전달하려고 노력한다. ENFJ 유형의 수검자는 구체적인 정보의 전달이나 현실적인 지식의 배분에는 큰 관심이 없으므로, 차분한 교육자이기보다는 열정적인 웅변가로서의 역할을 담당한다.

NT 계열에 속한 수검자(INTP, INTJ, ENTP, ENTJ)에게 중요한 삶의 가치는 공정하고 정의로움을 추구하는 것이다(김종구, 2015; Quenk & Hammer, 1998). 공정함과 평등성보다 가치 있고 중요한 삶의 지표는 드물다는 것이 NT 계열에 속하는 수검자의 공통된 신념이다. 이 계열에 속한 수검자에게 불평등이 허락되는 유일한 영역은 노력을 통해 변화할 수 있는 개인의 '능력'이며, 그 능력을 통한 재화의 분배 이외의 모든 불평등은 정의에 어긋난다고 생각한다.

INTP 유형의 수검자는 불평등한 환경에 대한 심리적 불만족감을 늘 가지고 있으나 그것을 외현적으로 표현하는 것은 필요 없는 일이라고 여긴다. 이 유형의 수검자는 타인이 부러워할 만한 인지적 유능성을 지니고 있다고 하더라도 이를 겉으로 드러낼 수 있는 중요한 위치에 오르는 것을 즐겨하지 않는다. INTP 유형의 수검자에게 불공정과 불평등에 대한 저항이란 조직화된 방법론에 있는 것이라기보다는 평범한 삶의 과정 속에 녹아 있는 것처럼 보인다.

INTJ 유형의 수검자는 불공정한 행동을 취하는 사람들에 대해서 그것을 시정하기를 바라는 마음을 갖고 있지만 이를 겉으로 드러내는 것에 익숙하지 않다. 이 유형의 수검자는 장기적인 안목과 미래 지향적인 태도를 지닌 채 옳고 그름이 분명하게 구분되는 세상의 창조라는 자신의 가치를 추구해 나간다. 일상적인 불평등의 사건이 주어지고 그 불평등에 대해 건의하는 것이 스스로를 위험에 빠뜨릴 가능성이 클 때 INTJ 유형의 수검자는 신중성을 발휘하지만, 불공정에 대해 항거하는 것이 스스로에게 큰 위협이 되지 않을 때 이 유형의 수검자는 용기를 발휘할 수도 있다.

ENTP 유형의 수검자는 부당하고 불공정한 처우에 대해서 저항하고 거부하는 태도를 지녔다. 이 유형의 수검자는 현재 수검자가 놓인 여건이 스스로의 포부와 기대에 맞지 않는다고 여기며, 더 나은 상황과 처지에 대한 열망으로 가득 찬 경우가 많다. 적극적인 저항 행동으로 인하여 ENTP 유형의 수검자는 순종과 복종을 요구하는 사람들에게 '불평과 불만에 가득 찬 무례한 사람'으로 보일 가능성이 있다.

ENTJ 유형의 수검자는 현재 경험하고 있는 불공정성을 해소하고 불편부당한 현실로 만들어나가기 위한 능력과 장기적 안목을 지닌 사람이다. 이 유형의 수검자는 불공정함을 항의함에 있어 개인적인 손해와 피해로 이어지는 것을 막을 수 있는 신중성을 지녔다. ENTJ 유형의 수검자는 미래 지향적인 비전을 지닌 채 사람들을 조직하여 현재에 존재한다고 여기는 한계를 극복하고자 노력하는 사람이다.

SF 계열에 속하는 수검자(ISFP, ISFJ, ESFP, ESFJ)는 타인과의 조화로운 인간관계를 추구하고 스스로의 인간적 미덕을 계발하는 것을 가장 중요한 가치로 여긴다(김종구, 2015; Quenk & Hammer, 1998). 이 계열의 수검자는 대인관계에 대해 갖는 기대와 희망이 크며, 일상적인 인간관계에서 그 희망과 기대가 좌절되었을 때 경험하는 부정적 감정의 정도도 상당하다. SF 계열의 수검자는 원활한 인간관계를 유지하기 위해서 상당한 에너지와 수고를 투여하며, 온정적인 대인관계를 이끌어나가는 스스로의 능력에 대해 자부심을 갖는다.

ISFP 유형의 수검자는 온순하고 따뜻한 품성으로 인하여 적(敵)이 없고 대부분의 사람들과 유연한 관계를 유지하는 사람이다. 이 유형의 수검자는 지나치게 순수한 면이 많고 타인을 과도하게 믿고 신뢰하는 성향을 지니며 거절을 잘 하지 못하는 성향으로 인해 '호인(好人)' 혹은 '성인군자'라는 평을 듣는다. ISFP 유형의 수검자는 용의주도한 모습과 단호한 태도가 요구되는 영역에서 자신의 온건한 성품을 충분히 발휘하기는 어렵다.

ISFJ 유형의 수검자는 주위 사람의 복리와 행복을 위해서 사소한 것을 챙기고 놓치기 쉬운 부분을 배려하는 사람이다. 항상 주의의 초점이 타인에게 향해 있어서 자신의 행복을 희생하고 타인의 복리를 위해 헌신하는 태도를 보인다. ISFJ 유형의 수검자는 대인관계에서 행하는 자신의 노력에 비해 스스로에게 돌아오는 피드백의 양은 적다고 여길 수 있으나 이를 겉으로 드러내는 것에 익숙하지는 않다.

ESFP 유형의 수검자는 대인관계를 중시하는 삶의 태도와 조화로운 인간관계를 이끄는 품성을 타인에게 드러내는 것을 선호한다. 이 유형의 수검자는 동료와 친구 사이의 의리와 집단 구성원 간에 존재하는 정을 중시하여 그들과 더불어 살아나가는 삶을 가장 이상적인 삶의 모습 중 하나라고 여긴다. ESFP 유형의 수검자는 현실에서 감각적 만족과 신체적 쾌감을 중요하게 생각하여 소비 중심적인 삶의 양태를 보일 가능성이 있다.

ESFJ 유형의 수검자는 자신의 인간적인 품성을 발휘하여 집단을 구성하고 그 집단의 구성원이 일체감을 느낄 수 있도록 조직화하는 능력을 지니고 있다. 이 유형의 수검자가 대인관계에 들이는 이와 같은 노력에도 불구하고, 자율성을 원하면서 수검자의 노력을 부정하는 구성원이 집단 안에 존재할 경우, 심리적 불편을 피하기는 어렵다. 이는 내부로 숨겨지는 대신 외부로 드러나서 주변 사람이 그의 고통을 쉽게 알아차릴 수 있다.

5. Keirsey의 기질론

16개 유형의 특징을 설명하는 또 다른 방식은 David Keirsey(1921-2013)가 제안한 것이다. Keirsey는 Kretschmer의 유형론(Hyperesthetics, Anesthetics, Melancholics, Hypomanics)과 MBTI 검사를 구성하는 4개의 축을 접목하여 16개의 성격유형을 제안하였다. 그는 수검자를 4개의 기질(SJ, SP, NF, NT)로 구분하였고, 각각의 기질을 다시 두 개의 역할(role)로 나누었으며, 각각의 역할을 다시 세부 역할로 분류하였다.

역할과 기질을 분류하는 데 있어서 4가지 기준이 사용된다. 첫 번째 기준은 구체성(concrete)과 추상성(abstract)이다. Keirsey에 의하면 구체성은 관찰(observation)과, 추상성은 내성(introspection)과 관련된다. 관찰은 감각을 통해서 외부대상과 접하는 것이고 내성은 자신의 내적 세계를 바라보는 것이다. 내성보다 관찰을 선호하는 사람은 일상생활, 의식주 등 보다 구체적 대상에 관심이 많은 반면, 관찰보다 내성을 선호하는 수검자는 평등, 정의 등 추상적인 대상에 대해 관심이 크다.

역할과 기질을 분류하는 데 사용되는 두 번째 기준은 타인지향성(cooperative, complying)과 자기지향성(pragmatic, utilitarian, adaptive)이다. 타인지향성의 수검자는 타인의 생각과 감정에 주의를 기울이고 항상 '어떤 일이 옳은가'에 관심을 지니는 반면, 자기지향성의 수검자는 자신의 생각과 감정에 주의를 기울이고 '어떤 일이 효과적인가'에 관심을 갖는다.

역할과 기질 분류에 이용되는 세 번째 축은 지시성향(directive, proactive)과 안내성향(informative, reactive)이다. 지시성향의 수검자는 타인에게 행동지침을 지도하고 지시하는 의사소통 패턴을 지니고 있는 반면 안내성향의 수검자는 타인의 부탁이나 요구에 대해 정보를 제공하고 안내하는 의사소통 패턴을 갖고 있다.

역할과 기질을 분류하는 데 사용되는 마지막 축은 외현행위형(expressive)과 내현행위형(attentive, inactive)이다. 외현행위형의 수검자는 겉으로 드러나는 발화와 행동을 주로 사용하지만 내현행위형의 수검자는 타인이 알아차릴 수 없는 관찰과 내성을 주로 행한다.

상기의 네 축을 사용하여 아래와 같이 16개의 집단 구분이 가능하다.

· 공예가 crafter: 공예가는 MBTI 유형 중 ISTP에 해당한다. 이 유형에 속하는 수검자는 구체성, 자기지향성, 지시성향, 내현행위형의 특성을 지닌다.
· 기획자 promoter: 기획자는 MBTI 유형 중 ESTP에 해당한다. 이 유형에 속하는 수검자는 구체성, 자기지향성, 지시성향, 외현행위형의 특성을 지닌다.
· 작곡가 composer: 작곡가는 MBTI 유형 중 ISFP에 해당한다. 이 유형에 속하는 수검자는 구체성, 자기지향성, 안내성향, 내현행위형의 특성을 지닌다.
· 연기자 performer: 연기자는 MBTI 유형 중 ESFP에 해당한다. 이 유형에 속하는 수검자는 구체성, 자기지향성, 안내성향, 외현행위형의 특성을 지닌다.

공예가, 기획자, 작곡가, 연기자 등의 유형은 예술가(artisan)의 기질(temperament)에 속한다. 예술가의 기질은 MBTI 유형 중 SP(ISTP, ISFP, ESTP, ESFP), 그리스의 의학자 히포크라테스의 체질 분류 중 다혈질(Sanguine), 그리스 신화의 디오니소스형(Dionysian)[1], Kretschmer의 조증(manic/hypomanic) 성격유

[1] 일상생활의 단조로움을 거부하고 황홀한 새로운 경험을 찾아나서는 성격유형

형에 해당한다. 이 기질에 속하는 수검자는 감각(感覺)을 추구(sensation seeking)하는 특성을 지녔다.

· 조사관 inspector: 조사관은 MBTI 유형 중 ISTJ에 해당한다. 이 유형에 속하는 수검자는 구체성, 타인지향성, 지시성향, 내현행위형의 특성을 지닌다.
· 관리자 supervisor: 관리자는 MBTI 유형 중 ESTJ에 해당한다. 이 유형에 속하는 수검자는 구체성, 타인지향성, 지시성향, 외현행위형의 특성을 지닌다.
· 보호자 protector: 보호자는 MBTI 유형 중 ISFJ에 해당한다. 이 유형에 속하는 수검자는 구체성, 타인지향성, 안내성향, 내현행위형의 특성을 지닌다.
· 제공자 provider: 제공자는 MBTI 유형 중 ESFJ에 해당한다. 이 유형에 속하는 수검자는 구체성, 타인지향성, 안내성향, 외현행위형의 특성을 지닌다.

조사관, 관리자, 보호자, 제공자 등의 유형은 수호자(guardian)의 기질(temperament)에 속한다. 수호자의 기질은 MBTI 유형 중 SJ(ISTJ, ISFJ, ESTJ, ESFJ), 히포크라테스의 체질 분류 중 우울질(Melancholic), 그리스 신화의 에피메테우스형(Epimethean), Kretschmer의 우울(depressive) 성격유형에 해당한다. 이 기질에 속하는 수검자는 안전(安全)을 추구(safety seeking)하는 특성을 지녔다.

· 상담자 counselor: 상담자는 MBTI 유형 중 INFJ에 해당한다. 이 유형에 속하는 수검자는 추상성, 타인지향성, 지시성향, 내현행위형의 특성을 지닌다.
· 교사 teacher: 교사는 MBTI 유형 중 ENFJ에 해당한다. 이 유형에 속하는 수검자는 추상성, 타인지향성, 지시성향, 외현행위형의 특성을 지닌다.
· 치료자 healer: 치료자는 MBTI 유형 중 INFP에 해당한다. 이 유형에 속하는 수검자는 추상성, 타인지향성, 안내성향, 내현행위형의 특성을 지닌다.
· 투사 champion: 투사는 MBTI 유형 중 ENFP에 해당한다. 이 유형에 속하는 수검자는 추상성, 타인지향성, 안내성향, 외현행위형의 특성을 지닌다.

상담자, 교사, 치료자, 투사 등의 유형은 이상주의자(idealist)의 기질(temperament)에 속한다. 이상주의자의 기질은 MBTI 유형 중 NF(ENFP, INFP,

ENFJ, INFJ), 히포크라테스의 체질 분류 중 담즙질(Choleric), 그리스 신화의 아폴로형(Apollonian)[1], Kretschmer의 과민(oversensitive, hyperesthetic) 성격유형에 해당한다. 이 기질에 속하는 수검자는 진아(眞我)를 추구(identity seeking)하는 특성을 지녔다.

· 지략가 mastermind: 지략가는 MBTI 유형 중 INTJ에 해당한다. 이 유형에 속하는 수검자는 추상성, 자기지향성, 지시성향, 내현행위형의 특성을 지닌다.
· 사령관 fieldmarshal: 사령관은 MBTI 유형 중 ENTJ에 해당한다. 이 유형에 속하는 수검자는 추상성, 자기지향성, 지시성향, 외현행위형의 특성을 지닌다.
· 건축가 architect: 건축가는 MBTI 유형 중 INTP에 해당한다. 이 유형에 속하는 수검자는 추상성, 자기지향성, 안내성향, 내현행위형의 특성을 지닌다.
· 발명가 inventor: 발명가는 MBTI 유형 중 ENTP에 해당한다. 이 유형에 속하는 수검자는 추상성, 자기지향성, 안내성향, 외현행위형의 특성을 지닌다.

지략가, 사령관, 건축가, 발명가 등의 유형은 합리주의자(rational)의 기질(temperament)에 속한다. 합리주의자의 기질은 MBTI 유형 중 NT(INTP, INTJ, ENTP, ENTJ), 히포크라테스의 체질 분류 중 점액질(Phlegmatic), 그리스 신화의 프로메테우스형(Promethean), Kretschmer의 둔감(insensitive, anesthetic) 성격유형에 해당한다. 이 기질에 속하는 수검자는 지식(知識)을 추구(knowledge seeking)하는 특성을 지녔다.

---

1) 새롭고 황홀한 경험을 거부하고 반복적이고 질서정연한 일상생활을 지향하는 성격유형

참고문헌

권석만(2011). **인간의 긍정적 성품.** 서울: 학지사.

권석만, 유성진, 임영진, 김지영(2010). **성격강점검사.** 서울: 학지사.

김재환, 오상우, 홍창희, 김지혜, 황순택, 문혜신, 정승아, 이장한, 정은경(2014). **임상심리검사의 이해.** 서울: 학지사.

김재우(2002). 파킨슨 증상을 동반한 치매. **대한치매학회지, 1,** 69-72.

김종구(2015). **MBTI 기능 유형.** 한국성격검사연구소. 인출일자. 2015.11.29. *http://www.4gunja.com/.*

박영숙, 박기환, 오현숙, 하은혜, 최윤경, 이순묵, 김은주(2010). **최신심리평가.** 서울: 하나의학사.

신민섭, 김수경, 김용희, 김주현, 김향숙, 김진영, 류명은, 박혜근, 서승연, 이순희, 이혜란, 전선영, 한수정(2002). **그림을 통한 아동의 진단과 이해.** 서울: 학지사.

이우경, 이원혜(2012). **심리평가의 최신흐름.** 서울: 학지사.

임준성(2005). 경도인지장애의 아형 분류와 임상 양상. **신경정신의학회지, 23,** 345-355.

최정윤(2010). **심리검사의 이해.** 서울: 시그마프레스.

최진영, 문석우, 남범우(2009). 경도인지장애에서 알츠하이머병의 경과와 연관된 신경정신학적 증상의 고찰. **신경정신의학회지, 18,** 15-20.

홍창형, 차경렬, 오병훈(2003). 전측두엽 치매 증례. **노인정신의학, 7,** 185-190.

Benet-Martínez, V., & Ozer, D. J. (2006). Personality and the prediction of consequential outcomes. *Annual Review of Psychology, 57*(1), 401-421.

Bryant, F. B., & Veroff, J. (2006) *Savoring.* Mahwah, NJ: Lawrence Erlbaum.

Burns, R. C., & Kaufman, S. H. (1972). *Actions, styles, and symbols in kinetic family drawings (KFD): An interpretive manual.* New York: Brunner/Mazel.

Carver, C. S., & Scheier, M. F. (2008). *Perspectives on personality* (6th ed.).

Boston: Pearson.

Costa, P. T., & McCrae, R. R. (1992). *The revised NEO personality inventory (NEO-PI-R) and NEO five factor inventory (NEO-FFI) professional manual.* Odessa, FL: Psychological Assessment Resources.

Costa, P. T., & McCrae, R. R. (2000). *Revised NEO Personality Inventory Interpretive Report.* http://www.testgrid.com/docs/NEO PIR Long.pdf.

Edwards, A. J. (1994). Wechsler, David (1896-1981). In R. J. Sternberg (Ed.), *Encyclopedia of intelligence* (Vol. 1, pp. 1134-1136). New York: Macmillan.

Exner, J. E. (2000). *A primer for rorschach interpretation.* Ashville, NC: Rorschach Workshops.

Exner, J. E. (2003). *The Rorschach: A comprehensive system. Volume 1: Basic foundations and principles of interpretation* (4th ed.). New York: Wiley.

Gabbard, G. O. (2014). *Psychodynamic psychiatry in clinical practice.* American Psychiatric Pub.

Gardner, H. (1983). *Frames of mind: The theory of multiple intelligences.* New York: Basic Books.

Goldberg, L. R. (1999). A broad-bandwidth, public domain, personality inventory measuring the lower level facets of several five-factor models. In I. Mervielde, I. Deary, F. De Fruyt, and F. Ostendorf (Eds.), *Personality psychology in Europe,* Vol. 7 (pp. 7-28). Tilburg University Press: The Netherlands.

Gregory, R. J. (1996). *Psychological testing: History, principles, and applications* (2nd ed.). Needham Heights, MA: Allyn & Bacon.

Groth-Marnet, G. (1999). *Handbook of psychological assessment.* New York, NY: John Wiley & Sons, Inc.

Hampson, S. E., Andrews, J. A., Barckley, M., Lichtenstein, E., & Lee, M. E. (2000). Conscientiousness, perceived risk, and risk-reduction behaviors:

A preliminary study. *Health Psychology, 19*(5), 496-500.

Huprich, S. K. (2006). *Rorschach assessment of the personality disorders.* Mahwah, NJ: Erlbaum Publishers.

John, O. P., & Srivastava, S. (1999). The Big Five trait taxonomy: History, measurement, and theoretical perspectives. In L. A. Pervin, & O. P. Houn (Eds.), *Handbook of personality: Theory and research* (2nd ed., pp. 102-138). New York: Guilford Press.

Jung, C. (1927). *The theory of psychological type.* Princeton, NJ: Princeton University.

Kaufman, A. S., & Lichtenberger, E. O. (2005). Assessing adolescent and adult intelligence. New York, NY: Wiley.

Kline, P. (2000). *The handbook of psychological testing* (2nd ed.). London: Routledge.

Landis, J. R., & Koch, G. G. (1977). The measurement of observer agreement for categorical data. *Biometrics, 33,* 159-174

Lichtenberger, E. O., & Kaufman, A. S. (2009). *Essentials of WAIS-IV assessment.* New York, NY: Wiley.

Lindzcy, G. (1952). Thematic Apperception Test: interpretative assumptions and related empirical evidence. *Psychological Bulletin, 49*(1), 1-25.

Morey, L. C. (1991). *Personality Assessment Inventory profcssional manual.* Odessa, FL: Psychological Assessment Resources.

Morey, L. C. (1996). *An interpretive guide to the Personality Assessment Inventory (PAI).* Odessa, FL: Psychological Assessment Resources.

Morey, L. C. (2007). *Personality Assessment Inventory professional manual.* Lutz, FL: Psychological Assessment Resources.

Murray, H. A. (1943). *Thematic Apperception Test manual.* Cambridge, MA: Harvard University Press.

McWilliams, N. (2011). *Psychoanalytic diagnosis: Understanding personality structure in the clinical process.* New York: Guilford Press.

Naglieri, J. A., & Paolitto, A. W. (2005). Ipsative comparisons of WISC-IV index scores. *Applied Neuropsychology, 12*(4), 208-211.

Nettle, D. (2007). *Personality: What Makes You the Way You Are.* Oxford: Oxford University Press.

Peterson, C., & Seligman, M. E. P. (2004). *Character strengths and virtues: A handbook and classification.* New York: Oxford University Press/Washington, DC: American Psychological Association.

Quenk, N. L., & Hammer, A. L. (1998). *MBTI manual: A guide to the development and use of the Myers-Briggs Type Indicator* (Vol. 3). Palo Alto, CA: Consulting Psychologists Press.

Rashid, T., & Anjum, A. (2005). *340 ways to use VIA character strengths.* Unpublished manuscript.

Roberts, B. W., & Robins, R. W. (2000). Broad dispositions, broad aspirations: The intersection of personality traits and major life goals. *Personality and Social Psychology Bulletin, 26*(10), 1284-1296.

Rose, T., Kaser-Boyd, N, & Maloney, M. P. (2001). *Essentials of rorschach assessment.* New York, NY: John Wiley & Sons, Inc.

Russell, J. A. (1980). A circumplex model of affect. *Journal of Personality and Social Psychology, 39*(6), 1161-1178.

Sato, T. (2003). Sociotropy and autonomy: The nature of vulnerability. *The Journal of Psychology, 137*(5), 447-466.

Seligman, M. E. P. (2002). *Authentic happiness: Using the new positive psychology to realize your potential for lasting fulfillment.* New York: Free Press.

Sternberg, R. J. (1985). *Beyond IQ: A Triarchic Theory of Intelligence.* Cambridge: Cambridge University Press.

Trobst, K. K., Herbst, J. H., Masters, H. L., & Costa, P. T. (2002). Personality pathways to unsafe sex: Personality, condom use, and HIV risk behaviors. *Journal of Research in Personality, 36*(2), 117-133.

Young, J. E., Klosko, J. S., & Weishaar, M. E. (2003). *Schema therapy: A practitioner's guide.* New York: Guilford.

Wechsler, D. (1940). Non-intellective factors in general intelligence. *Psychological Bulletin, 37,* 444-445.

Weiner, I. B. (2003). *Principles of Rorschach interpretation* (2nd ed.). Mahwah, NJ: Erlbaum.

Weiss, L. G., Saklofske, D. H., Holdnack, J. A., & Prifitera, A. (2015). *WISC-V Assessment and Interpretation: Scientist-Practitioner Perspectives.* San Diego, CA: Academic Press.

Zanarini, M. C., Frankenburg, F. R., DeLuca, C. J., Hennen, J., Khera, G. S., & Gunderson, J. G. (1998). The pain of being borderline: dysphoric states specific to borderline personality disorder. *Harvard Review of Psychiatry, 6*(4), 201-207.